남들이
알기 전에
미리 찜해두는

해외
주식

남들이
알기 전에
미리 찜해두는

해외
주식

테슬라
못지 않는
보석 같은
10루타 종목
발굴법

• 전영수 지음 •

nomad
지식노마드

평범한 보험회사 직원의
해외 주식 투자 도전기

학생 시절 읽었던 《마스터 키튼(Master Keaton)》이라는 만화가 있다. 일본 작가 우라사와 나오키의 작품이다. 주인공 키튼은 다재다능한 인물로, 로이즈 보험조사원으로서의 임무를 성공적으로 수행한다. 그럴 수밖에 없다. 키튼은 옥스퍼드 대학을 졸업한 고고학자이자 전 SAS(영국 육군 특수부대) 서바이벌 교관이었던 최고 엘리트니까. 키튼과 달리 다재다능하지도 않고 보험조사원처럼 다이내믹한 일을 하지도 않는 나는 사무실에서 조용히 일하는 평범한 회사원이고, 지금은 손해사정 시스템을 운영하고 있다.

굳이 키튼과 나 사이의 공통점을 찾는다면 호기심이다. 키튼은 도나우 강에 존재했던 고대 유럽 문명에 대한 자신의 가설을 입증하기 위해 조사와 연구를 계속하고 싶은 것이 꿈이었다. 그것처럼 내게도 꿈이 있다. 사실 망상에 가깝지만, 내 꿈은 호기심으로 가득 찬 나의 해외 주식 투자방법론을 알아주는 누군가 덕에 외국의 대형 사모펀드에 채용되고, 황량한 곳에 숨겨진 혁신적 회사를 찾아 투자하여 성과를 내는 것이다. 이런 꿈에서의 나는 본사 사무실이 있는 건물 옥상에서 시커먼 헬기를 타고 급하게 새로 완성된 생산 시설로 이동하기도 한다.

그러나 현실의 나는 평범하게 학교를 졸업했고 평범히 군 복무를 마친 뒤 보험회사에 취직했다. 결혼하고 아이를 낳고 정신없이 살던 중 직장생활 외의 무언가를 해야겠다는 생각이 들었다. 집, 미래의 아이 교육비, 와이프와 나의 노후 등 그런 생각이 들게 된 이유 역시 평범했다.

예상 금액을 추정해보니 서울에서 평범하게 살려면 현금 10억 원은 있어야 할 듯했다. 달러로는 대략 100만 달러다. 부자를 상징하는 백만장자가 되어야 하는 것이다.

나는 경쟁을 즐기는 집요한 성격도 아니고 부자가 되고 싶은 간절한 마음도 없는데 어쩌다 서울에 거주하다 보니 모든 사람이 백만장자는 되어야 하는 듯한 느낌이었다. 사실 나같이 평범한 회사원에게 100만 달러는 저축으로 달성하기엔 무한도전급인 액수인데 말이다.

보수적 성향의 나는 직장생활 내내 투자라는 것을 죄악시했고 예금과 저축 보험을 주된 재테크 수단으로 삼았다. 그러다가 주식 투자에 대한 공부도 없이 가족의 말만 듣고선 코스닥 화장품주에, 그리고 은행 창구 직원의 추천으로 동남아 인덱스펀드에 호기심으로 투자해보기도 했다. 하지만 돌아온 건 손실뿐이었다. 사실 내 의지가 아닌 누군가의 추천을 따라 매수해서 그런지 투자한 주식이나 상품에 애착이 가지도 않았다.

또 한때는 적은 자본과 대출로 의미 있는 수익을 낼 수 있다는 꼬마빌딩 투자에 도전하기 위해 관련서를 많이 사서 읽고 매물도 알아보았다. 그렇지만 사무실에서의 야근과 집에서의 육아 때문에 빌딩을 보기 위해 발품을 파는 건 꿈도 꿀 수 없었다.

이후 국내 주식으로 돌아가려 했으나 손실을 봤다는 회사 동료들의 소문이 많아 갈팡질팡하던 차에 호기심 반, 희망 반으로 해외 주식에 관심을 갖기에 이르렀다. 이렇게 나는 2018년 4월 25일에 첫 해외 주식 투자를 시작했다. 매수 종목은 독일 IT 회사인 SAP SE였다. 그 뒤로 내게는 해외 주식 투자에 대한 많은 이야깃거리가 생겼다.

이제 이 책의 특징들을 살펴보자.

첫째, 해외 주식, 그 중에서도 미국 주식에 처음 투자하는 초보자들을 위한 책이다.

나는 평범한 회사원이 평범함을 무기로 해외 주식에 투자하고 수익을 내는 방법을 공유하고 싶다. 시중의 해외 주식 투자서들과 비교해보면 이 책에는 어렵고 전문적인 금융 용어가 거의 없다. 나는 투자 전문가가 아니기 때문이다. 그렇기에 조금이라도 어려운 용어라고 판단되는 부분에는 부연 설명을 추가했다. 내가 바라는 독자층 역시 제조, 화학, 유통, IT, 의료 분야 등에서 일하는, 다시 말해 투자 전문가가 아닌 분들이다. 혹시 당신도 해외 또는 미국 주식 투자를 시작하고 싶은데 도대체 어디서부터 어떻게 외국에 있는 회사를 찾아야 할지 몰라 난감한가? 그렇다면 이 책은 당신을 위한 책이다. 내가 친절히 안내하겠다.

둘째, 투자 종목을 추천하지 않는다.

이 책은 언어 및 지역의 한계를 극복하면서 낑낑대고 해외 회사들을 찾아왔던 나의 개인적인 기록이다. 하지만 그 어떤 주식도 이 책에선 추천하지 않는다. 물론 엄청나게 많은 회사들이 언급되긴 하나, 이는 종목을 추천하려는 목적의 결과물이 아니라 내가 모르는 산업을 이해하기 위해 남긴 과정의 흔적들이다. 다만 종목을 추천하진 않지만 독자들을 위해 각 기업의 정확한 영문명, 그리고 해당 기업의 과거 1~5년 주가 차트 및 그에 대한 내 의견을 적었다. 다소 죄송하지만 좋은 주식 종목들은 이 책을 읽으며 독자 여러분이 좋은 힌트를 발견하여 스스로 찾아보길 바란다.

셋째, 과정에 대한 책이다.

해외 주식 투자를 시작하기 전 나는 미국 주식과 관련한 국내 서적들을 사본 적이 있다. 그중엔 다 읽고 나서도 감동은커녕 기억나는 것도 없는 책이 있었다. 간단한 회사 설명과 차트를 나열하고, 종목을 추천하고, 책 후반부에는 ETF 리스트를 실은 책이었다. 그러나 이 책은 그런 유의 책들과 근본적으로 다르다. 나는 내가 찾은 회사가 어떤 역사를 가졌고, 어쩌다가 그런 기술력을 갖게 되었으며, 사장은 어떤 계기로 그 사업을 하게 되었는지 등의 비재무적 내용을 찾아보는 과정, 그리고 어느 순간 인문학적인 영감이 떠올라 유레카를 외치는 과정을 이 책에 기록했다.

해외, 특히 미국 주식에 투자하다 보면 자연스럽게 셰일가스라는 단어와 마주하게 된다. 셰일가스층은 지하 약 1만 피트, 약 3,000미터에 존재한다. 나는 주식 하나를 선택하면 그 주식에 숨겨진 수많은 사연을 찾아 3,000미터 아래를 파내려가는 마음으로 해당 기업을 분석했다.

나는 내가 투자 중인 회사의 사장이 뉴욕에서의 세미나 참석을 위해 텍사스에서 비행기를 탈 예정이라는 정보를 접하면, 그가 세미나의 식사 테이블에서 어떤 인물과 합석할지까지도 찾아본 적이 있다. 이게 무슨 의미가 있냐고? 그런 세미나에서 대개 기업체 대표의 식사 테이블에는 투자처를 찾는 헤지펀드 매니저가 동석하기 때문이다. 그 사장이 세미나를 끝내고 텍사스로 돌아오는 비행기 안에서 피곤한 몸을 눕혀 곤히 자는 동안 그 회사의 주가는 오르기 시작한다. 식사 테이블에 동석한 헤지펀드는 몹시 궁금했던 사항들에 대한 답을 사장으로부터 직접 들으며 그 회사에 대한 확신을 갖고, 그것을 바탕으로 주식을 대량 매수하기 때문이다. 이렇듯 나는 재무적인 것보다 사람과 과정에 더 집중한다.

또한 이 책에는 내 머릿속 사고의 과정이 적나라하게 기록되어 있다. 회사를 찾으면서 내 머릿속에 스쳐 지나가는 생각들을 붙잡고, 그에 따라 움직이는 내 손가락들이 인터넷이라는 바다에서 실마리를 잡는 과정을 이 책은 이야기한다. 캡처하여 실은 이미지들이 많은 것도 이 때문이다. 해외 주식 정보 수집의 원천은 인터넷이고, 내가 인터넷 바다에서 어떻게 정보를 찾아가는지 보여주는 것이 이 책의 목적 중 하나이므로 이는 어쩔 수 없는 선택이었다.

가끔은 특정 회사에 대해 이야기하다가 갑자기 다른 회사를 조사하기 위해 삼천포로 빠지는 경우도 있다. 이렇게 하는 이유는 우리가 별 주의를 기울이지 않고 무시해버리는 회사들 중에 오히려 좋은 회사가 있고, 그런 회사들의 주식이 투자 가치가 높다는 확신이 있기 때문이다. 하지만 원래 다루던 회사의 이야기로 다시 돌아오니 걱정할 필요는 없다.

넷째, 호기심과 상상력으로 적은 책이다.

앞에서 이야기했듯 보험조사원 키튼과 나의 공통점은 호기심이다. 내가 보험회사 직원이라 해서 이 책을 통해 지루한 회사 사무실로만 독자들을 안내할 것이라 여기면 큰 오산이다.

나는 독자들과 함께 배를 타고 미국에 상륙하여 맨해튼 심장부를 거닐다가 비행기에 올라 유럽으로 갈 것이고, 동남아로 돌아와 정신없이 일하는 공장 노동자들과 인사를 나누다 거친 모래가 날리는 텍사스 사막으로 가서 대륙 횡단 트럭을 타는가 하면, 느닷없이 지중해 심해로 독자들을 끌고 갔다가 고막이 찢어질 듯한 굉음을 내는 초음속기를 함께 타고 한국으로 돌아올 것이다. 마지막으로는 거친 여행으로 출출해진 배를 달래기 위해 동네 마트에도 함께 갈 테고 말이다.

자, 이제 호기심이 생기는가? 호기심으로 이 책을 집었을 독자분들, 지금부터 나와 함께 용감히 태평양과 대서양을 건너보자.

차례

Part 1

준비 운동:
내게 맞는 투자론을 찾다

피터 린치의
가르침

해외 주식 투자는 어떻게 시작해야 할까? 이 점을 생각해보니 투자를 시작하기 전에 우선은 비전이 필요할 듯했다. 나는 시간이 오래 걸려도 올바른 투자자가 되기로 했다. 주식으로 돈을 벌더라도 누구나 납득할 수 있는 방법으로 벌고 싶었던 것이다.

비전을 세웠는데 아는 게 없으니 일단 입문자용 추천 도서부터 읽기로 했다. 내가 선택한 것은 여의도 증권사의 직원들이 최소 세 번 이상 읽는다는 《전설로 떠나는 월가의 영웅 피터 린치(One Up On Wall Street)》. 해외 주식 투자를 하기로 결정했으니 해외 대가들의 책으로 시작하며 교과서적으로 주식 투자에 접근하고 싶었다.

《전설로 떠나는 월가의 영웅 피터 린치》는 480페이지에 달하는 두꺼운 책이었다. 목차를 보니 20년에 걸친 그의 투자 업무 전반의 경험과 주식 선정 방법으로 구성되어 있어 본격적인 독서를 시작하기도 전에 부담이 밀려왔다. 그렇지만 페이지를 넘길수록 책에는 유머가 넘쳤고, 투자와 관련된 전문적인 내용도 그리 어렵지 않게 느껴졌다.

내가 태어난 해와 가까운 1980년에 피터 린치(Peter Lynch)가 펀드매니저로 활동해서인지, 어떤 회사에 대한 그의 분석 내용은 현재의 그 회사 상황과 전혀 맞지 않았다. 그렇지만 이 점을 제외하면 주식 투자 초보인 내게 자신감을 갖게 해주는 가르침이 이 책엔 많이 있었는데, 내가 숫자에 약한지라 재무적인 내용보다는 비재무적인 내용이 더 기억에 남았다.

서문에는 '펀드매니저보다 아마추어 투자자가 주식 투자에서 성공할 수 있다'며 펀드매니저를 노골적으로 폄하하는 내용이 있었다. 물론 해학적인 의미였지만, 투자 전문가가 아닌 평범한 회사원인 내게 이 부분은 '나는 펀드매니저처럼 투자할 수 없다'는 편견을 떨쳐버리게 해주었다. 또한 '우리가 관심 있게 주위를 둘러보면 직장이나 근처 쇼핑몰에서도 탁월한 종목들을 발굴할 수 있고 월스트리트보다도 훨씬 앞서서 좋은 종목을 찾아낼 수 있다'는 피터 린치의 말 덕분에 내 마음속엔 작은 희망이 생겼다.

1부 '투자 준비'에서는 골프 캐디를 거쳐 펀드매니저가 된 피터 린치가 펀드매니저와 월스트리트의 기관투자자들에 대해 묘사하며 이야기를 풀어나간다. 그는 자신의 책 1~3부에 걸쳐 73개에 달하는 요점을 제시하는데, 내가 느끼기에는 고객들의 거금을 운용하는 펀드매니저들에게 필요한 내용인 듯했다. 펀드매니저는 고객이 맡긴 큰 금액으로 주식을 반드시 매수해야 하는 입장이다. 때문에 나처럼 주식을 살 수도 있고 사지 않을 수도 있는 자유로운 개인투자자에게는 피터 린치가 이야기하는 모든 요점들이 필요한 것은 아닌 듯했다. 1부에서 내 수준과 맞는 요점들은 아래와 같았다.

- 이미 알고 있는 지식을 이용해라.
- 월스트리트에서 아직 발견하고 확인하지 못한 기회, 즉, '레이더 밖'에 있는 기업을 찾아라.
- 주식 시장이 아닌 기업에 투자해라.
- 주식의 단기 등락은 무시해라.
- 경제를 예측하는 것은 소용없는 일이다.
- 주식 투자의 장기 수익률은 비교적 예측하기 쉬우며, 채권투자의 장기 수익률보다 훨씬 높다.
- 일반인은 투자 전문가보다 훨씬 먼저 흥미로운 기업이나 제품을 발견할 수 있다.
- 특정 업종이나 제품의 강점을 당신이 알고 있다면 주식 투자에 유리하다.

2부의 '종목 선정' 챕터에는 초보 투자자에게 중요한 내용이 담겨 있었다. 저성장주, 대형 우량주, 고성장주, 경기순환주, 회생주, 자산주 등의 용어를 정의하고 이것을 바탕으로 주식을 구분하는 방법이 제시되어 있었는데, 이는 나와 성향이 맞는 주식 유형을 찾는 데 도움을 주었다.

역시 2부 중 '정말 멋진 완벽한 종목들!' 챕터에서는 회사를 보는 안목을 배울 수 있었다. 우스꽝스러운 이름의 회사, 따분하거나 혐오스러운 사업을 영위하는 회사, 기관투자자가 보유는 커녕 조사도 하지 않는 회사, 폐기물과 연관이 있다고 소문난 회사, 틈새를 확보한 회사, 자신이 지속적으로 구입하는 제품의 회사, 그리고 특허 받은 기술을 사용하는 회사라면 주식을 사도 좋다고 피터 린치는 이야기한다.

따분하고 혐오스러운 사업을 하는 회사의 주식을 사라고? 웃음이 나왔지만 피터 린치의 통찰력이 느껴지는 부분이었다. 특히 고형 폐기물 회사인 솔리드웨이스트(Solid Waste)의 임원들이 피터 린치의 사무실을 방문하는 장면은 생생하게 기억에 남았다. 틀에 박힌 정장 복장이 아닌, 고형 폐기물을 뜻하는 자사명이 인쇄된 셔츠를 입은 사람들을 피터 린치가 이상적인 임원들이라 평가하는 장면은 이 책 전체를 통틀어 가장 강렬한 기억을 남겼고 그가 어떤 투자자였는지 알게 해주었다.

2부에서는 또한 2분 스피치 연습이 언급되는데, 이는 내가 꼭 실천하고 싶은 요점이었다. 피터 린치는 이렇게 말한다.

나는 주식을 매수하기 전에 이 주식에 흥미를 느끼는 이유, 이 회사가 성공하기 위해 필요한 요건, 장래에 예상되는 걸림돌 등에 대해 혼잣말하기를 좋아한다. 이 2분 독백은 소곤거려도 좋고, 근처에 있는 동료들에게 들릴 정도로 크게 떠들어도 좋다. 일단 주식의 스토리를 가족, 친구, 개에게 들려주고 어린아이도 이해할 만큼 쉬운 말로 설명할 수 있다면 상황을 적절하게 파악하고 있는 셈이다.

내게 이 말은 개미 투자자들이 하는 '카더라 투자' 대신 회사의 사업을 이해하고 가치를 판단하는 방향으로 사고하라는 가르침으로 읽혔다.

그 외 2부에서 기억하고 싶은 요점은 아래와 같았다.

- 투자하는 주식의 구체적인 투자 이유를 파악해라.
- 인기 업종의 인기 종목을 피해라.
- 사업다각화를 믿지 마라. 대개는 사업다악화로 귀결된다.
- 고리타분하고 평범해 보이며 월스트리트가 아직 관심을 기울이지 않는 단순한 회사에 투자해라.
- 비성장 업종에서 적당한 속도로 성장하는 회사가 이상적인 투자 대상이다.
- 틈새를 확보한 회사를 찾아라.
- 부채가 없는 회사는 망하지 않는다.
- 경영 능력은 중요한 요소일 수 있으나 파악하기가 매우 어려

운 요소다. 사장의 경력이나 말솜씨가 아닌 회사의 전망을 보고 주식을 매입해라.

- 주가수익비율을 세심하게 분석해라. 주가가 지나치게 과대평가되어 있는 회사는 만사가 잘 풀리는 상황에서도 돈 한 푼 벌지 못한다.
- 그 회사의 스토리를 바탕으로 회사의 발전을 점검해라.
- 기관투자자의 보유량이 적거나 없는 회사를 찾아라.
- 다른 조건이 동일하다면, 월급만 받는 경영진이 운영하는 회사보다는 지분을 많이 보유한 경영진이 운영하는 회사에 투자하는 것이 좋다.
- 인내심을 가져라. 서두른다 해서 주가가 오르는 것은 아니다.
- 새 종목을 고를 때에는 적어도 새 냉장고를 고르는 만큼의 시간과 노력을 기울여야 한다.

뒤이은 3부의 '장기적 관점'에서는 분산투자 전략에 대해 알게 되었고, '주식에 대해 말하는 가장 어리석고 위험한 열두 가지 생각'에서는 시장에 떠도는 이야기들이 얼마나 미신이나 오해에 가까운 것들인지를 깨달을 수 있었다. 특히 선물, 옵션, 공매도에 대한 피터 린치의 날카로운 경고는 투자 초보인 내게 의미 있는 가르침이었다. 선물 옵션을 불법화해야 한다는 그의 의견, 그리고 공매도에 심각한 결점이 있다는 그의 설명은 나로 하여금 '어떤 상품인지 정확히 알지 못하는 상태에서는 그것을 통한 투자에 섣불리 도전하지 않겠다'는 마음을 갖게 해주었다.

그 외 3부에서 기억하고 싶은 요점은 아래와 같았다.

- 시장 하락은 우리가 좋아하는 주식을 살 수 있는 훌륭한 기회다. 조정이 일어나면 탁월한 주식들도 헐값이 된다.
- 1년이나 2년 후의 시장 방향을 예측하기란 불가능하다.
- 대박 종목은 항상 뜻밖의 종목 가운데에서, 인수 대상 종목은 더욱 뜻밖의 종목 가운데에서 나왔다. 큰 실적을 거두려면 몇 달이 아닌 몇 년을 기다려야 한다.
- 대형우량주에 투자하여 20~30%가량의 수익을 몇 차례 반복하는 방법으로 큰돈을 벌 수 있다.
- 주가는 회사의 기본과 반대 방향으로 움직이는 때도 더러 있지만, 장기적으로는 이익의 방향과 지속성을 따라간다.
- 주가가 열 배로 뛴 종목이 있다 해도 내가 그 종목을 애초에 보유한 적이 없다면 나는 그 돈을 잃은 것이 아니다.
- 주식이 상승한다 해서 안심하고 스토리 점검을 중단해선 안 된다.
- 기본에 바탕을 두고 조심스럽게 가지치기와 교체 매매를 하면 투자 실적을 향상시킬 수 있다.
- 보유 중인 주식의 주가가 실제 가치의 범위를 벗어났고, 그보다 더 좋은 투자 대상이 나타났다면 보유했던 주식을 팔고 다른 종목으로 교체해라.

- 걱정할 일은 항상 생기는 법이다.
- 새로운 아이디어에 항상 마음을 열어놓아라.

피터 린치의 책은 내가 기대했던 것 이상의 가르침을 주었을 뿐 아니라 다른 해외 거장들의 책을 멈추지 않고 읽게 하는 시동을 걸어주었다.

내가 알고 있는 것에서
시작한다

피터 린치는 직장에서의 업무를 바탕으로 탁월한 종목을 발견할 수 있다며 개인투자자들을 독려했다. 그렇다면 내가 비록 인지하진 못하지만 이미 직장에서의 업무를 통해 알게 된 내용들로는 어떤 것들이 있을까? 매일 하루 종일 앉아 있는 사무실에서, 또 내가 공부했던 전공을 바탕으로 나는 어떤 해외 회사들을 찾을 수 있을까? 이렇게 나는 나 자신을 시작점으로 삼아 다시 생각해 보기로 했다.

전공

나는 항해사와 기관사를 양성하는 특수 분야의 대학교에서 선박 기관을 전공했다. 그러니 선박에 대한 내 지식은 적어도 보통 사람 수준 이상일 것이다. 그렇다면 항해 장비나 선박 기관, 발전기 등 선박 기술과 관련된 회사들에 대해서도 일반인보다는 잘 판단할 수 있지 않을까? 해외 선박 관련 업체들을 잘 살펴보면 그중 가치 있는 회사가 분명 내 눈에 띌 듯했다.

대학 졸업 후의 내 계획은 영국에서 국제운송학을 더 공부하여 선박 브로커가 되는 것이었다. 선박 브로커는 새로운 선박의 매매나 대여의 주선을 업으로 하는 사람이다. 영어도 못하고 인맥도 없었던(사실 핑계다) 나는 영국에서의 취업에 실패했지만 그 과정에서 선박의 매매 및 용선에 대한 지식을 쌓게 되었다. 해외 선박 브로커 업체도 몇 군데 알고있는데 모두 영국의 회사들이다. 그럼 런던증권시장으로 가야 하는 걸까? 호기심이 샘솟았다.

해군

남들 다 가는 군대지만 그래도 해군에서 군 복무를 했으니 군함과 관련된 방위산업 회사와 관련된 정보에는 어렵지 않게 접근할 수 있을 것이다. 한 척당 가격이 1조 2,000억 원이 넘는 이지스함은 어떤 조선소의 특수선 사업부에서 건조(建造)될까? 또 이지스함의 핵심 기술은 어떤 회사가 갖고 있을까? 미 해군의 규모는 어느 정도일까?

직장

나는 현재 손해보험회사에서 기업보험과 관련된 일을 하고 있다. 기업보험업계에는 보험회사, 보험 브로커, 손해사정 대행회사, 조사회사 등 특수 업체들이 존재한다. 그런 업체들 중 좋은 회사가 숨어 있진 않을까? 그간 일하는 과정에서 글로벌 보험 브로커 업체들이 자주 눈에 띄긴 했는데, 혹시 그 업체들이 미국 증시에 상장되어 있진 않을까?

손해보험회사 해외사업부에서 일하면서 미국의 보험 시장에 대해 공부한 적이 있다. 유기적 성장(Organic growth), 기업인수합병,

미국의 주요 손해보험사들 현황.

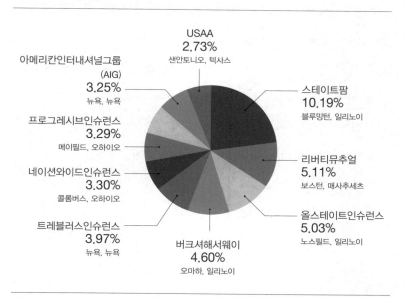

출처: https://blog.coverwallet.com

400조 원의 시장, 미들 마켓 등의 키워드와 함께 몇몇 회사들도 기억이 난다. 매력적인 회사들이었는데 막상 떠올리려니 이름이 가물가물하다.

미국에서는 미국 내에서만 영업을 하는 보험회사들이 많은 편이다. 1위 보험사 스테이트팜(State Farm)은 이름부터 매우 미국적이다. 스테이트팜에 이어 리버티뮤추얼(Liberty Mutual), 올스테이트인슈런스(Allstate Insurance)가 미국 내 손해보험사 2, 3위를 차지하는데 스테이트팜과 올스테이트는 미국과 캐나다, 즉 북미에서만 사업을 한다.

여기까지 찾아보다가 '나'를 다시 시작점으로 삼아 생각해보기로 했다. 나는 손해보험회사에서 시스템 운영을 하고 있다. IT 시장에는 손해보험회사를 상대로 시스템 개발과 IT 컨설팅을 해주는 IT 회사들의 시장이 별도로 존재한다.

또한 내가 회사에서 사용하는 시스템 운영 프로그램은 현재 유럽에 본사가 있는 IT 기업에서 만든 것이다. 혹시 그 기업은 주식회사일까? 그렇다면 유럽 증권 시장에 상장되어 있을까?

여기서부터 나의 해외 회사 탐색이 시작되었다.

다음은 《전설로 떠나는 월가의 영웅 피터 린치》에서 저자가 얘기한 많은 팁들 중 해외 투자를 위해 내가 가장 많이 기억해두고 싶은 세 가지다. 여러분에게도 도움이 될 것이다.

- **이미 알고 있는 지식을 이용해라**: 내가 잘 알고 있는 산업 분야, 내가 좋아하는 문화와 지식들을 이용하면 좋은 해외 기업을 찾을 수 있다. 나는 이미 많은 투자 관련 지식을 갖고 있는 것이다.
- **회사의 스토리를 바탕으로 회사의 발전을 점검해라**: 해외에는 설립된 지 100년 가까이 되는 회사들이 무척 많다. 창업자의 도전정신이 어떠한지, 또 그것이 어떻게 회사의 역사에 녹아 있는지 확인해야 한다.
- **새로운 아이디어에 항상 마음을 열어둬라**: 해외 투자를 한다는 것은 더 큰 시장으로 나아간다는 뜻이다. 새로운 아이디어에 마음을 열면 국내에서보다 더 큰 투자 기회를 잡을 수 있다.
- **나를 투자의 시작점으로 삼자**: 투자는 다른 산업 또는 다른 누군가의 입으로부터가 아니라 나로부터 시작해야 한다. 학업 내용, 군생활, 직장생활 등 내가 걸어온 길을 잘 관찰하면 나는 많은 것을 알고 있음을 깨닫게 된다. 특히 하루의 대부분을 보내는 직장에서의 생활을 통해 나는 어느새 특정 분야의 전문가가 되어 있을 수 있다. 여기에서부터 투자를 시작해보자.

Part 2

투자 공부:
주식은 인문학

독서에서
배워야 할 것들

나는 유튜브(YouTube)에서 '최진기의 생존경제'를 즐겨 시청했는데, 가끔은 그가 하는 주식 강의를 보기도 했다. 동부증권 출신인 그는 캔들 차트의 움직임을 보면서 '주식은 하나부터 열까지 인문학'이라고 강조했다. 버크셔해서웨이(Berkshire Hathaway) 회장 워런 버핏(Waren Buffett)의 사업 동반자인 찰리 멍거(Charlie Munger)는 '주식 투자는 종합적인 지적 체계를 필요로 한다'고 했다. 이는 회계나 산업 지식과 같은 단편적인 지식이나 정보만으로는 궁극적으로 성공적인 주식 투자에 도달할 수 없음을 의미한다. 문학, 심리학, 철학 등이 투자자에게 영감이나 아이디어를 줄 수 있고 자연과학인 수학, 물리학, 생물학 등도 투자와 연관 지을 수 있다는 것이다. 이러한 멍거의 철학을 바탕으로 《현명한 투자자의 인문학(Investing: The Last Liberal Art)》이라는 책이 나오기도 했다.

인문학이라고? 인문학이면 독서를 해야 하는 거 아닌가? 주식 투자를 하겠다고 마음먹었지만 최진기 강사의 이야기를 듣고서 나는 그동안 독서를 통해 무엇을 배웠는지, 그리고 그렇게 배운 지식은 나의 해외 투자에 어떠한 영향을 주었는지 떠올려보았다.

언젠가 나는 유대인들과 사업을 하리라

2014년쯤 나는 친한 회사 동료 한 명과 독서 토론을 했다. 그때 내가 택한 분야는 역사였는데, 동료는 내게 고(故) 남경필 작가의 종횡무진 역사책 시리즈를 추천해주었다.

《종횡무진 한국사》를 시작으로 《종횡무진 동양사》《종횡무진 서양사》를 제목처럼 정말 종횡무진 읽었다. 고등학생 때는 한국사와 서양사를 따로 읽었던 탓에 서로 교차하는 역사를 배워본 적이 없었는데, 이 책들을 통해 동양사 관점에서 한국사를 보고 그 뒤를 이어 상대적으로 급격한 이동을 겪은 서양사를 읽으니 늦게나마 인류의 역사가 어떻게 흘러왔는지 큰 그림을 그릴 수 있었다.

특히 《종횡무진 서양사》는 서양사라는 씨앗이 어떻게 시작되었고 어떻게 꽃을 피워 열매를 맺어왔는지 등을 알려주며 내가 과거에 배우지 못했던 서양사의 틈을 메꾸어주었다. 나는 '종횡무진 서양사'라는 제목을 '종횡무진 서향(西向)사', 즉 '서쪽으로 이동하는 역사'라는 의미로 기억한다. 중동 지역의 오리엔탈 문명에서 시작된 서양사는 중동의 서쪽인 그리스 로마 문명을 거쳤고, 이후 게르만족이 이동함에 따라 그보다 좀 더 서쪽인 스페인 제국으로 움직였다. 그 뒤 대항해 시대에 대서양 건너 아메리카 대륙으로 향한 데 이어 서부 개척 시대를 거친 서양사는 그 대륙 서쪽에 펼쳐져 있는 태평양을 건너 한반도에 사는 나에게까지 영향을 주고 있다. 무엇보다 가장 충격적이었던 것은, 내가 선호하는 '서양의 관용'이라는 세련된 문화가 실은 과거 끝없이 반복되었던 어처구니없고 피비린내 나는 갈등을 힘겹게 해결하는 과정에서 얻은 자성을 바탕으로 만들어진 문화라는 사실이었다.

서양사를 읽고 나니 서양에서의 돈의 흐름이 궁금해져 쑹훙빙(宋鴻兵)의《화폐전쟁(貨幣戰爭)》을 중고로 구입했다. 총 네 권으로 구성되어 있는《화폐전쟁》은 실로 방대한 내용이었고, 비록 은본위제를 강조하는 쑹훙빙의 주장을 이해하긴 쉽지 않았으나 흥미의 연속이었다. 무엇보다 경제권을 쥐기 위해 치열하게 경쟁하는 서양 가문들의 모습, 그리고 그들이 국가 간의 전쟁과 정보의 지역 불균형을 이용하여 돈을 버는 모습은 분명 피를 흘리지 않는 전쟁임에도 손에 땀을 쥐게 했다.

이 전쟁의 최종 승자는 독일계 유대인 로스차일드(Rothschild) 가문이었다. 유럽에서 서양 가문들의 음모론은 동양의《삼국지(三國志)》와도 같다.《삼국지》는 팩션이라 불린다. 팩션은 역사적 사실과 실존 인물의 이야기에 작가의 상상력을 보태 새로운 이야기를 풀어나가는 각색실화다.《삼국지》가 시대를 관통해 수많은 동양 작가들의 상상력에 의해 새롭게 태어났듯 서양 가문의 음모론도 비슷한 과정을 거친 것이다. 이러한 유대인 로스차일드 가문의 이야기는 나의 다음 독서를 위한 연료가 되었다.

《화폐전쟁》을 읽으며 생긴 유대인 역사에 대한 궁금증은 세종대학교 홍익희 교수의 《유대인 경제사》로 연결되었다. 처음 사회생활을 시작한 코트라(KOTRA)에 32년 동안 몸담았던 저자는 보고타, 상파울루, 마드리드, 뉴욕, 파나마, 멕시코, 밀라노 등 세계 여러 수출전선에서 일했고, 그 과정에서 많은 유대인 사업가들을 만났다고 한다. 세계 곳곳에서 일하며 그가 깨달은 것은 각국의 금융과 유통 등 서비스 산업의 중심에는 언제나 유대인들이 있다는 점이었다. 더 나아가 경제사의 측면에서 봤을 때 서비스 산업의 창시자와 주역들 역시 대부분 유대인이었고 세계 경제사 자체가 유대인의 발자취와 궤를 같이하고 있다고 저자는 이야기한다.

저자가 유대인들을 접하며 파악한 그들의 큰 장점은 무엇보다 뛰어난 언어 능력과 창의력이다. 이 장점들의 바탕에는 5,000년에 걸친 역사에서 유대인들이 나라 없는 디아스포라(Diaspora)로 떠돌며 자신들의 종교를 지키려는 목적으로 터득한 교육 방법이 있다. 가장 작은 사회단위인 가족에서부터 시작되는 그들의 종교 교육은 감히 다른 민족이 모방하거나 따라할 수 없는 것으로 느껴졌다.

《유대인 경제사》는 역사 속 유대인의 궤적을 추적하면서 오늘날 세계의 부와 권력을 거머쥔 유대인에 대한 이야기를 들려주는

데, 내게는《화폐전쟁》의 경우와 같이 충격적인 내용이 많았다.

저자는 이제 유대인은 우리 경제에서 그냥 지나칠 수 없는 거대한 존재가 되었고, 그렇기에 유대인 역사를 통해 우리 주요 산업의 좌표를 확인하고 미래를 준비해야 한다고 한다. 즉, 우리나라의 앞날도 제조업보다는 유대인들이 주도하는 서비스 산업에 있다고 보는 것이다.

비약과 가설이 많은 책인 듯했지만《화폐전쟁》의 음모론처럼 그 내용은 거의 사실인 것 같았다. 이 책을 읽으며 나는 상상으로나마 '내가 미래에 사업을 하게 된다면 유대인과 함께할 것'이라고 생각했는데, 부끄럽게도 이것은 미국에서 상식에 해당된다는 사실을 알게 되었다. 유대인 보석상들이 신뢰를 받고, 유대인 변호사의 승소 확률이 높으며, 유대인 의사들의 서비스가 좋다는 것은 이미 미국 사회에서 널리 받아들여지고 있다는 것이다.

《유대인 경제사》로 호기심이 생긴 나는 한국에 거주하는 유대인들을 검색해봤다. 유대교 정교회 랍비 한 명이 이태원에 있는 작은 회당을 가족과 운영 중이고, 주한미군 중 유대인들을 대상으로 종교활동 장소를 제공하고 있었다.

지급결제 시스템을 장악하는 자가 세상을 지배한다

앞서 이야기한《화폐전쟁》은 저자가 중국인인지라 중국 이야기도 많이 나오는데, 그중 감동적이었던 것은 홍색 중앙은행 창시자들에 관한 내용이었다. 높은 학력이나 경험은 물론 심지어 운전자금도 없었던 그들이 갖은 우여곡절을 겪으며 홍색 화폐를 출범시킨 스토리는 쑹훙빙이 표현을 실감나게 해서인지 눈물 날 정도로 감동적이었다. 그 시대의 지급 결제 시스템은 화폐였는데, '화폐를 장악하는 자가 세상을 지배한다'는 통찰이 그들에겐 있었던 것이다.

또한 중국은 외국의 신용카드사가 중국 내에서 자체적으로 지급 결제 시스템을 구축하는 것을 법으로 금지하고 있는데,《화폐전쟁》에는 이와 관련하여 비자(Visa Inc.)를 막아서는 중국의 이야기가 실려 있다. 이 내용을 읽으며 나는 비자라는 회사에 대해 다시 생각하게 되었다. 지금껏 나는 비자가 신용카드 발급 회사인 줄 알았지만 사실은 아니었다. 신용카드 회사에서 발급된 카드를 소지한 고객이 해외에서 결제할 수 있게 해주는 시스템을 보유한 IT 회사에 가깝고, 그렇게 얻은 데이터를 바탕으로 세계 인구의 소비 패턴을 파악하는 회사였던 것이다. 중국이 그러한 금지 정책을 고수하는 이유가 바로 여기에 있다. 지급 결제권을 빼앗기면 상업적 이익은 물론 국가의 기밀까지 빼앗길 수 있다는 사실을 중국은 알고 있는 것이다.

남들이 알기 전에 미리 찜해두는 해외 주식

주식 투자의 대가들은
어떻게 투자했을까?

《전설로 떠나는 월가의 영웅 피터 린치》를 읽은 뒤부터 나는 독서가 주식 투자에 꼭 필요한 활동임을 깨달았다. 특히 해외 주식에 투자하기로 결심했기 때문에 평생을 투자자로 살면서 대중과 소통하기 위해 노력한 투자 대가들로부터 지혜를 배우고 싶었다. 아래는 내가 해외 주식 투자 중 읽으면서 마음에 새긴 문구들이다.

"10년 동안 보유할 생각이 아니라면 단 10분도 보유해선 안 된다."
– 워런 버핏

주식 투자 방법론을 배우기 위해 《워런 버핏의 주주 서한(The Essays of Warren Buffett)》을 구입했다. 그런데 이 책은 주식 투자

자체보다는 회사 경영에 대한 이야기를 더 많이 하고 있었다. 그럴 수밖에 없는 것이, 이 책은 워런 버핏이 지주회사 버크셔해서웨이의 사업보고서를 통해 주주들에게 손수 띄운 편지들을 정리하여 펴낸 것이기 때문이다.

《워런 버핏의 주주 서한》은 기업지배구조, 금융과 투자, 보통주의 대안, 보통주, 기업인수 및 합병, 회계와 평가, 회계 속임수, 회계 정책, 세금 문제 등을 주제로 구성되어 있다. 피터 린치의 책이 그랬듯 이 책 역시 목차를 보면 워런 버핏이 버크셔해서웨이를 경영하면서 자신이 옳다고 생각하는 경영 방침을 진실되게 담았음을 알 수 있었다.

책을 읽으면 읽을수록 올바른 회사 경영이란 어떤 것인지, 회사를 제대로 보려면 어떤 점들에 주의를 기울여야 하는지, 또 투자를 결정할 때는 왜 반드시 그 회사의 CEO에 주목해야 하는지 등을 자연스럽게 알 수 있었으며 앞으로 내가 할 투자에 도움이 될 만한 내용이라는 생각이 들었다. 한편으로는 현재 나 역시 보험회사의 구성원임에도 회사 경영에 그간 너무나 무관심했음을 깨달았다.

이 책의 제2장 '금융과 투자'에선 워런 버핏이 했던 유명한 이야기가 등장한다. 2장의 '현명한 투자'라는 꼭지에 나오는 대목인데 이 책 전체를 통틀어 가장 널리 알려진 구절이 아닌가 싶다.

여러분이 투자하는 목적은, 지금부터 10년 뒤와 20년 뒤에 이익이 틀

림없이 훨씬 높아질 기업이면서 이해하기 쉬운 기업의 지분을 합리적인 가격에 사는 것입니다. 세월이 흘러 여러분은 이런 기준에 맞는 기업을 몇 개 정도만 발견할 것입니다. 따라서 그런 기업을 찾으면 여러분은 그 주식을 많이 사야 합니다. 또한 지침을 벗어나려는 유혹도 뿌리쳐야 합니다. 10년 동안 보유하려는 생각이 아니라면 단 10분도 보유해서는 안 됩니다. 장기간 이익이 꾸준히 증가하는 기업으로 포트폴리오를 구성하십시오. 그러면 포트폴리오의 평가액도 꾸준히 증가할 것입니다.

"10년 동안 보유할 생각이 아니라면 단 10분도 보유해선 안 된다." 이는 버핏이 남긴 명언들 중에서도 워낙 유명한 것이라 나 역시 이 책을 읽기 전부터 알고 있었다. 그런데 버크셔해서웨이라는 거대 지주회사를 경영하는 버핏 자신이 인수합병에 임하는 마음가짐을 두고 했던 선언임을 되새기며 이 명언을 보니 다시금 그가 정말 훌륭한 투자자라는 생각이 들었다. 나 역시 향후의 투자에서 이 명언을 꼭 실천하고 싶다.

"내가 아는 한 가지는 내가 모른다는 것이다."
– 하워드 막스

오크트리캐피털매니지먼트(Oaktree Capital Management)의 대표 하워드 막스(Howard Marks)의 책 《투자에 대한 생각》의 원제는 'The most important thing'이다. 원제에선 'thing'이라는 단수 명사가 사용됐지만 사실 이 책에는 20가지에 이르는 투자 원칙들이 실려 있다. '가장 중요한 것'이라는 뜻의 원제는 하워드 막스가 투자자로 일하면서 중요도가 제일 높다고 여겨지는 요소들을 기록한 메모를 의미하고, 그 메모들이 엮여 이 책이 된 것이다.

'내가 아는 한 가지는 내가 모른다는 것이다'는 그의 메모 중 내 기억에 가장 깊이 남아 있는 문구다. 하워드는 다음과 같이 적고 있다.

미래가 무엇을 쥐고 있는지 모르면서 아는 것처럼 행동하는 것은 무모하다. 알 수 있는 것, 또는 할 수 있는 것을 과대평가하는 것은 대단히 위험할 수 있다. 예컨대 뇌수술을 할 때, 대양 횡단을 할 때, 투자를 할 때가 그렇다. 자신이 알 수 있는 것의 한계를 인정하는 것은 상당한 강점이 될 수 있다.

언젠가 나는 잘 알지도 못하는 한국의 어느 화장품 회사에 투자한 적이 있다. 주식 몇 주 사는 건 정말 쉬운 일이었는데, 하워드 막스는 투자를 뇌수술이나 대양 횡단 정도와 같은 난이도의 일이라 하니 느껴지는 바가 컸다.

뇌수술은 경험 많은 신경외과 의사라 해도 준비를 잘못하면 환자가 사망에 이를 수 있는 고난도 수술이다. 혼자 대양을 횡단하려면 최소한 엄청난 자산가여야 하고 항해가 가능한 자격증도 있어야 한다. 이런 요건을 다 갖췄다 해도 철저한 사전 준비 없이 뛰어들면 항해 중 생명을 잃을 뿐 아니라 주검이 가족의 품으로 돌아가지 못할 수도 있다. 이 정도로 어려운 일이 투자라고 저자는 말하는 것이다.

'나는 모른다'에서 투자를 시작하는 겸손한 자세, 그리고 미리 철저하게 준비하는 행동의 중요성을 나는 하워드 막스로부터 배울 수 있었다. 나는 왜 주식 투자 시작 전에 이런 책을 빨리 읽지 않았을까?

"비효율을 찾아내는 2차적 사고가 필요하다."
– 하워드 막스

같은 책에서 하워드 막스는 효율적인 시장에서 비효율성을 찾아야 한다고 강조하는데, 이는 효율적 시장 가설을 반박하는 의견이다. 원문을 인용하면 다음과 같다.

효율적 시장 가설이란 주가가 이용 가능한 모든 정보를 반영하며, 시장은 새로운 정보에 즉각 반응한다고 보는 가설이다. 이 가설로 도출할 수 있는 가장 중요한 결론은 '시장을 이길 수 없다'이다. 그런데 2차적 사고를 하는 사람들은 우수한 성과를 올리기 위해서 자신이 각각의 정보나 분석, 또는 두 가지 모두에서 탁월한 능력이 있어야 한다는 것을 안다. 따라서 판단 착오를 하지 않기 위해 조심한다. 2차적 사고를 하는 사람들의 이론에는 비효율이 존재한다. 비효율적이라는 말은, 시장이 투자자들에게 기회가 될 수 있는 실수를 종종 한다는 것을 거창하게 표현한 것이다.

예를 들어, 시장 가격은 종종 잘못 책정되는 경우가 있다. 정보 입수와 분석이 매우 불완전하기 때문에, 시장 가격이 때로 자산의 내재가치보다 훨씬 높거나 훨씬 낮은 경우가 생길 수 있는 것이다.

그리고 시장에서는 상당히 잘못된 평가가 있을 수 있고, 기술, 통찰력, 정보접근 등에 있어서 시장 참여자들 간에 차이가 있을 수 있기 때문에, 잘못된 평가를 발견하고 그로부터 지속적으로 이익을 취할 수 있는 가능성이 있다.

쉽지 않은 설명이었으나 2차적 사고, 즉 시장에는 분명 판단의 허점이 있으니 이를 찾아내는 훈련이 필요하다는 제안은 내 가슴을 뛰게 했다. 나의 호기심 많은 성격과 무언가 끊임없이 찾는 것을 좋아하는 성향이 2차적 사고를 할 가능성으로 연결될 수도 있지 않을까?

"뉴노멀이란 것은 사실 없다."
— 켄 피셔

뉴노멀(new normal)이라는 단어는 언젠가 사내방송으로 회사 경영 회의를 시청하던 중 들어본 기억이 있다. 사외이사인 국내 유명 대학의 교수 한 분이 회사 임원들을 위한 강의에서 사용한 단어였는데 그분은 뉴노멀을 "기존의 모든 경계는 소멸되고 있고, 위기는 상시화되며, 저성장 기조는 고착화되고 있는 상황"이라 정의하셨다.

또 여러 예들을 언급하며 지금은 과거와는 다른 시기라는 것을 강조하는데, 듣고 있자니 정말 답이 없어 보이고 공포와 위기감이 밀려왔다. '내가 다니는 회사 이러다 망하는 것인가?'라는 생각도 들었고 말이다.

그런데 세계적인 투자 전략가 켄 피셔(Ken Fisher)의 책《주식 시장은 어떻게 반복되는가(Markets Never Forget)》는 이 '뉴노멀'을 부정하는 내용이라 읽게 되었다. 켄 피셔는 뉴노멀, 즉 무언가 새로운 것은 전혀 없다고, 그리고 우리는 이를 배웠으면서도 계속 잊어버린다고 말한다.

이 책에선 변동성에 대한 이야기가 나온다. 변동성. 주식을 하다 보면 매일 같이 접하는 지겨운 단어다. 세상의 뉴스들은 잊을 만하면 우리에게 "지금이 이전 어느 때보다 더 변동성이 크다!"라고 외친다. 하지만 피셔는 이 말이 거의 매년 나오는 믿음과도 같다고 한다. 다시 말해 이는 '이번에는 다르다', 즉 뉴노멀을 살짝 비튼 표현으로, 투자자들의 기억력에 결함이 있음을 보여주는 말이란 것이다.

2008년 있었던 서브프라임 경제위기 이후의 미국으로 돌아가 보면, 2008~2009년 나쁜 소식의 행렬은 끝이 없을 듯했다. 은행들은 파산했고 정부의 대응은 엉망인 데다 예측할 수 없었으며, 치솟는 실업률에 세계는 곧 종말에 이를 것만 같았다. 그런데 2009년 미국 증시의 전체 주가는 26.5%, 세계의 경우엔 30% 상승했으며 2010년에는 각각 15.1%, 30%가 올랐다. 피셔는 변동성을 표준편차로 표현하여 설명하는데 표준편차가 큰 경우, 즉 변동성이 큰 경우 주식 시장이 침체를 보이지 않았음을 숫자로 보여준다.

예를 들어 역사상 가장 극심한 변동성을 기록한 1932년에는 표준편차가 65.24%였지만 주가는 단지 8.41%만 하락했다. 두 번째로 큰 변동성을 기록한 해는 1933년으로 표준편차 53.8%였으나 주가는 54.4% 급등했다. 1998년에도 표준편차가 20.6%로 컸는데 주가는 중간에 큰 조정을 겪고도 28.6% 상승했다.

앞서 언급한 부정적인 뉴스가 난무했던 2009~2010년을 보면, 2009년의 변동성도 표준편차 21.3%로 중간치보다 훨씬 컸지만 주가는 26.5% 상승했고, 2010년 표준편차는 18.4%였는데 주가 상승률은 15.1%였다.

반대의 경우도 마찬가지라서, 작은 변동성이 큰 수익을 의미하는 것은 절대 아니었다. 1977년 표준편차는 평균보다 낮은 9%였는데 주가는 7.4% 하락했고, 1953년 표준편차는 9.1%였는데 주가는 1.2% 떨어졌으며 2005년 표준편차는 7.6%였는데 주가는 겨우 4.9% 상승하는 데 그쳤다.

이에 대해 피셔는 우리 뇌는 이 사실을 받아들이기 어려워하지만, 변동성은 미래 수익률을 예측하는 지표 같은 것이 절대 아니라 이야기한다. 역사를 바탕으로 한 피셔의 비판은 변동성으로 끝나지 않고 장기 약세장, 부채에 대한 거짓 공포, 정치인 등 정말 많은 것들로 이어진다. 길게, 또 넓게 보면 주식 시장은 그저 같은 패턴이 반복될 뿐임을 피셔는 40년에 걸친 자신의 투자 경력을 바탕으로 설명한다. 그동안 나는 마음을 잔뜩 긴장하게 하는 뉴스들을 접하며 주식 시장을 불안하게 바라보았는데, 이 책을 읽으며 그런 불안함에 대한 면역이 생기는 느낌을 받을 수 있었다. 무엇보다 켄 피셔 덕에 해외 주식 투자를 하며 뉴노멀이란 단어를 더 이상 두려워하지 않게 되었다.

"주식 시장은 전형적인 복잡계다."
– 마이클 모부신

투자 전략가이자 컬럼비아대 경영대학원 교수인 마이클 모부신(Michael Mauboussin)의 저서 《통섭과 투자》의 원제는 'More than you know'다. 당신이 아는 것 이상을 알려주겠다는 원제가 어쩌다 한글판에선 '통섭과 투자'가 되었는지 도무지 이해할 수 없었다. 솔직히 말하자면 한글판의 부제가 '찰리 멍거처럼 사고하고 투자하라'여서 처음에 나는 이 책이 워런 버핏의 오른팔이자 복합적 사고를 통해 성공적인 투자를 해온 찰리 멍거의 저서인 줄 알았다 (찰리 멍거는 사실 저서가 없다).

이 책은 내용이 결코 쉽지 않아 낑낑대며 읽어나가야 했다. 그러다 마지막 챕터에 이르러서야 드디어 '읽어보길 잘했다'고 생각하며 얻은 것이 있었으니, 바로 과학과 복잡계 이론이었다. 이 부분 덕에 나는 주식 투자를 시작하기 전에 주식 시장이 어떤 곳인지 알게 되었다.

복잡계는 수많은 이질적 참가자의 상호 작용으로 이루어진 체계를 뜻하는데, 복잡계의 가장 좋은 예 중 하나로 저자가 드는 것이 바로 인간이 만든 주식 시장이다. 저자는 '인간에겐 인과관계를 밝히려는 본능적 욕구가 내재되어 있는데 불행히도 주식 시장은 이 욕구를 쉽게 충족시켜주지 못한다'고 말한다. 다른 기계적 시스템과 달리 주식 시장은 각 부분을 들여다봄으로써 이해할 수 있는 대상이 아니라는 것이다. 시장의 작동 원리를 설명하기 위해 우리는 자꾸 개인들을 주시하지만, 지엽적 정보와 상호 작용에 의존하는 개미가 전체 집단에서 무슨 일이 일어나는지 파악할 수 없듯 시장 전문가들 역시 시장의 움직임을 설명하지는 못한다는 것이 저자의 주장이다. 간단히 말해 주식 시장은 복잡계이고, 인간의 능력으로는 이러한 복잡계에서 벌어지는 일들의 원인과 결과를 알 수 없다는 것이 요점이라 하겠다. 이는 어제오늘 주식 시장에서 일어난 일의 원인과 결과를 설명하는, 소위 전문가라는 사람들의 말은 들을 필요가 없음을 의미한다.

이 챕터에서 저자는 흥미롭게도 곤충인 개미와 벌의 생태를 주로 분석하며 그것들 한 마리 한 마리가 질서 없이 행동하는 듯 보여도 집단적으로 보면 가장 효율적인 방법으로 움직인다고 이야기한다. 읽고 보니 맞는 말이었다. 개미집이나 벌집을 봐도 전체적으로 균형이 잡혀 있으니까. 저자가 곤충의 예를 든 것은 주식 시장도 그와 같아서 전체적으로 효율적으로 움직인다는 점, 즉 효율적 시장 가설을 설명하기 위한 목적인 듯했다. 이 점을 이해하고 나자 '우리는 주식 시장을 이해할 수 없다'는 저자의 말이 절망적으로 느껴지지 않았고, 오히려 그 속성을 이해했다는 면에서 표현하기 어려운 지적 즐거움을 얻었다.

복잡계를 설명하던 중에는 메릴린치인베스트매니지먼트(Merrill Lynch Investment Managers)의 전 회장인 아서 지켈(Arthur Zeikel)이 좋아하는 인재상에 대한 설명이 나온다. 그중 절반 정도는 내 성향과 유사한 듯해 기분이 좋았고 자신감도 생겼다. 그 내용은 다음과 같다.

- 지적 호기심이 많다.
- 사고가 유연하며 새로운 정보에 개방적이다.
- 다양한 방법으로 정보를 취합해 해결책을 찾을 수 있다.
- 탈권위주의적이며, 기존 방식을 고집하지 않는다.
- 정신적으로 활동적이고 열정적이며 의욕이 넘친다.

"나는 세상 모든 것에 투자해보았다."
– 앙드레 코스톨라니

헝가리계 유대인이었던 앙드레 코스톨라니(Andre Kostolany)의 투자 총서 시리즈는 국내에 《돈, 뜨겁게 사랑하고 차갑게 다루어라(Die Kunst ueber Geld nachzudenken)》 외 두 권의 책으로 출간되어 있다. 헝가리에서 태어나 독일로 이주했던 코스톨라니는 나치를 피해 프랑스로 건너가 살다가 이후 미국에 머물렀고, 노년에는 프랑스에서 생을 마감했다. 이 세 권은 그 기록을 고스란히 담고 있기에 여러 주식 시장을 여행하는 기분으로 읽을 수 있었고, 이미 자산가가 되어 미국으로 건너간 그가 골드만삭스애셋매니지먼트(Goldman Sachs Asset Management, 이하 골드만삭스)의 면접 시험에서 탈락한 에피소드 등 재미있는 이야기들도 실려 있다.

코스톨라니는 고전 음악을 즐겨 듣는 투자자이자 인문학자이기도 했는데, 그래서인지 그는 자신의 80년 투자 인생도 다음과 같이 요약했다.

투자는 과학이 아닌 예술이다. 나는 그동안 외환, 원자재, 현물, 선물 등 모든 유가증권에 투자했다. 미국의 월스트리트나 파리 프랑크푸르트, 취리히, 도쿄, 부에노스아이레스, 요하네스버그, 상하이를 가리지 않고 투자했다. 주식, 국채, 외환, 신발 가죽, 콩을 비롯한 모든 곡류, 섬유, 자동차 타이어, 철, 커피 그리고 내가 좋아하는 카카오, 위스키, 귀금속에 투자했다. 나는 바람이 부는 대로, 경제나 정치 상황이 요구하는 대로, 호경기나 불경기에도, 인플레이션이나 디플레이션이 있을 때에도, 가치 상승이나 가치 절하가 있을 때에도 모든 영역에 투자를 하였으며 이렇게 잘 살아남았다. 정말이지 1924년 이후로는 단 하룻밤도 주식을 생각하지 않은 밤이 없었다.

읽을 때마다 아무나 쉽게 할 수 있는 표현들은 아니란 생각이 든다. 자신이 투자할 수 있는 모든 것에 열정적으로 투자한 그의 생이 이 몇 문장을 통해 그대로 전달되는 듯하다. 그래서인지 이

부분은 그의 책들에서 내가 가장 좋아하는 대목이기도 하다.

앙드레 코스톨라니의 개

나는 해외 주식에 투자하는 동안 금리 인상, 미중 무역전쟁 등을 경험하며 주식 시장의 하락을 경험했지만 주식의 대부분을 1년 이상 보유했고 결국 수익을 낼 수 있었다. 예측할 수 없는 사건들에 대한 주식 시장의 반응과 그로 인한 주가 하락 탓에 절망적인 감정이 들기도 했다. 그러나 그때마다 코스톨라니가 다음과 같이 비유해서 표현한 '주인을 따라다니는 개'를 생각하며 장기 투자자로서의 원칙을 세울 수 있었다.

한 남자가 개를 데리고 산책을 한다. 그 개는 보통 개들이 그렇듯 주인보다 앞서 달려가다가 주인을 돌아본다. 그리고 다시 앞으로 달려가다가 자기가 주인보다 많이 달려온 것을 보곤 다시 주인에게 돌아간다. 그렇게 둘은 산책을 하면서 같은 목표에 도달하게 된다. 주인이 1킬로미터를 걷는 사이 개는 앞서다가 돌아오기를 반복하면서 약 4킬로미터를 걷게 된다. 여기서 주인은 경제이고 개는 증권 시장이다.

개가 걸은 4킬로미터는 주인이 걸은 거리의 네 배에 해당한다. 1:4라면 큰 비율인데, 코스톨라니가 아무 이유 없이 이런 비율을 언급하진 않았을 것이다. 그는 그만큼 주식 시장의 변동성이 크고 우리를 어지럽게 만든다는 점을 이야기하고 싶었던 것이다.

미국 주식을 사기 전에
미국을 공부하는 건 기본

하루는 문득 '해외 주식, 특히 미국 주식에 투자하겠다면서 정작 나는 미국이라는 나라에 대해 뭘 얼마나 알고 있지?'라는 의문이 들었다. 보험회사 해외사업부에서 일하는 동안 미국의 보험 산업에 대해 수박 겉핥기식으로 알게 된 것들이야 있지만 그간 사실 미국이라는 나라에 대해 제대로 배우거나 알려고 해본 적은 없었다. 미국이라고 하면 맥도날드, 할리우드 영화, NBA, 천조국 등 피상적인 단어들만을 떠올려왔던 것도 그 때문인 듯했다. 그래서 휴가를 내고 삼성역에 있는 별마당 도서관으로 향했고, 그곳에서 이 책 저 책을 뒤지다가 평택대학교 미국학과 손세호 교수의 《하룻밤에 읽는 미국사》를 읽어보기로 했다.

프런티어로 향하는 미국인들의 운명

손세호 교수 역시 '미국은 정치, 경제, 사회, 문화 등 거의 모든 분야에서 우리와 떼려야 뗄 수 없는 밀접한 관계를 맺고 있는 나라임에도, 정작 미국이라는 나라의 본모습에 대해 얼마나 알고 있느냐는 질문에 자신 있게 대답할 수 있는 사람은 그리 많지 않을 것'이라는 이야기로 책을 시작하고 있었다. 그리고 보니 그간 한국 사람들은 특정 사건 사고를 발단으로 하여 미국에 대해 우호적인 태도나 적대적인 태도, 즉 다소 극단적이고 편향된 인식을 보여온 듯했다. 심지어 나는 고등학생 때 어느 선생님 한 분이 미국을 두고 '제조업은 다 망했고 디즈니랜드나 영화 같은 서비스업으로만 먹고사는 나라'라고 폄하하셨던 것을 그대로 믿기까지 했다. 그러나 늦게나마 《하룻밤에 읽는 미국사》를 읽으며 나는 미국의 주요 리더들을 따라가는 그들의 역사에 대해 배울 수 있었다.

책에서 가장 기억에 남는 부분은 프레더릭 잭슨 터너(Frederick Jackson Turner)의 프런티어 가설이었다. '프런티어(frontier)'는 회사들이 '프런티어 정신' 등을 이야기하며 상업적으로도 사용하는 단어지만 실은 지정학적 지역을 묘사하는 보통명사다. 지역적으로 도시화되고 문명화된 사회와 사람이 살지 않는 미개지 사이의 지역, 즉 말 그대로 개척을 필요로 하는 곳이 프런티어인 것이다. 서부 개척이 공식적으로 마무리된 1890년, 미국의 재무장관은 프런티어가 더 이상 존재하지 않음을 발표했는데 프레더릭 잭슨 터너의 프런티어 가설도 이 시기에 등장했다.

터너는 '부패하고 타락한 유럽을 떠난 미국인들은 신대륙에서 목숨을 건 개척을 해나가며 관습의 속박에서 벗어나 새로운 경험을 했고, 새로운 제도와 활동을 요구하는 자유를 창조했다'고 이야기한다. 다시 말해 프런티어로 가는 과정에서 미국인들은 민주주의, 개인주의, 평등주의, 실용주의, 물질주의 등 미국적이라 말할 수 있는 특징들을 창출했다는 것이다.

이러한 터너의 가설은 미국인들이 프런티어가 사라진 미국 본토를 넘어 새로운 프런티어, 즉 해외로 진출해야 하는 새로운 단계로 접어들었음을 알리는 신호탄이 된다. 실제로 19세기 말부터 미국은 중남미부터 시작하여 적극적으로 해외에 진출했다. 그렇게 시작된 미국의 해외팽창이 미국의 기업가정신과 합쳐지며 지금 한반도에 사는 평범한 나에게까지 영향을 주고 있는 것은 아닐까?

최초의 주식회사에 대해 공부하다

　해외 주식 투자를 하기 전에 생긴 궁금증 한 가지가 더 있다. '인류 역사 최초의 주식회사는 어느 회사였을까?'가 그것이다. 서양의 국가들 중 하나에 세워졌을 듯했는데, 검색해보니 네덜란드의 동인도회사(Dutch East India Company)가 바로 그 주인공이었다.

　네덜란드 동인도회사는 영국의 동인도회사의 성장에 자극을 받아 회사 이름도 똑같이 지었다. 그러나 영국 동인도회사는 주식회사가 아니었기에 '세계 최초의 주식회사'이자 '세계 최초의 다국적 회사'라는 타이틀은 네덜란드 동인도회사가 거머쥐게 되었다. 그런데 왜 다른 국가가 아닌 네덜란드였을까? 17세기 네덜란드의 상황을 보자.

당시 네덜란드는 스페인과의 오랜 전쟁 이후 네덜란드 공화국으로 독립에 막 성공한 후였다. 이후 종교 개혁으로 개신교를 받아들이면서 종교적 관용 정책을 폈기에 프랑스의 위그노전쟁이나 독일을 중심으로 한 30년 전쟁 등의 종교 전쟁을 피해 신교도 및 가톨릭교도들과 유대인 선주, 청어잡이 독일인 어부 등 다양한 이민자들이 이 나라로 모여들었다. 다소 혼란스럽긴 했지만 동시에 풍요를 꿈꿀 수 있는 이러한 상황에서 동인도회사는 탄생했다. 어떤 회사였는지 좀 더 공부해보기로 했다.

동인도회사의 개요

- 1602년 3월 20일: 회사 설립. 동인도회사는 네덜란드 정부가 아시아의 향신료 무역에 대해 21년간 독점권을 행사할 수 있는 한시적 회사로 설립되었다. 동방과의 무역을 위해 회사를 세웠다가 무역이 끝나면 회사도 없애던 당시였으므로 사람들은 회사가 21년 이상 존재할 수 있을 것이라는 상상조차 할 수 없었다고 한다.
- 1609년 3월 20일: 암스테르담증권거래소(Amsterdam Bourse) 설립, 동인도회사 주식의 거래 시작.
- 1660년: 청나라의 영향으로 대중국 무역이 쇠퇴하면서 성장의 정체 시작. 청 왕조의 중국 대륙 통일과 이로 인한 해금

정책 그리고 일본산 은의 생산량 급감.

- 1700년: 대륙의 영향에 따른 가격 경쟁력 약화로 내리막길 시작. 영국과 프랑스라는 강력한 경쟁자들이 도전.
- 1798년 12월 31일: 인도를 거점으로 하는 영국 세력에 밀려 해체, 파산.

전성기 시절의 동인도회사는 자산으로 150척의 상선. 40척의 군함. 5만 명의 직원. 1만 명의 군인이 있었다. 군함을 갖고 있었으니 회사를 넘어 국가라 해도 될 만했다.

그렇다면 1609년에 동인도회사의 이름으로 주식이 발행된 배경을 알아보자. 당시 영국, 스페인과의 외교 관계가 무너지면서 돈이 궁해진 네덜란드 상인과 의회는 머리를 쓴다. "네덜란드 부자들과 국민들로부터 십시일반 모아 큰돈을 만들어보자!"라며 구체적인 방법을 위해 머리를 짜낸 것이다. 그리고 이렇게 돈을 낸 시민들에게 그들은 동인도회사라고 적힌 종이 증서를 제공했는데, 그것이 바로 세계 최초의 주식이었다.

최초의 주식은 네덜란드 동인도 회사의 것이었지만, 그렇다고 암스테르담거래소가 주식 역사상 첫 번째 주식 시장이었던 것은 아니다. 다양한 종류의 주식 시장이 15세기에 제노바나 라이프치히 정기시(定期市) 및 많은 한자동맹 도시들에서 흥성했고, 국가대주(貸株)거래는 그보다 훨씬 전에 이탈리아 도시국가들에서 흥정의 대상이 되기도 했기 때문이다. 그러나 암스테르담거래소의

네덜란드 동인도회사의 실물 주식 사진.

새로움은 시장의 거래량과 유동성, 명성, 그리고 거래의 투기적 자유에 있었다〔출처: 페르낭 브로델(Fernand Braudel),《물질문명과 자본주의》〕.

동인도회사가 주력했던 무역 상품으로는 향신료, 비단, 각종 차, 커피, 쪽, 설탕, 콩, 곡물 및 쌀이 있었다. 동인도회사가 전개한 해외 사업의 영향으로 17세기 후반 네덜란드의 해외 투자액은 국내총생산(GDP)의 두 배에 가까운 약 15억 길더에 달했다.

동인도회사는 1602년 초대 주주 모집을 시작한 지 5개월 만에 암스테르담에서만 1,143명의 주주를 모을 수 있었다. 이 회사의 주식에 투자한 투자자들은 배당을 받았는데 배당수익률이 나쁘지 않았다. 설립 첫해부터 배당을 시작한 동인도회사가 주주들에게 처음 약속했던 배당 수익은 3.5%였다. 그런데 1602년부터 1696년까지 이 회사가 기록한 평균 배당수익률은 20% 안팎이었다. 특히 설립 4년 차인 1606년에는 무려 75%의 배당수익률을 기록하기도 했다.

동인도회사의 해외 무역 및 주요 거점들

다국적 기업이었던 동인도회사는 여러 해외 거점들을 두고 활동했다. 현재의 인도네시아 자카르타는 옛 지명이 바타비아(Batavia)로 동인도회사의 해외 본사였다. 거주자가 약 2만 7,000명일 정도로 바타비아는 규모가 큰 도시였지만 그들 중 대부분은 노예였다. 이곳은 동인도회사의 해외 주요 거점이었고, 다른 거점들은 사실 동인도회사 선박의 기착지 정도에 불과했다. 바타비아의 주요 산업은 제당이어서 1만 2,000명이 넘는 노예들이 엄청난 노역을 해야 했다. 18세기에는 설탕 값이 떨어져 화교 폭동으로 이어졌으며, 화교 대학살이라는 슬픈 역사가 쓰이기도 했다.

이후 반자르마신, 수라바야 등을 추가로 점령한 동인도회사는 수마트라에서 뉴기니에 걸친 거대 해상무역권을 장악했고 향신료, 설탕, 커피 등의 플랜테이션으로 부를 쌓았다. 더불어 메콩 강 유역 및 인도차이나 반도에도 진출하여 상관(商館)을 두었다.

남아공의 케이프타운은 아시아로 향하는 동인도회사 선박들이 쉬는 곳이었다. 배들은 이 도시를 거쳐 현재의 스리랑카인 실론 섬의 항구도시 갈레(Galle)에 기착했다.

1640년 네덜란드는 포르투갈이 점령하고 있던 갈레를 손에 넣었다. 갈레는 당시 세계 최대 규모의 계피 산지였는데, 이로써 시장에서 계피를 독점 공급하는 국가 역시 포르투갈에서 네덜란드로 바뀌었다.

또한 동인도회사는 현재의 대만인 포르모사(Formosa)의 남부

검정색과 녹색은 각각 네덜란드 동인도회사와 서인도회사의 영역, 주황색은 두 회사의 무역 거점을 나타낸다.

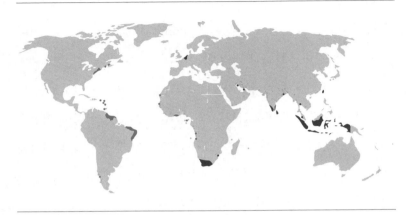

출처: http://yellow.kr/blog/?p=953

를 점령한 뒤 이곳을 중국과 일본 진출의 교두보이자 동북아시아 중계무역의 거점으로 삼았다. 현재의 안핑(安平) 지역에 질란디아 요새(Fort Zeelandia, 현 안평고보)를 건설하여 대만 식민지의 중심으로 정한 이 회사는 대만 남부와 해안 일대를 지배하며 설탕과 차 플랜테이션을 운영하고 사슴 가죽 등을 수출했다.

그리 많이 알려지진 않았지만 당시 동인도회사는 조선과의 무역에 대한 관심이 컸다고 한다. 조선 도자기의 가치가 높다는 것을 네덜란드 상인들이 알고 있었기 때문이다.

실제로 동인도회사는 1669년 네덜란드 미들버그에서 길이 약 25미터, 탑승 인원 20명의 1,000톤급 소형 상선을 건조하고 '코레아'로 명명한 뒤 자카르타로 출항까지 했었다. 그러나 당시 동북아

1680년 남아공 케이프타운 희망봉에 있었던 동인도회사의 성. 남아공에서 가장 오래된 식민지 유적으로 알려져 있다.

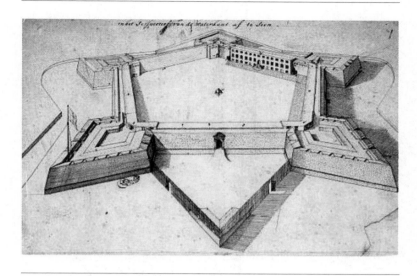

출처: South Africa Tours, Travel

지역의 중개무역 이권을 쥐고 있던 일본 막부가 이 소식을 접하고 나가사키의 데지마(出島)에 설치해둔 상관을 폐쇄하겠다며 동인도회사의 움직임에 강력히 대응하고 나섰다. 결국 동인도회사는 조선과의 거래를 포기했고, 코레아호는 조선에 입항도 해보지 못한 채 자카르타에서 폐선되었다.

이번 장에서 해외 투자 시 도움이 될 만한 내용은 다음과 같다.

- **해외 주식 투자는 곧 역사에 대한 투자다:** 미국, 영국 등 서양 국가들에 있는 회사에 투자한다는 것은 그들의 역사에 투자하는 것이다. 또한 투자 과정에서 만나게 되는 유대인 사업가들은 나에게 또 다른 기회가 될 수 있다.
- **투자 시작 전에 반드시 전문가들의 책을 읽어라:** 미국 주식 시장에 투자하고자 한다면 사전에 미국 투자 거장들의 책을 반드시 읽어야 한다. 미국 주식 투자가 내게 맞는 투자 수단이 될 수 있을지를 그들의 수십 년 경험으로부터 미리 판단할 수 있기 때문이다. 해외 주식 시장의 역사가 국내보다 오래된 만큼 투자 전문가들, 즉 투자업계의 거장들은 국내보다는 해외에 더 많다는 점도 기억하자.
- **투자 중에도 독서를 계속해라:** 실전 해외 투자에 돌입하면 투자 전문가들이 현실에서 경험했던 어려움을 본인 역시 똑같이 겪는 상황과 맞닥뜨린다. 이럴 때 그들의 경험이 실린 책은 그 난관에서 탈출할 방법을 알려줄 것이다. 독서는 주식 시장에 맞설 지혜를 얻는 지름길임을 잊지 말자.
- **주식 시장은 그 나라의 역사와 국민성을 반영한다:** 투자하고자 하는 국가에 대한 깊은 관심은 그 나라의 주식 시장을 이해하는 데 도움을 준다. 배경을 알고 하는 투자와 아닌 투자는 결과에서도 차이가 생길 수밖에 없다.
- **주식회사는 쉽게 망하지 않는다:** 회사가 해외에 있다 해서, 또 내가 직접 볼 수 없다 해서 그 회사가 망하거나 상장 폐지될지 모른다는 어리석은 걱정은 하지 말자. 인류의 위대한 발명품 중 하나인 주식회사는 인류의 상상을 초월하는 생명력을 이미 역사에서 보여주었고, 앞으로도 그럴 것이다.

Part 3

모의고사:
투자를 시작하다

가장 가까이에 있는
회사부터

피터 린치가 제안한 바에 따라 나는 '내게는 주식 투자자로서 성공할 자질이 있는가?'란 질문에 대한 모의고사를 스스로 치러보기로 했다. 우선 삼성증권에서 해외 주식 거래를 등록하고 내 인생에서 홀라당 잃어도 되는 돈은 얼마 정도인지를 정했다. 해외 주식 매수 준비도 마쳤으니 이제 어디서부터 시작해볼까?

눈앞에 두고도 몰라봤던 보석, SAP

제일 먼저 바로 내 전문 분야인 손해보험 IT 관련 회사를 찾아보기로 했다. 멀리 갈 것도 없이 내가 매일 사무실에서 뚫어져라 쳐다보고 있는 그 시스템 회사, SAP에 대해 알아보기로 한 것이다.

SAP

발도르프에 본사를 둔 독일의 IT 솔루션 업체 SAP는 유럽 증시에 상장되어 있다. 회사의 슬로건은 '기업을 심플하게 운영하라(Run Simple)'로, 통합 비즈니스 솔루션을 통해 원가 절감과 기업경영 효율성의 증가를 목표로 한다. 주요 사업분야는 소프트웨어, 데이터 분석, 클라우드, 모바일 서비스, 데이터베이스이며 플랫폼 및 기술, 인사 관리, 자산 관리, 재무, 영업, 마케팅, 상거래 등 다양한 업무 영역별 비즈니스 솔루션을 제공한다. 현재 190여 개국의 약 9만여 기업고객을 보유 중이고, 7만 5,000여 명의 직원이 근무하고 있다.

SAP의 홈페이지에 있는 이상의 회사 소개는 무척 웅장해 보였다. 하지만 내게 보다 중요한 것은 이런 소개가 아닌 회사 역사다. 연혁을 자세히 살펴보면 좋은 회사인지 감이 올 테니까.

- 1972년: 독일 바인하임에서 다섯 명의 전직 IBM 엔지니어 디트마르 홉(Dietmar Hopp), 클라우스 치라(Klaus Tschira), 한스 베르너 헥토르(Hans-Werner Hector), 핫소 플라트너(Hasso Plattner), 클라우스 벨렌로이터(Claus Wellenreuther)가 회사를 설립했다. 첫 번째 고객은 영국 화학회사 임페리얼 케미컬인더스트리(Imperial Chemical Industries)의 독일 지사. SAP는 이 고객을 위해 직원 급여 관리 및 회계 프로그램을 개발했다.

남들이 알기 전에 미리 찜해두는 해외 주식

- 1973년: 기업용 소프트웨어 SAP R/98을 개발, 중앙컴퓨터에서 실시간으로 데이터 관리가 가능하게 했다. 1973년도에는 데이터베이스라는 개념이 없었나보다.
- 1979년: SAP R/98의 업그레이드 버전인 SAP R/2를 출시하여 재료 및 생산 관리 영역으로 사업을 확대했다. 이후 네덜란드, 프랑스, 스페인, 영국 등의 유럽 국가뿐 아니라 미국, 캐나다, 싱가포르, 호주 등 세계 각지로 진출했다.
- 1992년: 클라이언트 서버 환경을 기반으로 하는 SAP R/3 시스템을 발표, 엄청난 성공을 거둔다. 코카콜라(Coca-Cola), 도이치포스트(Deutsche Post), 메르세데스-벤츠(Mercedes-Benz), 제너럴모터스(General Motors) 등의 대기업들도 고객이 되었다.
- 2007년: 세계에서 가장 큰 소프트웨어 공급업체 중 하나로 성장, 이후 기업 인수로 덩치를 키우기 시작. 회사 설립 이후 35년 만이었다.
- 2012년: 네트워크 공급자 아리바(Ariba)를 인수하여 기업 간 상호 연계를 강화.
- 2013년: 전자상거래 솔루션 업체인 하이브리스(Hybris)를 인수. 이커머스 산업으로 영역을 확장하고자 했던 것 같다.
- 2015년: 데이터 공간을 적게 차지하고 데이터 처리량 및 분석과 접근 속도가 향상된 클라우드 기반의 소프트웨어 SAPS/4HANA를 개발, 기업에 제공.

하나(HANA)라는 명칭이 독일어 같진 않아 추가로 검색해보니 이는 2008년 서울대학교 차상균 교수가 개발한 인메모리 데이터베이스 플랫폼이었고, 2011년 하드웨어와 인메모리 소프트웨어로 구성된 어플라이언스로 출시됐다. 차상균 교수 벤처는 SAP R&D 센터 코리아(SAP R&D Center Korea)로 개편되었다. SAP는 한국과도 친분 있는 회사였던 것이다.

이상의 회사 연혁을 보니 SAP는 현재 더 이상 따라올 자가 없는 기업용 소프트웨어 회사라는 생각이 들었다. 내가 이런 업체에서 개발한 시스템을 사용하고 있다니 놀랍기도 했고 말이다.

두 번째로 놀랐던 건 SAP의 2017년 재무재표를 봤을 때였다. 매출이 30조 원에 달할 뿐 아니라 최근 5년 동안의 매출성장률

SAP의 최근 5년간 주가흐름.

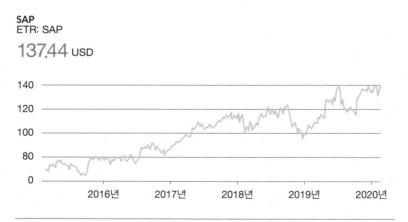

SAP
ETR: SAP
137.44 USD

출처: Google Finance

남들이 알기 전에 미리 찜해두는 해외 주식

은 7.57%, 자기자본이익률(ROE)은 14.61%, 그리고 순이익마진율이 무려 16.55%였기 때문이다. 주가흐름 역시 금리상승 영향으로 주춤했던 2018~2019년을 제외하면 전반적으로 우상향중이었고, 5년 주가수익률은 97%였다.

역시 피터 린치는 옳았다. 좋은 회사는 가까이 정도가 아닌 바로 내 눈 앞에 있었으니까. 매일 뚫어지게 모니터를 바라보며 불평을 늘어놨던 내 모습이 조금 부끄러워졌다.

나는 2018년에 SAP에 투자하여 10.13%의 수익률을 기록했다. 배당수익률이 1.51%로 높진 않았으나 배당이란 것을 내 인생에서 처음으로 받아봤기에 기분은 무척 좋았다. 가끔 회사 시스템이 불편하다며 투덜댔던 것도 이 회사의 주식을 사고 나선 사라졌고, 회사 시스템에 더 관심이 가며 업무가 즐거워졌다. 투자 덕분에 회사일도 즐기게 된 것이다.

현실의 아리아 혹은 스카이넷, 비자

SAP 다음으론 어느 회사에 투자하는 게 좋을지 생각해봤다. 내 전문 분야는 아니지만 과거 쑹훙빙의 《화폐전쟁》에서 공포의 회사로 언급되었던 비자가 궁금해졌다. 중국 정부는 무엇 때문에 이 회사를 두려워했던 걸까? 비자카드 덕에 우리에겐 너무나 가까이 느껴지는 회사인데 말이다.

비자는 캘리포니아 포스터시티에 본사가 있는 금융회사다. 이미 우리도 알고 있다시피 이 회사는 전 세계에서 비자 로고가 붙은 신용카드나 체크카드로 결제할 수 있게끔 하는 서비스를 제공한다. 하지만 비자는 직접 카드를 발행하거나 고객에게 신용을 제공하지 않음은 물론 그들의 신용도에 대한 평가나 과금도 하지 않는다. 이게 무슨 소리일까? 그럼 이 회사는 뭘로 돈을 번다는 거지?

사실 미국 사람들도 비자가 무슨 일을 하는 회사인지 잘 모른다. 그러나 비자 광고를 보면 이에 대해 좀 알 수 있다. 비자는 일반적인 금융회사(이해하기 쉽게 은행이라고 하자)를 상대로 비자넷(VisaNet)이라는 지급결제 서비스를 제공하는 B2B 회사고, 이 서비스를 통해 은행들은 고객에게 신용과 현금을 제공한다.

이러한 프로세스를 머릿속에 한번 그려보자. 해외여행 중인 고객이 기념품을 사기 위해 가게에 들어가 물건을 고른 뒤 신용카드

이 그림에서 은행들이 바라보고 있는 비자의 B2B 커넥트가 비자넷이다.

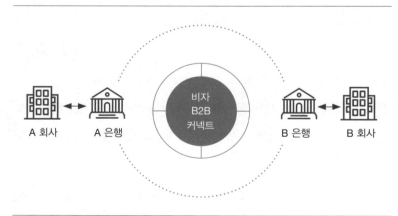

출처: https://www.visakorea.com

로 결제한다. 이 결제 요청은 고객에게 카드를 발급해준 은행을 거쳐 비자넷으로 들어가고, 그럼 비자넷은 인공지능을 이용하여 결제의 위험성 및 사기 여부를 판단한 뒤 결과를 은행에게 피드백해준다. 은행은 이를 바탕으로 고객에게 돈을 줄지 말지를 결정하는데, 이 모든 과정은 1초도 안 걸린다. 쑹훙빙이 말한 지급결제 시스템이 바로 이 일련의 과정이다.

다음으로 이 회사가 공개하고 있는 각종 수치들을 살펴봤다.

- 비자의 고객 계정은 약 30억 개다. 전 세계 인구 75억 명의 절반에 약간 못 미친다.
- 현재 비자는 전 세계 200개국에 서비스를 제공한다. 지구상엔 총 206개의 국가가 있는데, 비자의 서비스가 미치지 않는 나라는 고작 여섯 곳에 불과한 것이다.
- 연간 약 2,000억 건의 지급결제가 비자를 통해 이루어진다.
- 매년 1.1경 원(단순 계산을 위해 1달러당 1,000원의 환율 적용)의 돈이 비자를 통해 처리된다. 억도 아니고 조도 아닌 경이라니, 살면서 실제로 접하기 어려운 단위라 그런지 그 규모가 상상이 안 된다.
- 비자는 1,600만 킬로미터 길이의 데이터 연결 시설을 구축, 활용하고 있다. 이 시설에는 광섬유, 이더넷, 인공위성 등 가능한 모든 첨단 통신 기술이 이용된다.

비자를 통한 지급결제는 개인, 정부, 기업 모두에서 이루어진다. 그럼에도 이 회사는 말한다. 아직까지 17억 명의 인구는 우리가 일반적으로 사용하는 지급결제 시스템에 접근하지 못하고 있으며 이들의 연평균 결제 금액은 약 1.7경 원에 달한다고. 전 세계 1만 9,000명이 넘는 비자카드 직원들은 이들을 공략하기 위해 사력을 다하고 있다.

구체적인 수치들이 하나같이 엄청나서 할 말을 잃었다. 대신 상상을 초월하는 네트워크로 사람들의 일거수일투족을 감시하는, 영화 '이글아이(Eagle Eye)'의 아리아(ARIIA)와 '터미네이터(Terminator)'의 스카이넷(SkyNet)이 떠올랐다. 아리아는 '자율정찰지능 통합분석가'라는 뜻의 영문명을 줄인 것인데, 고객의 결제 요청을 사기인지 아닌지 인공지능으로 판단하는 비자넷과 기능 면에서 유사하게 느껴진다. 슈퍼 AI 시스템인 스카이넷이 연상된 것도 마찬가지 이유에서다. 아, 그리고 비자넷과 이름도 비슷하고.

다음으로 살펴본 것은 비자의 회사 연혁이다.

- 1958년: 뱅크오브아메리카(Bank of America)가 뱅크아메리카드(BankAmericard)라는 다소 어색한 명칭의 신용카드를 발행한 '뱅크아메리카드 신용카드 프로그램'이 현 비자의 시초다.
- 1970년: 후발주자인 마스터카드(Master Card)가 맹렬히 추격해오자 위기의식을 느낀 뱅크오브아메리카는 뱅크아메리카드를 발행한 은행들과 손을 잡겠다는 결단을 내린다. 뱅크

아메리카드에 대한 직접적 통제를 포기하고 컨소시엄에게 관리권한을 양도하겠다는, 대의를 위해 고객회사인 은행들과 손을 잡은 용단이었다. 이를 통해 내셔널뱅크아메리카드(National BankAmericard Inc.)가 탄생한다. 이 어려운 작업은 국립 상업은행의 관리자였던 디 호크(Dee Hock)에 의해 이루어졌는데, 그럼에도 문제는 해결되지 않았다.

뱅크오브아메리카는 뱅크아메리카드를 미국 외 국가의 은행들에 직접 라이센스 할 수 있는 권리를 갖고 해당 라이센스를 계속 발행했으며, 이를 통해 1972년까지 15개국에서 라이센스가 부여되었다. 그런데 국제 라이센스 사용자는 내셔널뱅크아메리카드의 미국 라이센스 프로그램과 다양한 문제를 겪었고, 이 문제를 해결하기 위해 다시 디 호크가 고용된다. 그 결과 1974년 국제 뱅크아메리카드 프로그램을 관리하기 위한 다국적 회원 기업인 국제뱅크카드컴퍼니(International Bankcard Company, IBANCO)가 설립되었다.

- 1976년: 국제뱅크카드컴퍼니의 이사들은 다양한 국제 네트워크를 하나의 이름을 가진 단일 네트워크로 통합하는 것이 회사의 이익을 최대로 키우는 방법이라 판단했다. 그러나 많은 국가들은 이 협회가 아직 명목상의 것이었음에도 뱅크오브아메리카와 관련된 카드의 발행을 여전히 꺼려했다. 뱅크오브아메리카가 이미 공공의 적이 되어버린 것이다.

이러한 이유로 뱅크아메리카드와 영국의 바클레이카드

(Barclaycard), 프랑스의 블루카드(Carte Bleue), 캐나다의 차젝스(Chargex), 일본의 스미토모카드(Sumitomo Card) 및 기타 모든 라이센스 사용자는 이 해에 새로운 이름인 비자로 통일되었다. 비자를 상징하는 독특한 청색, 흰색 및 금색 플래그가 탄생한 것도 이때의 일이다. 이후 내셔널뱅크오브아메리카드는 비자 USA(Visa USA)가, 국제뱅크카드컴퍼니는 비자인터내셔널(Visa International)이 되었다.

비자넷의 능력과 비자의 연혁을 차근차근 살펴보니 중국 정부가 왜 비자카드의 자국 입성을 두려워하는지 이해할 수 있었다. 다행히 중국엔 유니온페이(UnionPay)가 있고, 이 회사는 어마어마

비자카드의 최근 5년 주가흐름.

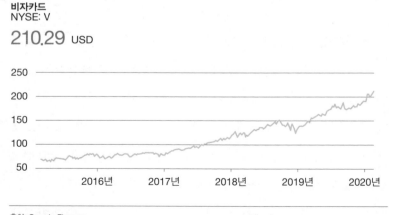

비자카드
NYSE: V
210.29 USD

출처: Google Finance

남들이 알기 전에 미리 찜해두는 해외 주식

한 중국 인구를 앞세워 비자카드보다 결제금액에서 앞선다.

비자카드의 과거 주가흐름을 구글에서 검색해보면 상승 곡선이 어마어마하다. 2018년 미국 금리인상의 영향으로 살짝 주춤한 이후 이 회사의 주가는 힘차게 우상향 중이고, 최근 4년의 주가수익률은 202%다.

2018년에 비자카드에 투자한 결과 내 수익률은 11.12%였다. 쑹홍빙의 《화폐전쟁》 덕에 좋은 투자 대상을 알게 된 셈이다. 앞으로도 독서를 많이 해야겠다고 다짐했다.

파격과 혁신으로 무장한 명품, 구찌

하루는 백화점에 갔는데 구찌(Gucci) 매장 앞에 길게 줄을 서 있는 커플 고객들이 보였다. 그러고 보니 최근 회사 사내방송에서 리버스 멘토링(reverse mentoring)을 이야기하며 구찌의 경우를 그 예로 들어줬던 것이 생각났다.

리버스 멘토링이란 멘토의 위치를 뒤바꾸는 것, 즉 부하가 상사의 멘토가 되어 젊은 세대의 감각과 취향을 알려주는 역발상의 소통 방식이다. 이 용어를 제일 처음 사용한 사람은 미국 제너럴모터스(General Motors)의 회장 잭 웰치(Jack Welch)다. 웰치는 1999년 출장 중 말단 직원의 설명으로 인터넷의 중요성을 알게 되었는데, 그 후 사내 임원들에게 젊은 후배를 멘토로 삼아 인터넷 사용법을 배우게 했고 자신도 20대 직원의 멘티가 되길 자처했다고 한다. 우리 회사의 방송에 따르면 구찌 역시 신입사원들이 임원들에게 멘토링을 함으로써 자사 제품에 밀레니얼 세대들의 감성을 담아 어필하는 혁신을 이뤘다고 한다.

2014년까지 매출 부진의 늪에 빠져 있던 명품 브랜드 구찌는 혁신을 간절히 필요로 했다. 그런 배경에서 2015년에 새로운 CEO로 임명된 이가 이탈리아 출신 경영인 마르코 비자리(Marco Bizzarri)였다. 이미 2005~2009년에 스텔라매카트니(Stella McCartney), 2009~2014년에 보테가베네타(Bottega Veneta)의 CEO를 거친 바 있는 마르코는 구찌를 부활시키는 임무를 부여받았다(스텔라매카트니와 보테가베네타도 구찌와 같은 그룹에 속해 있는 가족 회사다).

구찌의 혁신에 결정적 역할을 한 것은 그가 도입한 리버스 멘토링 회의 제도였다. 그중 대표적인 것은 임원회의의 주제를 놓고 30세 이하 직원들이 다시 토론하게 하는 '그림자 위원회', 그리고 경영진이 35세 이하 직원들과 점심식사를 함께하며 회사 문화 및 복지에 대한 아이디어를 얻는 '점심 회동'이었다.

이를 통해 구찌는 모피 사용 금지, 여행 어플 제작, 개성 있는 디자인의 상품으로 밀레니얼 세대의 취향을 저격하기 시작했다. 더불어 SNS 인플루언서를 광고 모델로 기용하는 등 전통을 중시하는 명품 회사로서는 쉽게 하기 어려운 파격적인 시도를 거듭했다.

이와 더불어 마르코가 이룬 또 하나의 놀라운 혁신은 바로 패션 디자이너인 알레산드로 미켈레(Alessandro Michele)를 발굴한 것이다. 미켈레는 펜디(Fendy)에서 액세서리 디자이너로 일하다 구찌로 옮겨 12년째 평범하게 근무 중인 디자이너였다. 그런 미켈레

마르코가 구찌의 혁신을 위해 발굴한 알레산드로 미켈레.

출처: https://bookforbuyers.com

를 찾아가 마르코는 '1주일 남은 큰 패션쇼를 준비할 수 있겠느냐'고 제안한 것이다. 마르코 역시 인재는 자신에게서 멀지 않은 가까운 곳에 있다고 믿었던 듯하다. 미켈레는 이 기회를 놓치지 않고 덥석 잡았다.

미켈레는 구찌 패션쇼 남성복 컬렉션에서 자신이 갖고 있던 아이디어들을 마음껏 보여주며 세계를 놀라게 했고, 이후 구찌의 크리에이티브 디렉터가 되어 '미켈레 효과(Michele effect)'라 불리는 성과를 향한 파격적 행보를 시작했다. 그는 절제되고 고풍스러운 구찌 디자인을 과감하게 버리고 자신만의 빈티지 미학을 창조해냈다. 직접 수집한 앤틱 직물에서 영감을 얻어 벌, 꽃, 나비, 새 등을 구찌의 상품에 입체적으로 수놓은 것이 대표적 예다. 동시에 그는 구찌 로고를 노골적으로 드러내는 등 말로 표현할 수 없이 화려한 디자인들을 선보였는데, 사람들은 이렇게 예상을 뒤엎는 미켈레의 디자인에 오히려 열광했다.

서로 섞이기 어려울 듯한 빈티지, 르네상스, 바로크 스타일과 패턴, 절충주의를 조합하면서도 자유분방한 그의 디자인은 창의적 가치의 결과물로 주목받았다. 특히 미켈레는 젠더리스(genderless)에 관심이 많아 남성복과 여성복의 디자인을 마구 섞어버렸다. 여성복의 리본과 레이스, 코사지 등을 남성복에 적용하면서 기존의 패션 가치관마저 무너뜨린 것이다. 그 결과 구찌는 2017년 세계에서 가장 많이 팔린 명품 브랜드 1위에 올랐고 전년 대비 매출도 40% 급증했다. 전체 매출 중 55%는 35세 이하의 고객들에게서 나온 것이었다.

나는 구찌의 정체가 궁금해졌다. 피터 린치도 '마트에서 장사가 잘되는 제품에 주목하라'고 말하지 않았던가. 물론 구찌 제품은 마트가 아닌 백화점에서 팔린다는 차이점이 있다. 그럼에도 사람들이 줄까지 서가며 저 비싼 제품을 구입하는 데는 이유가 있을 것 같았다.

하지만 구찌의 주가는 검색되지 않았는데, 이유를 알고 보니 이는 당연한 일이었다. 구찌는 독립된 기업이 아닌, 케링(Kering)이라는 프랑스 그룹 산하의 브랜드였던 것이다. 그에 따라 자연히 내 검색 방향도 케링 쪽으로 향했다.

프랑스의 명품 대장주, 케링

케링의 홈페이지에선 여러 캐릭터들이 눈에 띄는데 대부분 여성이다. 실제로 케링 그룹은 직원의 58%, 그리고 임원의 64%가 여성으로, 여성들의 영향력이 큰 기업이었다.

명품을 생산·유통하는 회사답게 케링은 휘하에 많은 유명 브랜드를 거느리고 있다. 앞서 살펴본 구찌 외에도 대표적인 것이 생로랑(Saint Laurent), 발렌시아가(Balenciaga), 알렉산더맥퀸(Alexander Mcqueen), 보테가베네타 등이다. 케링 주식을 갖고 있으면 백화점 1층이 즐거운 여행 공간처럼 느껴질 듯했다.

무엇보다 케링은 2012년 친환경 4년 계획을 수립하여 충실히 실행했고, 2016년에는 '2025년까지 환경에 안 좋은 영향을 미치는 현재의 자사 활동을 40%까지 감소시키겠다'고 발표했다. 친환경 그리고 지속가능 경영에 대한 올바른 전략을 밀고 나가며 회사의 가치를 높인 것이다. 이렇게 역동적이며 도전적인 케링의 행보는 다음과 같은 연혁에서도 잘 드러난다.

- 1963년: 프랑수아 피노(Francois Pinault), 피노 S.A.(Pinault S.A.) 설립. 목재무역업 시작.
- 1988년: 파리증권거래소에 상장됨. 본격적으로 유통업체의 인수합병 시작.
- 1994년: 피노프랭탕르두트(Pinault-Printemps-Redoute)로 사명 변경.

- 1995년: CAC 40 지수(프랑스의 대표적인 주가지수) 편입.
- 1999년: 프랑스의 패션 브랜드인 이브생로랑(Yves Saint Laurent) 인수.
- 2001년: 보테가베네타와 발렌시아가 인수, 알렉산더맥퀸과 전략적 제휴관계 수립.
- 2005년: PPR로 사명 변경. 프랑수아 앙리 피노(Francois-Henri Pinault)가 경영 시작.
- 2013년: 케링(KERING)으로 사명 변경.

케링은 '보살피다'라는 영어 단어 caring과 똑같이 '케어링'이라는 발음으로 읽히기도 한다. 그래서는 아니겠지만 실제로 케링 그룹은 산하 브랜드들의 고유 가치를 존중하고 유통을 확대시켜주고 있다. 브랜드를 지배하기보다는 각각의 가치를 보살펴주며 성장시키는 경영 전략을 구사하는 것이다.

케링의 현 CEO는 프랑수아 앙리 피노다. 1962년생으로 창업주 프랑수아 피노의 아들인 그는 1987년부터 경영을 시작했고, 그 결과 케링은 유통과 명품 그룹으로 거듭났다.

2018년 케링은 매출 약 136억 유로, 순이익 약 32억 유로, 27.1%의 자기자본이익률을 달성하며 대기업임에도 매우 높은 자본 활용률을 보여주었다. 또한 주당순이익과 배당금도 전년 대비 각각 108.3%, 75%가 증가했다. 2017~2018년 사이 케링이 크게 성장했다는 사실은 다음과 같은 2017년 대비 성과에서도 드러난다.

2018년 매출은 서유럽과 아시아 지역에서 높은 비중으로 발생했는데, 서유럽 매출도 사실 아시안계 여행객들의 영향에서 비롯된 게 아닐까 한다. 전년 대비 매출성장률이 가장 높은 곳은 38%를 기록한 북미였고 이는 미국 경제 성장으로 인한 소비력 상승의 결과로 보인다. 향후 1~3년 예상 매출성장률은 13.3%로 전망되고 있었다.

케링의 주식은 기관투자자, 개인투자자, 개인회사 등이 골고루 갖고 있다. 그렇다면 케링의 최대주주는 누구일까?

주인공은 40.9%를 소유한 아르테미스그룹(Group Artemis)이다. 아르테미스그룹은 케링의 CEO 프랑수아 앙리 피노가 소유하고

케링의 2018년 사업보고서.

(단위: 백만 유로)	2017년	2018년	변동률
매출	10,816	13,665	+26.3%
세전 · 이자지급전이익	3,123	4,436	+42%
경상이익	2,691	3,944	+46.6%
순이익	1,786	3,175	+108.1%
총 투자금액	605	828	+36.8%
영업활동으로 인한 현금흐름	2,206	2,955	+34%
정직원수	25,809	30,595	+18.5%
(단위: 유로)	2017년	2018년	변동률
주당순이익	14.17	29.49	+108.3%
배당금	6.00	10.50	+75.0%

출처: https://www.kering.com/en/finance/publications

캐링의 대략적인 주주구성.

기관투자자	개인투자자	개인회사

출처: https://simplywall.st

있는 지주회사로 와인, 미술품, 경매(영국 경매회사 크리스티), 보험, 대중매체 관련 계열사 및 케링의 최대주주다.

케링의 주가흐름을 보면 2018년 미국 금리인상 그리고 이후 발생한 미중 무역전쟁의 영향으로 잠시 주춤했으나 이후 끈질기게 상승하고 있다. 최근 5년 동안의 주가수익률은 175%다. 2019년 나는 케링의 주식을 매수했는데, 얼마 후 친한 회사 동료 중 한 명이 자신의 지갑을 구찌 상품으로 바꾸는 것을 보며 내가 주식을 잘 샀다는 생각이 들었다.

내가 2019년에 케링 주식으로 올린 투자수익률은 6.38%였다. 모의고사에서 다음 과목 시험을 치러보는 마음으로 그 다음엔 내 전문 분야인 손해보험 업계의 회사들을 살펴보기로 했다.

케링의 최근 5년간 주가흐름.

케링
EPA: KER

504.50 EUR

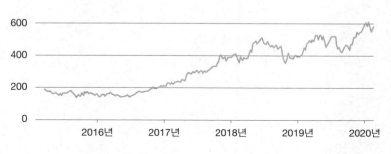

출처: Google Finance

미국 손해보험 시장
파헤치기

2012~2014년에 나는 회사의 해외사업본부에서 일하며 미국 보험시장에 대해 적지 않은 공부를 했는데, 그 과정에서 보험중개는 사업 위험도 낮고 돈을 잘 버는 업이라는 사실도 알게 됐다. 그래서 다음 투자 대상은 미국의 손해보험산업 플레이어들 중 보험중개회사들, 즉 보험 브로커 사이에서 찾아보기로 했다.

워런 버핏이 보험 산업을 좋아하는 이유

그러고 보니 워런 버핏도 보험 산업을 좋아한다 했던 게 떠올랐다. 그분은 왜 이 분야를 좋아하는 걸까? 생각난 김에 그의 회사인 버크셔해서웨이의 보험 사업에 대해 알아보았다.

대부분의 보험 회사는 고객으로부터 받은 보험료의 대부분을 위험이 낮은 금융 상품에 투자한다. 대표적인 예가 국채나 회사 채권이다. 내가 지금 몸담고 있는 보험 회사도 마찬가지인데 사실 이건 상식이다. 고객에게서 받은 소중한 보험료는 고객이 사고를 당할 시 곧장 보험금으로 써야 하기 때문이다.

그런데 버핏의 견해는 달랐다. 자신의 보험 회사가 갖고 있는 보험료를 다른 회사의 주식 매수 및 회사 인수에 적극적으로 투자해야 한다는 것이었다. 그는 이 방법이 회사의 주인인 주주들의 가치를 높인다고 믿었다. 이는 일반적인 보험사 경영인이라면 절대 쉽게 할 수 있는 일이 아닐 뿐 아니라 한국, 아니 해외의 기준에 비춰보더라도 매우 위험한 행위일 것이다. 그러나 놀랍게도 수년간 버크셔의 보험 사업은 크게 성장했다.

예를 들어보자. 대부분의 미국인은 가이코(GEICO)라는 자동차보험 회사가 지난 수십 년간 미국 시장에서 널리 퍼져 나갔다는 사실을 알고 있다. 2019년 유튜브 인기광고 2위 영상에는 귀여운 녹색 도마뱀이 등장하는데 이 도마뱀이 바로 가이코의 마스코트다. 그런데 가이코는 버크셔해서웨이의 자회사다. 현재 버크셔 그룹은 가이코 외에도 내셔널인뎀니티(National Indemnity)라는 소규모 보험사와 재보험사인 버크셔해서웨이리인슈런스(Berkshire Hathaway Reinsurance), 그리고 제너럴리(General Re)를 자회사로 두고 있다.

버크셔 보험사의 사업이 성장함에 따라 유동성도 증가하여 버

가이코의 마스코트인 녹색 도마뱀.

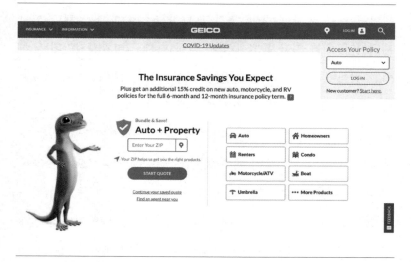

핏은 더 많은 돈을 투자할 수 있었다. 버크셔 산하의 보험 회사들은 2019년 현재 약 1,150억 달러의 보험료를 보유 중이다. 다시 말해 이 돈은 곧 버핏이 주주의 이익을 위해 투자할 수 있는 돈이기도 한 것이다.

버크셔해서웨이가 수년 동안 성사시켰던, 그러나 보험과는 무관한 투자 대상들을 보면 버핏이 왜 보험 사업을 '1967년 이후 우리의 확장을 추진해준 엔진'이라 이야기했는지 추측할 수 있다.

버크셔해서웨이의 보험 비즈니스가 창사 이후 항상 이익을 창출해온 것은 아니다. 2017년 허리케인 시즌에 재보험에서 큰 손실을 입은 것이 그 예다. 그러나 전체적으로 보면 1970년에 3,900만 달러였던 버크셔의 보험 사업 규모는 2017년 말 1,140억 5,000만 달러로 늘어났으며, 2010년 이후 매년 평균 74%의 큰 성장률을 기록했다. 보험 산업계의 기준으로 봤을 때 이는 엄청난 성장률이다. 이렇게 보니 워런 버핏이 왜 보험을 좋아하는지 알 것 같았다.

미국 보험 브로커 시장의 규모

이제 원래 계획대로 손해보험 브로커 쪽을 알아봐야겠다. 영어로 손해보험은 비생명보험, 즉 'non-life insurance'라 한다. 생명보험과 구분하기 위해 이런 명칭으로 불리는 것이다. 나는 세계 1위의 재보험사인 스위스리(SwissRe)가 매년 작성, 공개하는 보고서인 '시그마(Sigma)'를 참고하여 우선은 미국의 손해보험 시장부터 살펴보기로 했다.

미국 손해보험 시장의 규모는 2018년 기준 9,490억 달러에 육박한다. 1달러당 환율을 1,000원으로 잡아도 949조 원인데, 이는 전 세계 손해보험 보험료의 약 43%에 달하는 엄청난 수치다.

보험은 런던로이즈(London Lloyd's) 시장에서 처음 시작되었다고 하여 시장의 규모도 영국이 클 것이라 예상했는데 아니었다. 영국의 시장 규모는 GBP 750억 파운드, 우리 돈으로 114조 원이고 그에 속한 런던로이즈 시장의 규모는 48조 원에 불과했다.

참고로 런던로이즈는 330여 년의 역사를 가진 보험 시장으로, 축적된 통계와 정교한 언더라이팅(underwriting, 위험심사) 등 전문성을 바탕으로 글로벌 특종보험 시장의 허브 역할을 하는 곳이다.

특종보험이란 단어가 어렵게 느껴지겠지만 이는 해상화재보험, 자동차보험 등 우리 주위에서 쉽게 접하는 보험을 제외한 모든 보험을 뜻한다. 기관기계보험, 조립보험, 건설공사보험, 배상책임보험, 항공보험, 동물보험 등이 특종보험의 예다. 가령 스페인이 큰 규모의 발전소를 건설 중인데 보험에 들고 싶다면 자국 내 보험사가 아닌 런던로이즈의 브로커에게 전화를 해야 한다. 자국 보험사는 발전소의 화재 및 배상책임 위험을 끌어안았다가 자칫하면 큰 사고 하나로 파산할 수도 있기에 이런 거대 위험 인수가 어렵다. 런던로이즈의 브로커는 건설 중인 발전소 자료를 전달받아 런던로이즈로 향하고, 그곳에 있는 보험사 중 한 곳으로부터 위험심사를 받는다. 이렇듯 런던로이즈에는 보험 브로커, 보험 회사, 관련 서비스 업체 등 그들만의 리그가 따로 존재한다.

그렇다면 보험 브로커는 구체적으로 어떤 일을 하는 회사일까? 독자들의 이해를 위해 이 부분부터 설명하고 넘어가야겠다.

부동산 업체는 집을 사려 하는 사람과 팔려 하는 사람을 연결해준다. 마찬가지로 보험 브로커는 보험에 가입하려는 고객, 즉 보험계약자(policyholder)와 보험 상품을 판매하려는 고객, 즉 보험업자(underwriter)를 가운데에서 중개해준다. 그리고 이 두 고객을 위한 여러 가지 서비스를 제공하는데, 87쪽의 그림을 보면 보험 브로커가 담당하는 일들을 한눈에 알 수 있을 것이다. 이처럼 보험 브로커는 보험의 처음과 끝을 자기 손바닥처럼 들여다보고 있어야만 하고, 그렇기에 보험과 관련한 종합 컨설팅 회사에 가깝다.

보험 브로커들의 업무.

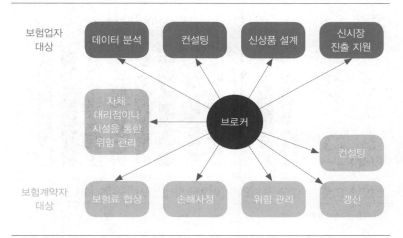

출처: FCA – Financial Conduct Authority

　다시 미국으로 돌아가 이야기하자면, 그러므로 미국의 보험 브로커들은 자국의 거대한 보험 시장에서 활동하는 여러 보험 플레이어들 중 하나다. 그렇지만 그 시장 자체가 브로커들의 것은 아니다. 앞서 이야기했듯 보험 브로커에겐 계약자가 내는 보험료 중 일정 비율을 떼어내서 받는 수수료가 매출의 원천이기 때문이다.

　그렇다면 보험 브로커 시장의 규모는 어느 정도나 될까? 영국의 글로벌 시장조사 업체 테크나비오(Technavio)에 따르면 글로벌 보험 브로커 시장은 2018년~2022년에 5%의 연평균성장률을 보일 것으로 전망되고, 이 시장은 몇몇 거대 회사들에 의해 분할되어 있는데 성장의 54%는 미국 시장에서 나온다고 한다. 미국 보험 브로커 시장이 강한 성장세를 보이는 것만큼은 확실한 듯하다.

2000~2025년 미국의 보험 브로커 및 대리점의 현황과 전망.

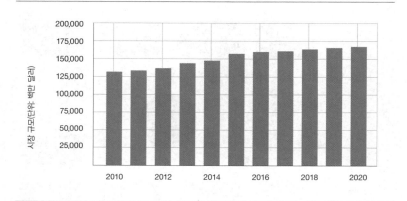

출처: https://www.ibisworld.com

미국의 보험사들은 전속 설계사를 두지 않는다. 한국 보험사는 자사 소속 설계사들이 몇 만 명이라며 광고하지만 인건비가 높은 미국에서 이는 꿈도 못 꿀 일이다. 때문에 미국의 보험 시장은 애초에 브로커 중심으로 형성되었고, 미국 보험사들의 영업 관리에서 핵심을 차지하는 것 역시 브로커 관리다. 말하자면 보험 브로커가 미국 보험 산업의 고객인 셈이다.

미국 보험 브로커들은 이미 전 세계에서 비즈니스를 전개하는 글로벌 기업으로 성장했기에 사업 영역 또한 미국에만 국한되지 않는다. 따라서 미국 보험 브로커에 투자한다는 것은 곧 글로벌 기업에 투자한다는 의미가 된다. 참고로 세계로 진출한 보험 브로커들은 대개 기업을 고객으로 만들려는 B2B 브로커지만, 어떤 브로커들은 개인고객을 대상으로 하는 B2C 시장에서도 활동한다.

보험 브로커의 수익 모델

보험 브로킹은 그 형태가 다양하다. 크게는 고객과 보험사를 중개하는 리테일링 브로킹, 그리고 보험사와 재보험사를 중개하는 재보험 브로킹으로 나눌 수 있는데, 재보험 브로커의 회사명 뒤에는 보통 재보험을 뜻하는 '리(Re)'가 붙는다. 이 둘의 활동 영역은 다음 페이지의 그림에 잘 나타나 있다.

리테일 브로커 수수료는 보험료의 약 15%로 상당히 높은 편이다. 그런데 재보험 브로킹으로 넘어가면 수수료가 더 많아진다. 여러 위험이 묶이면서 재보험료가 늘어나고, 그에 따라 보험 브로커가 받는 수수료도 덩달아 상승하는 것이다. 이렇게 위험을 묶는 것을 특약재보험이라 한다. 한마디로 재보험사는 일반 보험사가 고객에게 지급한 보험금의 일부를 계약에 따라 해당 보험사에게 지불해주는 것이다. 이를 통해 일반 보험사는 개인고객에게 큰 보험금을 지급하고, 재보험금을 재보험사로부터 받아와 한시름 놓을 수 있다. 말하자면 재보험사는 일반 보험사들을 위한 보험사인 셈이다.

그런데 보험 브로커는 이렇게 보험사와 재보험사를 연결해줄 뿐 아니라 재보험사가 자사를 위한 또 다른 재보험을 필요로 할 때에도 중개에 나선다. 이를 재재보험(retrocession)이라 하는데, 이런 식으로 보험 브로커는 소시지 엮듯이 보험사와 보험사를 연결해주며 중간에서 수수료를 챙긴다. 이런 일에 도가 터서 여러 위험을 자신들 기준으로 묶어 통으로 재보험사에 팔기도 하고 말이다.

리테일 보험 브로커와 재보험 보험 브로커의 활동 영역.

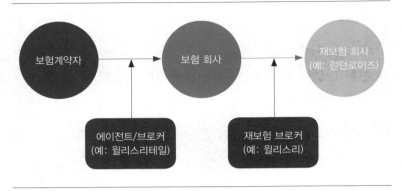

출처: https://slideplayer.com

그러나 거래액 자체의 규모가 큰 만큼, 업계에서 탄탄한 신뢰를 구축해온 보험 브로커들은 막대한 중개수수료를 수입으로 얻는다는 것이 장점이다.

보험사들이 부담해야 할 위험 중 가장 큰 것은 자연재해다. 특히 미국은 태풍, 홍수, 지진 등이 대륙 전역에서 광범위하게 발생하기 때문에 재보험을 잘 갖춘 보험사라 해도 엄청난 손해 규모 때문에 파산 위험에 처할 수도 있다. 이를 위해 보험사들은 재보험사와 자연재해 특약 재보험 계약을 별도로 체결한다. 자연재해에 따른 엄청난 위험을 받아주는 재보험사는 조세 피난처(tax haven)로 유명한 버뮤다에 모여 있다.

자연재해는 신의 영역이기 때문에 정확한 예측이 사실 불가능하다. 그러나 보험사들은 가능한 한 예측 성공률을 높이기 위해 빅데이터를 바탕으로 한 통계 기술이 필요하고, 이런 기술개발 비

남들이 알기 전에 미리 찜해두는 해외 주식

용은 고스란히 재보험료에 반영된다. 재보험 브로커는 보험사들이 감당해야 하는 위험을 버뮤다에 있는 재보험사들에 분산시켜 넘기며 중개수수료를 받는다. 홍콩, 싱가폴, 버뮤다, 두바이, 모리셔스 등 유명 조세 피난처들에는 대개 재보험사와 재보험 브로커사가 함께 진출해 있다. 이런 곳에서 특약 재보험을 다루는 직원들은 학력과 연봉이 높다. 이 업무에선 통계기술이 핵심이기 때문이다.

보험 브로커의 리스크와 장점

보험 브로커에게도 사업상 위험이 있으니, 전문인 배상책임이 그것이다. 보험중개인의 업무는 고객(계약자)의 요구사항에 맞는 가장 적합한 보험을 제안하는 일이다. 이들은 또 계약자를 대신하여 보험사와의 계약이 원활하게 이루어지게 한다. 하지만 잘못된 제안, 중개로 인해 고객이 손해보험금을 받을 수 없게 되거나(보험금을 받을 수 있을 줄 알았는데 알고 보니 보상이 안 된다고 하는 경우) 고객이 미리 보험사에게 고지해야 할 부분을 놓쳐 금전적 손해가 발생한 경우 등은 보험중개인들의 과실에 해당한다.

그런데 이들의 위험이 의사나 변호사, 회계사들의 위험보다 크다고 보기는 어렵다. 보험 브로커들은 룰과 시스템에 따라 보험 컨설팅을 하고 증권약관 작업 및 보험금 청구대행 업무를 수행하는 만큼 회사를 파산에 이르게 하는 큰 위험 요소는 사실 거의 없기 때문이다. 이러한 사실은 글로벌 보험 브로커들의 재무제표 및

10년 주가 추이에도 고스란히 나타난다. 반면 손해보험사는 미국의 9·11 테러나 자연재해 등과 같은 큰 재난이 발생하는 경우 파산할 위험이 있다. 실제로 미국의 보험사 중 몇몇은 9·11 테러 당시 파산해버렸지만 보험 브로커는 이러한 큰 재난이 발생해도 별 영향을 받지 않았다.

리스크는 상대적으로 적은 반면 보험 브로커들이 갖는 장점은 뚜렷하다. 산업의 발달은 항상 새로운 위험을 발생시키기 때문에 이를 회피하기 위한 보험 상품들도 계속 개발되는데, 이 개발을 주도하는 것이 보험 브로커들이다. 보험을 필요로 하는 고객에게 관련 컨설팅을 수십 년간 해오며 쌓아둔 빅데이터 덕분에 발 빠르게 움직일 수 있는 것이다. 블록체인, 인공지능, 무인 자동차나 사물인터넷 분야에서 시장을 선도하고자 하는 사업가는 사업 확장을 위해 보험을 필요로 하기에 보험 브로커에게 의뢰하게 된다. 이렇게 보면 보험 브로커는 4차 산업의 수혜자라고도 할 수 있다.

미국의 보험 브로커 마시앤드매클레넌컴퍼니스(Marsh & McLennan Companies)는 보험증권의 존재 여부를 확인할 수 있는 블록체인 기술 도입을 위해 IBM과 협력 중에 있다. 이 기술이 실제로 활용된다면 보험 대리점, 계약자, 감독당국, 브로커, 보험사 등 보험 이해관계자들은 보험증권의 존재 여부를 손쉽게 확인할 뿐 아니라 보험 서비스 처리의 효율도 높일 수 있을 것이다.

우수한 보험 브로커를 찾아라

배경을 이쯤 살펴봤으니 투자를 확정하기 전의 마지막 단계로, 이제는 미국 또는 유럽에서 어떤 보험 브로커가 주식 시장에 상장되어 있고 어떤 사업 활동을 하는지 알아보기로 했다.

먼저 미국에 상장된 보험 브로커 중 상위 열 곳을 뽑아봤다. 놀랍게도 내가 이미 알고 있는 회사들은 오래전부터 상장되어 있었다. 주가를 보니 혁신적인 미국의 IT 기업처럼 폭발하는 모양새는 아니었지만 장기적으로 안정적인 성장세를 나타내왔다고 판단됐다. 내 예상이 맞은 것이다.

내가 검색한 미국의 대표적인 보험 브로커 상장사 중 1~6위를 추리면 다음과 같다.

- **1위_마시앤드매클레넌컴퍼니스**: 설립 114년이 지난 시카고의 보험 브로커로 본사는 뉴욕에 있다. 한국에도 이미 1979년부터 진출해 있는, 명실공히 세계 1위 브로커인데 흔히 '마시'라고도 불린다. 공동창업주 중 한 명인 도널드 매클레넌(Donald McLennan)은 철도운송 사업의 리스크를 직접 경험하기 위해 30일 동안 기차에서 생활하는 열정을 보여주기도 했다.

  이 회사는 1960년에 기업공개를 했고 머서(Mercer), 올리버 와이만(Oliver Wyman), 가이 카펜터(Guy Carpenter) 등의 자회사가 있는데 브로커 영역에서는 이들끼리도 치열하게 경쟁

마시앤드매클레넌의 최근 5년간 주가흐름.

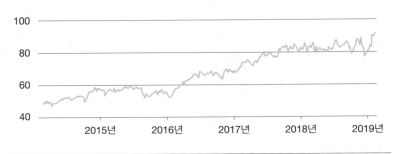

마시앤드매클레넌컴퍼니스
NYSE: MMC

91.16 USD

출처: Google Finance

한다. 최근 5년 동안의 주가수익률은 86%인데, 주가흐름을 살펴보면 급격한 상승은 없지만 2016년 이후 꾸준히 오르고 있음을 알 수 있다. 나는 2018년에 투자하여 현재까지 보유하고 있고 19.29%의 수익을 올렸다.

- 2위_에이온(Aon Plc.): 런던에 있는 37년 역사의 보험 브로커로 뉴욕과 런던의 증시에 상장되어 있으며 1986년에 한국에도 지사를 세웠다. 사실 이 회사의 역사는 디트로이트에서 정말 작은 보험 대리점으로 시작한 1918년까지 거슬러 올라간다. 그러나 본격적인 브로커업은 1981년 아이리시계 미국인 패트릭 라이언(Patrick Ryan)이 경영을 맡으면서 시작되었

고, 1982년에 라이언인슈런스(Ryan Insurance)가 컴바인드인
슈런스(Combind Insurance)와 합병하여 현재의 에이온이 되
었다.

9·11 테러 당시 에이온은 세계무역센터 쌍둥이 건물 중 남측
건물에 사무실을 두고 있었다. 경영진의 신속한 조치로 대부
분의 직원이 탈출했으나 다른 보안요원의 지시에 따라 건물
에 남았던 직원들 200명가량은 희생된 아픈 역사가 있다.

2009~2015년에는 잉글랜드 프리미어리그의 맨체스터 유
나이티드를 지원했다. 박지성이 활약한 시기라 당시 그의
유니폼에 회사 로고가 프린트되어 있던 기억이 난다. 이어
2013년에는 맨체스터 유나이티드의 훈련지인 트래포드 트레
이닝 센터의 명칭을 에이온 트레이닝 콤플렉스(Aon Training
Complex)로 변경하면서 스포츠 마케팅을 지속했다. 이 명칭
변경을 위해 에이온은
2,600억 원을 맨체스
터 유나이티드에 지급
했고, 이후 8년간 자사
이름을 트레이닝 센터
이름으로 사용할 수
있다는 허가를 얻었다.
최근 5년 동안 에이
원의 주가수익률은

**에이온의 로고가 새겨진 맨체스터 유나이
티드의 유니폼.**

출처: https://web.facebook.com

110%다. 주가의 전반적인 움직임은 마시의 경우와 비슷하다.

- **3위_윌리스타워스왓슨(Willis Towers Watson):** 미국의 컨설팅사 타워스왓슨(Towers Watson)과 1828년에 설립된 영국의 전통 있는 보험 브로커 윌리스(Willis)가 합병하여 탄생한 회사다. 윌리스타워스왓슨은 세계 120개 국가에 진출해 있다. 한국에 들어온 것은 1991년이고, 최근 5년의 주가추이 역시 우상향한다. 5년 주가수익률은 50%로 마시나 에이온보다는 변동성이 큰 모습인데 이는 인수합병의 영향으로 보인다.

  그런데 윌리스타워스왓슨과 관련하여 2020년 3월에 들려온 큰 뉴스 하나가 있다. 에이온과 윌리스타워스왓슨 양사가 인수합병에 합의했다는 뉴스가 그것이다. 이 뉴스에 따르면 에이온은 윌리스타워스왓슨을 300억 달러에 인수하게 될 것이라고 한다. 에이온과 윌리스타워스왓슨의 2019년 매출은 각각 110억 달러, 90억 달러로 양사가 예정대로 합병 절차를 완료할 경우 마시앤드매클레넌(매출 170억 달러)을 제치고 세계 최대 보험 브로커의 위치에 오르게 된다. 2021년에는 세계 보험 브로커 순위에 큰 변화가 있을 듯하다.

- **4위_아서 J. 갤러거(Arthur J. Gallagher):** 영어로 발음하긴 어렵지만 한국에도 A&G코리아라는 이름으로 2005년에 이미 진출한 회사. 92년 역사의 기업으로 일리노이주의 작은 도시

롤링 미도우즈에 본사가 있다.

아서 J. 갤러거는 미국을 넘어 유럽, 남미, 오세아니아, 아시아 지역에서 보험중개 사업을 전개 중이다. 세계 기업윤리 연구소가 선정하는 '가장 윤리적인 기업'에 2012년 이후 6년 연속 선정되었는데 실제로도 기업문화가 좋기로 유명하다. 주가는 2016년 이후 변동성이 적은 상승 추세를 보이며 최근 5년 주가수익률은 69%다. 나는 2018년에 투자했고 5.37%의 수익을 올렸다.

- 5위_브라운앤드브라운(Brown & Brown): 1939년에 설립되었고 플로리다에 본사를 둔 보험 브로커. 앞서의 회사들과 달리 미국 내수 시장에서 사업을 한다. 최근 5년간의 주가흐름은 아서 J. 갤러거와 비슷하고, 주가수익률은 93%다. 이 회사에도 나는 2018년에 투자해 9.11%의 수익률을 기록했다.

- 6위_자딘로이드톰슨(Jardine Lloyd Thompson): 1997년 설립된 런던 소재의 다국적 보험 브로커로 약칭은 JLT다. 2019년 4월 1일 1위 보험 브로커인 마시가 57억 달러에 인수했다. JLT의 최근 5년 주가수익률은 90%다. 미국의 보험 브로커 마시에 의한 인수합병의 영향인지 2018년 말에는 주가가 급격히 상승했다. 손해보험은 그 나라 산업 성장의 바로미터라는 게 내 생각인데, 미국의 산업 성장과 함께 손해보험 브로

커의 주가도 동반 상승한 것 같다.

그 외에도 웰스파고(Wells Fargo), 구스헤드(Goosehead) 등의 기업이 있었다. 하지만 미국의 손해보험 브로커들을 대상으로 내가

브라운앤드브라운(상)과 자딘로이드톰슨(하)의 최근 5년간 주가흐름.

브라운앤드브라운
NYSE: BRO
29.06 USD

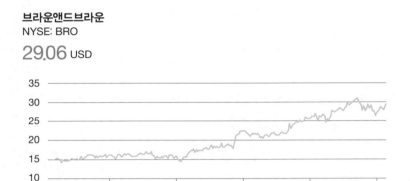

자딘로이드톰슨
LON: JLT
1,900.00 GBX

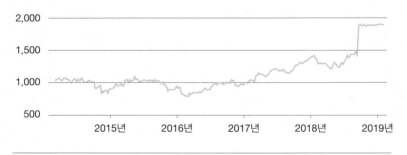

출처: Google Finance

남들이 알기 전에 미리 찜해두는 해외 주식

스스로 수행해본 투자 테스트는 이것으로 어느 정도 통과했다고 평가할 수 있을 듯했다. 브로커에 투자해서 수익을 보면서 자신감도 생겨 다음 투자처는 손해보험 회사들 중에서 찾아보기로 했다.

유대인 사업가와의 첫 만남

손해보험사 해외사업부에서 일하던 2013년 무렵 내가 개인적으로 좋아한 회사가 하나 있다. 오하이오주에 본사를 두고 있는 보험회사 프로그레시브(Progressive)였는데, 회사 이름에서 내가 어릴 적 좋아했던 영국의 록밴드 핑크 플로이드(Pink Floyd)가 연상됐다. 그들의 음악 장르가 프로그레시브 록이었기 때문이다. 프로그레시브 음악은 혁신적인 것을 넘어 진보적인 장르니 이 이름을 가진 회사라면 뭔가 독특한 게 있을 듯했다.

미국 현지에서 자동차보험으로 유명한 프로그레시브는 1937년에 설립되어 80년이 넘는 역사를 자랑한다. 창업자는 조지프 루이스(Joseph Lewis)와 잭 그린(Jack Green)인데 루이스는 오하이오주 출신의 유대인 사업가였다. 내가 함께 사업을 하고 싶었던 유대인 사업가를 간접적으로나마 드디어 만나게 된 셈이다.

창업 초기에 프로그레시브는 대륙횡단트럭의 운전기사들을 고객으로 삼기 위해 적극 공략했다. 이 업종의 위험이 높다는 이유로 다른 보험사들은 기사들의 보험 가입을 꺼린 데 반해 프로그레시브는 역으로 이 틈새를 노린 것이다. 그런데 예상 밖으로 손해율이 좋고 장사도 잘되면서 회사가 급성장했다. 대륙횡단트럭 운전이 3D업이긴 하나 기사들은 가족을 위해 열심히 일하는 이들이었던 것이다. 이러한 성공으로 이 회사에는 지금까지도 미국 대륙횡단트럭 운전기사들을 응원하는 문화가 있다. 프로그레시브의 유튜브 공식채널에선 대륙횡단트럭에 동승, 운전기사들과 긴 대화를 나누며 아름다운 미국의 자연경관을 보여주는 영상을 어렵지 않게 볼 수 있다.

이후에도 프로그레시브의 진보는 계속됐다. 인터넷으로, 또 핸드폰으로 가장 먼저 자동차보험을 판매함은 물론 24시간 출동 서비스를 미국에서 처음 시작했고, 자동차 운전석에 스냅샷(Snapshot)이라는 단말기를 설치해 운전자의 운전 이력을 회사로 전송하여 갱신 보험료 할인 할증으로 활용한 것도 프로그레시브였다. 이름에 걸맞게 최초로 시작한 서비스가 한둘이 아니었던 것이다.

그간 보여온 행보처럼 프로그레시브는 광고 또한 색다르다. 그중 보험 이야기는 전혀 등장하지 않고 자신이 진정으로 원하는 인생을 사는 사람들을 담은 광고가 있었다. 도시에서 이탈리아 레스토랑을 잘 운영하고 있었지만 어느 날 갑자기 트럭을 사서 미국 전역을 이동하며 푸드트럭 사업을 하는 부부 사업가가 모델로 등장했는데, 그런 광고를 보고 있노라면 이 회사가 어떤 가치를 추구하는지 자연스럽게 알 수 있었다.

프로그레시브의 본사도 인상 깊었다. 입구부터 복도를 거쳐 사무실에까지 직원들의 미술 작품이 넘쳐나고 있었던 것이다. 직원

남들이 알기 전에 미리 찜해두는 해외 주식

들의 창의력을 존중하는 기업문화인 듯해 부러웠고, 이런 회사로 이직하고 싶다는 생각도 들었다.

이 멋진 회사를 현재 이끌고 있는 CEO는 누구일지 검색해봤다. 이름은 트리샤 그리피스(Tricia Griffith), 자녀 셋을 키우는 워킹맘이자 나와 비슷하게 손해사정으로 보험 경력을 시작했다가 인사로 경력을 옮기면서 와튼 스쿨에서 MBA도 마치는 등 열정적으로 살아온 보험인이었다. 유튜브에는 그녀가 MBA에서 여학생들을 상대로 강의하는 영상도 있었는데 그 모습을 보니 적극적인 사업가라는 느낌이 들었다. CEO에 대한 확신도 들면서 이 회사의 주식을 매수하고 싶다는 마음이 꿈틀댔다.

프로그레시브의 최근 5년 주가수익율은 214%다. 2018년 말미국 금리 인상에 따른 하락 이후에도 다시 반등하여 상승하고 있다.

나는 2018년에 프로그레시브의 주식을 매수하여 10.24%의 수익을 기록했다. 내 전문 분야의 좋은 회사에 투자하여 성과를 얻으니 다시 한 번 뿌듯함이 차올랐다. 프로그레시브의 경우처럼 앞으로 내가 잘 알고 있는 분야의 업체들을 분석하다가 이직하고 싶은 마음까지 드는 회사를 발견하면 투자 가점을 주기로 했다.

프로그레시브의 현 CEO인 트리샤 그리피스.

출처: https://fortune.com

프로그레시브의 최근 5년간 주가흐름.

프로그레시브
NYSE: PGR

83.77 USD

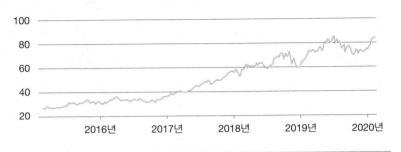

출처: Google Finance

남들이 알기 전에 미리 찜해두는 해외 주식

이번 장에서 해외 투자 시 도움이 될 만한 내용은 다음과 같다.

- **가까이에서 내 삶에 영향을 주는 회사에 투자하자:** 좋은 해외 회사들은 때때로 우리의 눈앞에 존재하기도 한다. 한국이라는 작은 나라에 사는 내게까지 강력한 영향을 줄 정도면 좋은 회사일 가능성이 높다. 이런 회사에 투자하자.
- **나의 전문 분야야말로 최고의 투자처다:** 내 전문 분야의 시장은 해외에서 더 크게 형성되어 있다. 이미 잘 알고 있는 분야인 만큼 나는 누구보다 빠르고 쉽게 그 산업과 시장을 이해함은 물론 좋은 회사도 찾을 수 있다. 내 분야에서 내가 발견한 좋은 회사에 투자하면 된다.
- **회사의 연혁을 자세히 읽어보자:** 회사는 손으로 만질 수 있는 물건이 아니다. 좋은 회사가 되기까지는 창업자의 철학과 도전정신, 창의력, 직원들의 노력 등 눈에 보이지 않는 추상적 요소들이 영향을 미친다. 그것들이 쌓인 역사의 압축이 회사 연혁이기 때문에 이것만 세세히 살펴봐도 좋은 회사인지를 판단하는 데 큰 도움이 된다.
- **회사의 이름은 그 회사의 운명을 결정한다:** 신기하게도 회사명은 그 회사가 나아가야 할 나침반이 되어준다. 읽었을 때, 그리고 들었을 때 느낌이 좋은 이름을 가진 외국 회사가 있다면 관련 정보들을 반드시 찾아보자.

Part 4

감정이 없는
친구들

주식 투자에
도움을 주는 도구들

국내에든 해외에든 투자 여부를 결정하려면 투자하고자 하는 회사에 대한 정보를 수집하는 과정이 반드시 있어야 한다. 전문 투자자들은 투자에 대한 확신을 얻기 위해 대상 회사의 시설을 직접 방문하고 CEO와 면담 자리를 갖는다.

그러나 개인이 외국 회사의 주식에 투자하기 위해 이렇게 한다는 것은 현실적으로 사실 어려운 일이다. 이런 점에서 해외 투자는 위험도가 매우 높은 투자라는 점을 인정해야 하지만, 그럼에도 좌절할 필요는 없다. 다행히 인터넷상에는 해외 주식 투자에 도움이 될 만한 조력자나 도구들이 많으니 말이다. 나는 이것들을 '감정이 없는 친구들'이라고 부른다.

감정적인 친구, 즉 부화뇌동하는 친구는 주식 투자에 그다지 도움이 되지 않는다. 그에 반해 감정이 없는 친구들은 사람의 판단이 아닌 자체 알고리즘을 이용, 감정이 배제된 의견을 내게 제공해준다. 이런 친구들과 함께하면 감정에 쉽게 휘둘리는 주변인이나 대중으로부터 멀어져 투자에 대한 보다 객관적인 시각을 유지할 수 있다.

다음은 '감정이 없는' 내 친구들의 리스트다. 이들을 하나씩 차근차근히 살펴보자.

- 구글파이낸스
- 심플리월스트리트
- 인베스팅닷컴
- 잭스
- 글래스도어
- 링크드인
- 블룸버그
- 나스닥
- 웨일위즈덤
- 유튜브
- 뉴지랭크US

빠르고 넓은 주식 검색의 강자, '구글파이낸스'

    구글파이낸스(Google Finance)는 빠른 시간 안에 회사 상장 여부와 실시간 주가를 알려주고, 비교 항목을 통해 동일 산업에서 상장되어 있는 경쟁업체를 보여준다. 빅데이터가 쌓이는 덕인지 '네가 그다음으로 어떤 회사를 찾는지 난 이미 알고 있지' 하는 듯 회사들을 제시해주는데, 이 기능을 활용하여 회사를 찾아나가다 보면 해당 산업의 경쟁 구도를 알게 된다.

    자신이 알아보고자 하는 회사의 영문명과 Stock(주식)이라는 키워드를 구글 검색창에 입력하고 '금융' 카테고리를 선택하면 구글파이낸스로 이동한다(티커를 알고 있다면 그것만 입력해도 된다). 첫 화면에서 '주식 시장 요약' 밑의 '개요'를 선택하면 해당 회사의 과거 주가흐름 및 실시간 주식 차트를 볼 수 있다. 여기에선 3장에서 이야기했던 마시를 샘플 회사로 입력해봤다.

이어 '비교'를 클릭하면 어떤 업체들이 내가 검색한 회사와 경쟁 관계에 있는지 볼 수 있다. 마시는 보험 브로커이므로 이 항목에

구글 검색창에서 원하는 회사의 이름과 'stock'을 입력한 뒤 '금융'을 클릭하면 구글 파이낸스로 연결되어 해당 주식의 요약 정보를 볼 수 있다.

출처: Google Finance

남들이 알기 전에 미리 찜해두는 해외 주식

'비교'에서는 경쟁업체들을(상), '재무'에서는 해당 회사의 분기별 재무정보를 볼 수 있다(하).

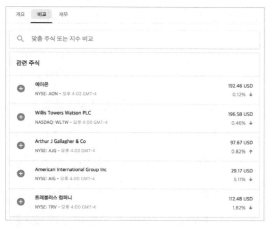

출처: Google Finance

서는 역시 3장에서 등장한 에이온 등의 경쟁업체들이 관련 회사의 주식으로 언급되었다. 이어 '비교' 옆의 '재무'를 선택하면 내가 검색한 회사의 간단한 개요 및 최근 보고된 분기별 재무정보 등의 정보가 제시된다.

구글파이낸스에 대해 이야기하고 있으니 미래기업 구글의 5년 주식 차트는 어떤지도 시험 삼아 살펴보자. 참고로 구글 및 구글의 자회사들은 알파벳(Alphabet Inc.)이라는 복합기업에 속해 있기 때문에 구글 검색창에 'google stock'을 입력하면 이 회사의 주식 차트를 보여준다. 5년 주가수익률은 134%, 그리고 2018~2019년 세 차례에 걸쳐 주가 하락을 경험했지만 현재는 우상향하고 있음을 알 수 있다.

알파벳의 최근 5년간 주식흐름.

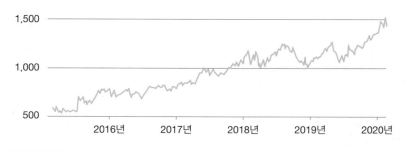

출처: Google Finance

남들이 알기 전에 미리 찜해두는 해외 주식

복잡한 주식 정보를 쉽게 알려주는 '심플리월스트리트'

심플리월스트리트(Simply Wall St.)는 어렵고 복잡하고 지루한 주식 정보를 사용자들이 쉽고 직관적으로 볼 수 있게 도와주는 앱으로 구글파이낸스보다 좀 더 전문적인 친구다. 우선 어떤 회사가 이 앱을 만들었는지 알아보자.

호주 회사인 심플리월스트리트는 2014년 6월에 설립된 스타트업으로, 사무실은 시드니의 심장부에 위치한다. 창업자인 앨 벤틀리(Al Bently)는 조선공학을 전공한 엔지니어인데, 졸업 후 선박과 오프쇼어리그(해양굴착장치) 등에서 바다 사나이로 근무했고 석유와 에너지 회사에서 일하기도 했다. 오프쇼어리그 현장 근무 시 독학으로 코딩을 배워 현 심플리월스트리트의 프로토타입을 개발

심플리월스트리트의 창업자 앨 벤틀리.

했다.

심플리월스트리트 앱의 사용자 절반은 미국인이고 4분의 1은 영국인이다. 이 앱에는 현재 1만 5,000개 이상의 주식을 분석할 수 있는 기능이 탑재되어 있다. 뉴욕증권거래소(NYSE)와 나스닥뿐 아니라 호주증권거래소(ASX), 캐나다의 토론토증권거래소(TSX)와 토론토벤처거래소(TSXV), 영국의 런던증권거래소(LSE)와 런던증권거래소대체투자시장(AIM), 뉴질랜드증권거래소(NZSE) 등 세계의 다양한 증시 종목을 이 앱에서 조회할 수 있다.

회사 연혁을 간략히 살펴보자.

* 2014년 6월: 회사 설립.
* 2015년: 60만 달러의 투자금 유치에 성공.
* 2016년 4월: 미국 애틀랜타 소재의 경쟁사 캐피오(Cappio)를 인수. 이로써 5,000명의 추가 고객 흡수.
* 2017년 6월: 240만 달러의 투자금 유치. 사용자 수 10만 명에 도달.

심플리월스트리트 앱의 멤버십으로는 무료, 연 115달러, 연

340달러 등 세 종류가 있다. 돈을 많이 내는 회원일수록 정보 접근성이 좋겠지만 무료 서비스도 나쁘지 않다.

샘플 회사로 비자를 선택하고 이 앱의 구성을 살펴보자. 첫 화면의 오른쪽에는 다섯 가지 기준에서 봤을 때 해당 회사의 현재 상태가 어떤지를 색으로 알려주는 그림이 뜬다. 연두색에 가까우면 회사가 건강하다는 의미, 붉은색 계열에 가까우면 회사의 건강이 의심된다는 의미다. 비자의 경우는 붉은색과 연두색의 중간이라 할 수 있는 노란색으로 표시된다. 다른 예로 프록터앤드갬블(Procter & Gamble)과 JP모건(JP Morgan)을 입력해보니 각각 붉은색과 연두색으로 나타났다.

이 항목의 밑에 있는 '연관 회사(Related Companies)' 섹션에서는 내가 검색한 업체의 경쟁사들 현황을 한눈에 볼 수 있다. 색깔만으로 다른 회사와의 비교 분석을 동시에 할 수 있는 것이다. 비자의 경우엔 마스터카드와 페이팔(PayPal), 애플(Apple)이 경쟁업체로 나오는데 두 회사의 색을 보면 마스터카드가 비자와 건강 상태면에서 비슷함을 알 수 있다.

이러한 동종업체 추천 기능은 구글파이낸스에도 있지만 둘의 결과값은 다르다. 심플리월스트리트는 캐피털IQ(Capital IQ)의 데이터를 기반으로 삼지만 구글은 자체 개발한 로직을 사용하는 것이 그 이유인 듯하다. 참고로 캐피털IQ는 스탠더드앤드푸어스(Standard & Poor)의 연구부서이자 이 회사가 설계 개발한 시장정보 제공 플랫폼으로, 주식 시장에 대한 데이터 및 분석 결과를 투

심플리월스트리트가 색으로 보여주는 회사 건강도의 예.

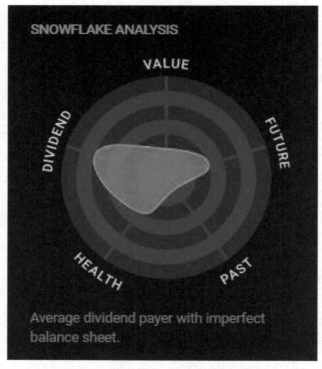

출처: https://simplywall.st

남들이 알기 전에 미리 찜해두는 해외 주식

자자에게 제공한다.

**해당 회사에 대해 애널리스트들이 예상하는 미래실적(상), 과거·미래의 주당순이익
(중) 및 순이익과 매출 이력 관련 정보(하).**

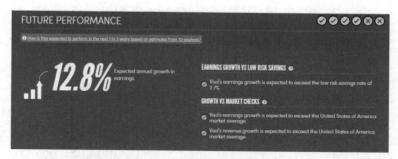

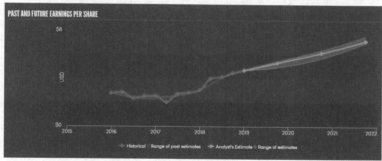

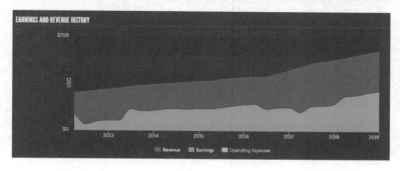

출처: https://simplywall.st

화면을 더 내리면 여러 애널리스트들이 해당 회사에 대해 예측하는 내용이 나온다. 첫 번째 그림의 미래실적(Future Performance) 항목에서는 순이익 성장과 은행저축이율 비교(Earnings Growth vs. Low Risk Savings), 순이익성장과 시장전망 비교(Growth vs. Market Checks) 및 미래의 예상매출을 볼 수 있는데 비자에 대해서는 향후 12.8% 성장할 것이라는 의견이 제시되었다. 두 번째 그림인 '과거와 미래의 주당순이익(Past and Future Earnings per Share)' 항목에서는 투자 판단의 중요 속성인 주당순이익의 과거 흐름(보라색)과 더불어 미래의 예측추이(파란색), 자기자본이익률에 대한 미래 예측도 제시된다. 참고로 주당순이익은 당기순이익을 주식수로 나눈 값, 자기자본이익률은 투입한 자기자본이 얼마만큼의 이익을 냈는지를 나타내는 지표다.

이어서 등장하는 'Earnings and Revenue History'는 내가 검색한 회사의 순이익과 매출 이력을 보여주는 항목이다. 보라색은 매출이고 녹색은 순이익인데, 샘플 회사로 넣은 비자의 경우 보라색과 녹색이 일정 비율로 계속 증가 중이라고 나온다.

다음의 'Performance Last Year' 항목에서는 제목 그대로 이전 해에 해당 회사가 올린 성과(performance last year)를 자기자본이익률(좌), 총자산이익률(중), 자본이익률(우)로 나누어 보여준다. 비자의 경우는 자기자본이익률이 32%로 이익창출 능력이 훌륭하다. 자기자본이익률 15%는 워런 버핏이 종목을 고르는 기준으로 잘 알려진 지표다. 비자는 워런 버핏 기준보다 두 배가 넘는 자기자본

이전 해에 해당 회사가 올린 성과를 보여주는 세 가지 그림.

출처: https://simplywall.st

이익률 성적표를 갖고 있는 것이다. 주주들이 좋아할 것 같다.

다음으로 나오는 것은 'H(health)', 즉 해당 회사의 건강 상태다. 우선 내가 검색한 회사의 부채 및 자산 현황이 장기/단기로 나뉘어 나타난다. 그림에서의 보라색은 장기 부채 및 자산, 하늘색은 단기 부채 및 자산, 그리고 연두색은 자본을 의미한다. 이 항목에서 비자에 대해 심플리월스트리트는 '1년 미만 부채를 현금과 단기 자산으로 충당 가능' '장기 부채는 현금과 단기 자산을 초과'라는 평을 내렸다.

'Historical Debt' 항목에서는 회사의 부채 이력을 볼 수 있다. 연두색은 자본, 하늘색은 현금 그리고 붉은색은 부채를 뜻한다.

그래프 밑에 나와 있듯 비자의 부채에 대해 심플리월스트리트는 '부채 수준이 자본의 48.8%로 높은 편이고, 부채자본비율은 과거 5년간 0%에서 48.8%로 증가했지만 현금흐름을 통해 부채가 잘 관리되고 있으며, 현금부채비율은 79.3%로 20% 이상이고, 부

채에 대한 이자는 수익에 의해 잘 관리되고 있음'이라 평했다(참고

로 현금부채비율에서 언급된 20%는 심플리월스트리트가 제시하는 평가

기준으로 보인다).

'Health'에서는 해당 회사의 장단기별 부채/자산 현황을(상), 'Historical Debt'에서는 부채 이력을 볼 수 있다(하).

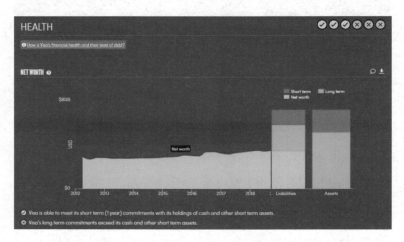

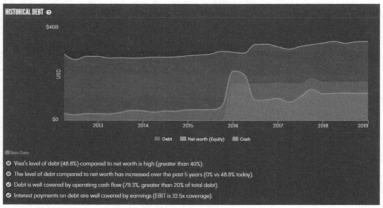

출처: https://simplywall.st

남들이 알기 전에 미리 찜해두는 해외 주식

배당과 관련한 해당 회사의 이력과 전망(상), 주주구성을 나타낸 그림(하).

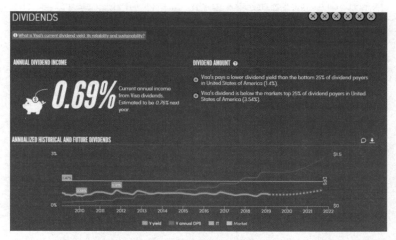

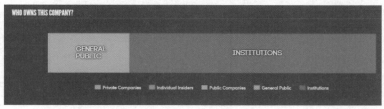

출처: https://simplywall.st

'Dividends', 즉 배당 항목에서는 해당 회사의 향후 배당 예측치, 배당 일정 및 과거의 배당 이력을 알려준다. 비자의 배당에 대해 심플리월스트리트는 '연간 배당률은 미국의 하위 25% 배당주 수준보다 낮은 0.69%임'을 밝히며 '배당률은 향후 소폭 상승, 주당배당금은 상승할 것으로 전망'이라 평가하고 있다.

이어지는 'Who Owns This Company?'에서는 내가 검색한 회

사의 주주구성을 보여준다. 보라색은 기관투자자, 하늘색은 개인 투자자, 연두색은 일반 기업을 의미하는데 비자는 우량주라 그런지 기관투자자의 비율이 매우 높음을 알 수 있다.

세계 최고의 신뢰도, '블룸버그'

블룸버그(Bloomberg)는 금융 시장의 뉴스와 데이터, 분석 정보를 제공하는 세계 최대의 미디어이자 가장 신뢰받는 미디어다. 블룸버그 사이트의 좌측 상단엔 검색창이 있는데, 여기에 회사명이나 티커를 입력하면 주식 검색이 가능하다. 이번에는 내가 투자하고 있는 덴마크의 회사 리크테크(LiqTech)를 조회해봤다. 첫 번째 페이지에서는 현재 주가와 더불어 최근의 시가(Open)와 종가(Prev Close), 거래량(Volume), 시가총액(Market Cap), 1일 및 52주 단위의 가격변동 범위(Day Range/52 Week Range)를 보여준다.

기본적인 주가 정보를 지나 밑으로 내려가면 해당 회사의 주식과 관련된 주요 통계(Key Statistics) 항목이 나온다. 여기에서는

주식 검색 시 블룸버그가 제공하는 기본 정보(상) 및 관련 통계들(하).

주가수익비율(P/E Ratio) 등 주식 가격에 대한 정보, 그리고 산업 내 평균 수익률과 비교된 수치를 보여준다. 리크테크의 경우 최근 분기는 적자였기 때문에 주가수익비율과 주가수익성장비율(PEGY Ratio)이 기록되지 않았고, 배당률과 최근 주당배당금 항목 또한 나와 있지 않다. 이를 제외하면 리크테크는 현재 2,055만 주

의 주식을 발행한 상태고 주가장부가치비율(Price to Book Ratio)과 주가매출비율(Price to Sales Ratio) 및 1년 주가수익률은 각각 13.8964와 8.4945 및 −20.61%이며, 한 달 평균 거래량이 18만 7,654주라는 사실과 더불어 주당순이익이 −0.24달러임을 알 수 있다.

이어지는 '비교(Compare)' 항목에 따르면 리크테크의 주가는 하루 2.84% 상승했는데 이는 일반 산업 대비 −0.56%, 폐기물과 환경, 장비설치 업계 대비 −0.70%에 해당한다.

그 뒤를 이어 손익계산서(Income Statement)와 대차대조표(Balance Sheet), 현금흐름표(Cash Flow) 등 재무재표 관련 항목들이 그래프와 함께 제시된다. 손익계산서에선 수익(Revenue)과 순이익(Net income) 및 매출대비순이익(Profit Margin)을 통해 해당 회사의 매출과 순익이 최근 몇 년간 어떤 흐름을 보여왔는지를 보여준다. 대차대조표에서는 총자산(Total Assets)과 총부채(Total Liabilities) 및 자산대비부채비율(Debt to Assets)을, 현금흐름표에선 영업활동/투자활동/재무활동에 따른 해당 회사의 현금흐름이 어떤 상태인지 확인하여 투자 방향에 참고할 수 있다. 이들 항목은 분기별 또는 회계연도별로 조회가 가능한데 나는 후자를 선택해봤다. 리크테크의 경우 점차 흑자를 보이는 중이며 부채는 급격하게 늘거나 하지 않은 채 과거 3년과 동일한 수준을 유지하고 있다고 나온다.

아시아 시간 기준으로 매일 아침, 블룸버그 사이트에선 '블룸

블룸버그가 보여주는 해당 주식의 손익계산서와 대차대조표 및 현금흐름표(단위: 백만 달러).

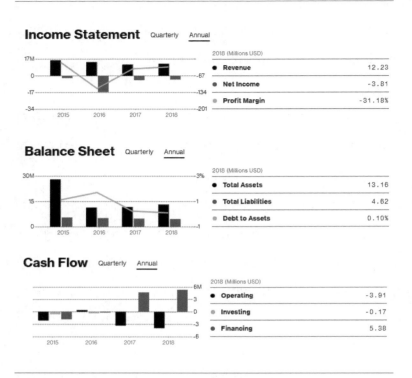

출처: http://www.bloomberg.com

버그 데이브레이크 아시아(Bloomberg Daybreak Asia)'가 방송된다. 미국 증시 마감 이후와 아시아 증시 시작 전의 공백 시간에 전날의 미국 증시 상황과 아시아 경제 상황을 뉴욕, 홍콩, 시드니를 실시간으로 연결하여 알려주는 프로그램이다. 정치, 경제, 사회 분야의 다양한 뉴스가 전달되지만 결국 주식 정보로 시청자를 안내한다. 때문에 매일 시청해나가다 보면 월가에서 사용되는 용어를 배움은 물론 투자에 대한 안목도 생겨 화면에서 순식간에 지나가는 투자 기회도 잡을 수 있다.

다양한 정보들이 넘치는
'나스닥'

National Association of Securities Dealers Automated Quotations, 즉 '전미 증권협회 주식시세 자동통보체계'인 나스닥(NASDAQ)은 미국의 장외 주식거래 시장이다. 나스닥에선 주식정보 홈페이지도 운영하는데 제공되는 정보가 매우 많아 투자자에게 유용하다.

홈페이지 첫 화면의 우측 검색창에서 주식의 이름이나 티커를 입력하면 실시간 주가가, 그 밑으로는 해당 주식의 시가총액을 포함한 여러 기본 정보들이 나온다. 시험 삼아 리크테크를 입력해보니 다음과 같은 기본 정보를 보여준다.

남들이 알기 전에 미리 찜해두는 해외 주식

- 거래소(exchange): 나스닥 소자본 시장에 상장되어 있음.

- 부문(sector): 기술

- 산업(industry): 산업기계/부품

- 1년 목표가(1 year target): 8.00달러

- 오늘 최고가/최저가(today's high/low): 6.55달러/6.20달러

- 거래량(share volume): 11만 4,138주

- 50일 평균 거래량(50 day average vol.): 18만 8,728주

- 전일 종가(previous close): 6.33달러

- 52주 최고가/최저가(52 week high/low): 10.69달러 / 4.07달러

- 시가총액(market cap): 1억 3,376만 5,319달러

- 향후 1년 주가수익비율 전망(forward P/E 1 yr.): 325.5배

- 주당순이익: −0.04달러

- 연간배당금(annualized dividend): 해당 없음.

- 최근 배당금 지급일(ex dividend date): 해당 없음.

- 배당금 지급 예정일(dividend pay date): 해당 없음.

- 배당수익률(current yield): 해당 없음.

- 베타계수(beta): 1 (수익률이 시장평균과 가깝다는 뜻)

'Earning Per Share'에서는 해당 회사의 주당순이익이 보일 향후 전망 및 기존 전망대비 달성이력을 보여준다. 2019년 3분기에 리크테크는 애널리스트들의 전망치를 상회하는 성과를 보였고, 4분기의 주당순이익 전망은 −0.04달러였다.

나스닥 홈페이지의 검색창(상)에 회사명이나 티커를 입력하면 해당 회사의 기본 정보들이 제시된다(중, 하).

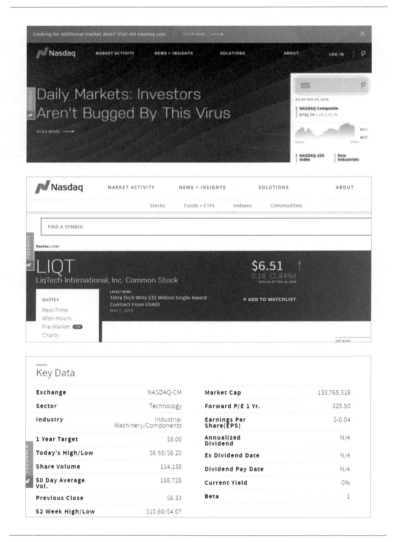

출처: http://www.nasdaq.com

남들이 알기 전에 미리 찜해두는 해외 주식

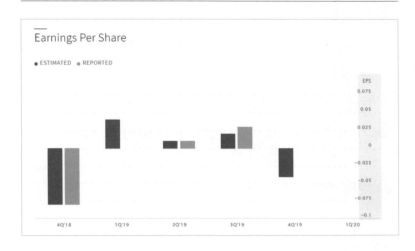

출처: http://www.nasdaq.com

더 아래로 내려가보면 해당 회사와 관련된 최근 뉴스들이 나온
다. 리크테크의 경우엔 '가격 상승이 예상되는 세 개의 소자본 회
사'를 다룬 2019년 12월 24일자 기사에서, 또 '기술 부문에서 주

목받는 회사들의 정보 업데이트'라는 2019년 8월 26일자 기사에서 언급되었다고 나온다.

애널리스트 평가 메뉴를 방문하면 현 시점에서 애널리스트들이 제시한 매수매도 의견을 보여준다. 리크테크는 애널리스트들이 주식 매수를 강력히 권하는 회사고, 지난 3개월 동안 두 명의 애널리스트가 이 의견을 표했음을 알 수 있다. 더불어 그 애널리스트들

해당 회사에 대한 애널리스트들의 평가 내용.

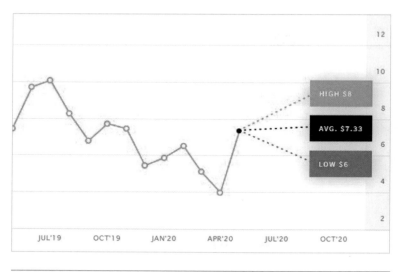

출처: http://www.nasdaq.com

주당순이익을 확인할 수 있는 'Forecast' 항목.

Forecasts

| Quarterly | **Yearly** | | | | | |

FISCAL YEAR END	CONSENSUS EPS' FORECAST	HIGH EPS' FORECAST	LOW EPS' FORECAST	NUMBER OF ESTIMATES	OVER THE LAST 4 WEEKS NUMBER OF REVISIONS - UP	OVER THE LAST 4 WEEKS NUMBER OF REVISIONS - DOWN
Dec 2019	0.02	0.05	-0.02	2	0	0
Dec 2020	0.34	0.4	0.28	2	0	0

출처: http://www.nasdaq.com

이 어느 회사 소속이며 어느 정도의 평균가와 가격 범위를 표시했는지도 나타난다. 이러한 매수매도 의견은 자신의 주식 분석 결과에 참고하면 될 듯하다.

해당 회사의 주당순이익이 향후 보일 추이에 대한 애널리스트들의 견해도 나스닥에선 확인 가능하다. 이 내용이 궁금하다면 'Forecasts' 항목에서 'Consensus EPS(콘센서스 주당순이익)을 보면 된다. 위의 그림을 보면 애널리스트들은 2019년 12월에 0.02달러였던 리크테크의 주당순이익이 2020년 12월엔 0.34달러로 무려 17배 증가할 것이라 전망하고 있음을 알 수 있다.

피터 린치는 기관투자자의 보유량이 적거나 없는 회사를 찾아서 투자하라 이야기한 바 있다. 'Ownership Summary' 항목에는 내가 검색한 회사의 주요 기관투자자 구성이 나와 있으니 관심 있

LiqTech International, Inc. Common Stock (LIQT) Institutional Holdings

Ownership Summary

Institutional Ownership	50.50 %
Total Shares Outstanding (millions)	21
Total Value of Holdings (millions)	568

Active Positions

ACTIVE POSITIONS	HOLDERS	SHARES
Increased Positions	19	2,561,377
Decreased Positions	32	1,770,384
Held Positions	7	6,045,757
Total Institutional Shares	58	10,377,518

New and Sold Out Positions

ACTIVE POSITIONS	HOLDERS	SHARES
New Positions	7	515,346
Sold Out Positions	17	1,025,977

출처: http://www.nasdaq.com

주요 기관투자자들의 이름과 보유주식 리스트.

Total	New	Increased	Decreased	Activity	Sold Out		

58 Institutional Holders
10,377,518 Total Shares Held

OWNER NAME	DATE	SHARES HELD	CHANGE (SHARES)	CHANGE (%)	VALUE (IN 1,000S)
AWM INVESTMENT COMPANY, INC.	12/31/2019	2,043,290	-130,000	-5.982%	$13,302
WELLINGTON MANAGEMENT GROUP LLP	12/31/2019	1,656,391	103,514	6.666%	$10,783
CLEAR HARBOR ASSET MANAGEMENT, LLC	12/31/2019	930,977	373,533	67.008%	$6,061
PHOENIX HOLDINGS LTD.	12/31/2019	748,685	180,200	31.698%	$4,874

출처: http://www.nasdaq.com

는 종목을 찾았다면 이 부분에 주목할 필요가 있다. 리크테크 주
식에 대한 기관투자자 참여율은 50.5%로 그리 높지 않은 편이다.

'Active Positions' 항목에서는 기관투자자들의 매수/매도 포지
션 이력을 보여준다. 리크테크의 경우 최근 분기에 투자한 58개 기
관투자자 중 32개가 주식 보유량을 줄였는데, 이는 목표수익 달
성, 포트폴리오 조정, 주당순이익에 대한 회의적 전망 등 여러 이
유 때문일 수 있다. 이 항목을 지속적으로 눈여겨보다가 대부분의
기관투자자들이 기존 보유 주식을 매도하는 이례적 상황이 눈에
띄면 주식 보유 여부를 재검토할 필요가 있겠다.

해당 회사의 주요 기관투자자들이 어디인지, 또 보유주식수는

어느 정도인지도 여기에서 확인 가능하다. 리크테크의 최대 기관
투자자는 뉴욕 맨해튼 출신 헤지펀드사인 AWM인베스트먼트컴
퍼니(AWM Investment Company Inc.)다.

'New and Sold Out Positions'에서는 새로 진입한 기관투자자자
및 보유 주식을 모두 팔고 나간 기관투자자자들의 수가 표시된다. 리
크테크의 경우 7개의 새로운 기관투자자자들이 투자에 합류했다. 리
크테크의 성장을 긍정적으로 전망하는 기관투자자자들일 것이다.
기관투자자자들의 주식 보유량 변화와 함께 이 항목의 수치 변화도
투자 방향에 참고하면 좋을 것 같다.

기관투자자 관련 정보의 최고봉, '웨일위즈덤'

웨일위즈덤(WhaleWisdom)은 미국 기관투자자들이 미국증권거래위원회에 분기별로 제출하는 '13F보고서(Form 13F)', 특정 주식의 5% 이상을 매수한 경우 보고하는 '스케줄 13D(Schedule 13D)' 및 '스케줄 13G(Schedule 13G)' 파일링을 분석한다. 공개적으로 이용 가능한 재무 정보를 제공하기 때문에 객관적이라 할 수 있고, 기관투자자의 자산운용 규모나 현재 투자 중인 산업별 추이 및 보유주식 현황을 손쉽게 알 수 있다. 또한 헤지펀드와 자산관리자의 성과를 추적하는 데도 도움이 된다. 이제 그들이 어떤 회사에 투자하고 있는지 찾아보자.

좌측 상단 검색창에 자신이 알고 싶은 기관투자자의 명칭을 입력한다. 시험 삼아 인듀런트캐피털매니지먼트(Endurant Capital Management)라는 자산운용사를 입력해봤더니 캘리포니아주 샌 마테오에 있으며 약 4,600억 원 규모의 자산을 운용 중이라고 나온다.

웨일위즈덤 초기 화면의 상단 검색창(상)에 기관투자자명을 입력하면 관련 정보들이 뜬다(하).

출처: https://whalewisdom.com

일반적인 개요 정보에 이어 나타나는 가로 메뉴에서 제일 왼쪽에 있는 'Summary', 즉 '요약'을 클릭하면 해당 기관투자자가 최근 분기에 가장 많이 매수 및 매도한 종목, 그리고 보유 중인 상위 다섯 개 종목을 한눈에 보여준다. 2019년 4/4분기 현재 인듀런트캐피털매니지먼트는 제약회사인 브리스톨마이어스스큅(Bristol Myers Squibb)에 가장 많은 돈을 투자하고 있다고 나온다.

그 밑에 보이는 막대그래프를 보면 해당 기관투자자가 어떤 산업에 어떤 비중으로 투자해오고 있는지 쉽게 파악할 수 있다. 각각의 산업 부문은 생필품(하늘색), 일반 산업(빨간색), 재료(보라색), 금융(녹색), 정보기술(분홍색), 생필품 이외의 소비재(노란색), 헬스케어(연두색), 부동산(연보라색), 기타(살구색) 등 서로 다른 컬러로 표시된다. 인듀런트캐피털매니지먼트의 경우 막대그래프의 상당 비중이 연두색이므로 헬스케어 산업에 집중적으로 투자 중임을 알 수 있다.

막대그래프의 오른쪽 박스 '13F Activity'에는 13F 보고서에 포함된 활동들이 좀 더 세세히 제시된다. 참고로 '상위 10위 비율(Top 10 Holdings %)'은 금액 기준으로 해당 회사가 가장 많은 돈을 투자하고 있는 상위 10개 투자처의 주식 시가총액이 그 회사의 운용자산 전체에서 차지하는 비율을 의미한다. 인듀런트캐피털매니지먼트의 경우 전체 운용자산의 57.22%가 상위 10개사에 투자되고 있음을 알 수 있다.

최근 분기말 기준 해당 기관투자자의 투자 현황의 요약(상)과 주요 투자 분야 및 활동 내용(중), 포트폴리오 구성(하).

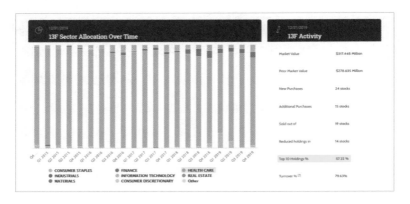

Stock	Sector	Shares Held or Principal Amt	Market Value	% of Portfolio	Previous % of Portfolio	Rank	Change in Shares	% Change	% Ownership	Qtr 1st Owned	
BMY	HEALTH CARE	401,434	$25,766,000	8.12	5.31	1	109,509	37%	0.0245%	Q3 2018	5
ANTM	HEALTH CARE	82,043	$24,779,000	7.81	2.21	2	56,386	219%	0.0321%	Q4 2015	2
ZBH	HEALTH CARE	136,164	$20,381,000	6.42	7.51	3	16,332	-10%	0.0663%	Q2 2018	1
OXFD	HEALTH CARE	1,218,029	$20,219,000	6.37	5.91	4	228,593	23%	4.5398%	Q3 2016	1
ABC	CONSUMER STAPLES	218,820	$18,604,000	5.86	3.12	5	113,319	107%	0.1041%	Q2 2016	8
LH	HEALTH CARE	108,043	$18,278,000	5.76	5.37	6	19,060	21%	0.1106%	Q1 2019	1
CI	FINANCE	80,739	$16,510,000	5.20	3.93	7	8,630	11%	0.0214%	Q4 2014	1
BDX	HEALTH CARE	57,131	$15,538,000	4.89	2.00	8	35,070	158%	0.0212%	Q3 2019	2
EHC	HEALTH CARE	163,092	$11,297,000	3.56	0.27	9	151,200	1,271%	0.1653%	Q4 2018	6
REGN	HEALTH CARE	27,390	$10,284,000	3.24	-	10	27,390	New	0.0249%	Q4 2019	3

출처: https://whalewisdom.com

- 보유 종목의 시가총액(Market Value): 3억 1,744만 8,000달러
- 지난 분기 보유 종목의 시가총액(Prior Market Value): 2억 7,863만 5,000달러
- 신규 매수종목의 수(New Purchases): 24
- 추가 매수종목의 수(Additional Purchases): 15
- 매도종목의 수(Sold out of): 19
- 보유감소종목의 수(Reduced holdings in): 14
- 상위 10위 비율: 57.22%
- 종목회전율(Turnover): 79.63%

스크롤을 다시 조금 올려 가로 메뉴의 '요약' 옆에 있는 'Holdings'를 클릭하면 해당 기관투자자가 현재 투자하고 있는 주식들의 산업 분야(Sector), 보유수량(Shares Held or Principal Amt), 금액(Market Value), 포트폴리오 내 비율과 추이(% of Portfolio와 Previous % of Portfolio) 등 여러 기준별 내용을 볼 수 있다. 이러한 기관투자자들의 포트폴리오를 수시로 찾아 들여다보면 아직 사람들에게 알려지진 않았지만 미래성장성이 있는 회사들을 운 좋게 찾을 수 있다는 이점이 있으니 참고해두자.

미국 주식투자의 가이드,
'뉴지랭크US'

뉴지랭크US(Newsyrank US)는 대신증권 출신 문홍집 대표, 그리고 PwC컨설팅과 유안타증권에서 일한 문경록 대표가 함께 개발한 주식분석 툴이다. 뉴욕증권거래소 및 나스닥에 상장된 주식과 ETF를 대상으로 하고, 개별 종목의 분석을 바탕으로 유니버스 분석과 종목순위 그리고 포트폴리오까지 미국 주식 투자를 위한 정량분석 결과를 제공한다.

홈페이지에서 회원 가입을 하고 우측 상단 검색창에 티커를 입력하면 개별 종목의 정보창으로 이동한다. 여기에서는 내가 검색한 주식에 대해 다양한 평가항목별 점수를 100점 만점 기준으로 보여준다. 마이크로소프트(Microsoft)와 시가총액 세계 1위를 다

상단의 검색창에서 원하는 회사를 검색하면(상) 해당 회사의 기준별 및 종합 점수가 제시된다(하).

투는 애플을 입력하니 84점이라고 나온다. 내가 관심을 두고 있는 큐로그룹 홀딩스는 66점이다. 직관적으로 여러 정보를 한눈에 알 수 있는 화면 구성과 디자인이 강점이다.

입체적 판단을
도와주는 친구들

　　지금까지 살펴본 도구들을 인터넷 브라우저에 즐겨찾기로 등록해놓으면 자신이 원하는 회사의 주식 관련 정보를 빠르게 비교 검색할 수 있다. 한 회사에 대해 각 툴들이 제공하는 기본 정보는 비슷하겠지만 깊이나 폭은 조금씩 다르다. 때문에 여러 툴에서 검색한 정보들을 종합해서 투자에 참고하는 것이 좋겠다.

　　당연한 얘기지만 앞서의 툴들을 통해 내가 관심 있는 회사의 기본 정보를 파악하는 것은 투자에 필수적인 과정이다. 그러나 대상 회사를 입체적으로 판단하려면 주식 외의 다른 정보들도 있어야 한다. 전문적이고 깊은 분석을 보여주진 않지만 그런 의미에서 소중한 친구들을 소개한다.

정보 다양성에선 최고, '인베스팅닷컴'

이스라엘계 유대인 사업가 드로어 에프랏(Dror Efrat)이 개발한 인베스팅닷컴(Investing.com)은 한국어를 포함해 무려 24개 언어로 번역되어서인지 전 세계적으로 사용자가 매우 많다. 한국 인베스팅닷컴 사이트의 검색창에서 회사명이나 티커를 입력하면 주식을 찾을 수 있다.

비자를 샘플 회사로 입력하면 현 주식 거래량, 매수/매도량, 금

인베스팅닷컴에서 주식을 검색하면 나오는 개요(상) 및 기술 요약 정보(하).

출처: https://kr.investing.com

일 변동치 등의 기본 정보가 제시된다. 스크롤을 내리면 보이는 '기술 요약'이라는 항목에선 향후 5분, 15분, 시간당, 일간 및 월간을 기준으로 해당 회사 주식에 대해 제공하는 기술적 매수매도 의견을 볼 수 있다. 이러한 의견은 과거 차트 움직임을 기반으로 하는데 나는 장기 투자자라서 참고만 한다.

인베스팅닷컴에서는 전 세계 주식 시장의 동향과 원자재, 채권, 심지어 암호화폐의 가격 정보 및 관련 뉴스들을 접할 수 있다. 화면 설정 기능이 뛰어나니 증권사 프로그램과 같이 다양한 보조지표를 적용하여 자신만의 차트를 만들어보자.

브로커들의 평가가 궁금할 땐 '잭스'

잭스(Zacks)는 미국의 대표적인 주식 분석용 브로커 플랫폼이다. 미국 주식 시장에서는 주식을 유통하는 브로커들의 역할이 중요한데 잭스에서는 개별 주식에 대해 브로커가 내리는 평가, 그리고 해당 주식의 향후 예상 가격을 확인할 수 있다.

웹사이트에 방문하여 티커나 회사명을 입력하면 그에 대한 분석 결과들을 볼 수 있다. 매수/매도 의견은 1부터 5까지의 숫자로 알려주는데 숫자가 낮을수록 매수를, 높을수록 매도를 추천한다는 뜻이다. 가치와 성장률 및 모멘텀은 알파벳 A부터 D까지의 점수로 표시되고, 뒤로 갈수록 점수가 낮다는 의미다. 샘플 회사로 비자를 입력해보니 현재 매수매도 의견 점수는 3, 가치성장모멘텀 점수는 D로 나왔다.

잭스에서는 해당 회사의 매수/매도 및 가치에 대한 의견이 숫자와 알파벳으로 표시된다.

출처: https://www.zacks.com

한국에 블라인드가 있다면 미국에는 '글래스도어'가 있다

한국의 블라인드(Blind)처럼 글래스도어(Glassdoor)는 특정 회사 직원들의 근무 만족도를 손쉽게 확인할 수 있는 도구다. 또 해당 회사에서의 근무 경험뿐 아니라 채용공고, 급여, 채용 인터뷰 경험까지 제공하는데, 근무 경험 항목에서는 블라인드와 비슷하게 이용자들이 회사 내부 사정도 폭로하곤 하기에 해당 회사 안에서 벌어지는 숨은 이야기를 알게 되기도 한다. 샘플 회사로 이쿼터블(Equitable)을 입력해봤더니 59% 정도의 직원들이 '친구들에게 이 회사를 추천한다'고 답변했음을 볼 수 있었다.

글래스도어는 철저하게 회사의 비재무적 정보를 훔쳐볼 수 있는 플랫폼이다. 경영진들의 리더십, 직원들의 근무 만족도, 인수합병 이후의 회사 분위기, 여성이나 유색인종 직원들에 대한 차별 대우 여부 등 직원들의 사기에 영향을 주는 내용을 볼 수 있다. 주식회사의 주인공은 결국 사람들이다. 리더들이 솔선수범하고, 직원들은 열정이 넘치고 서로를 배려하는 긍정적인 에너지가 넘치는 회사의 주가는 반드시 오른다.

관심 회사는 '링크드인'에서 팔로우하자

세계 최대의 경력/인맥관리 사이트인 링크드인(LinkedIn)에선 개인뿐 아니라 회사들도 채널을 개설해서 유지한다. 때문에 자신이 투자하고 있는 회사의 채널이 있다면 팔로잉하며 회사 근황을 계속 관찰할 뿐 아니라 '좋아요'를 눌러 응원을 보낼 수도 있다.

내가 투자 중인 그리스 회사 에너지언(Energean)의 링크드인 페이지를 방문해보니 현재 중국 조선소에서 부유식 원유생산 하역 설비를 건조 중이라는 내용과 함께 사진이 올라와 있다. 또한 이 시설의 갑판에 설치될 상부 플랜트 구조는 싱가포르에서 작업 중이라는 글과 사진도 업로드되어 있어서 '좋아요'를 눌렀다.

직장인들이 서로의 경력을 공유하는 플랫폼이자 리크루팅에 사용되는 전문 플랫폼이고, 사용자수도 엄청나서인지 링크드인은 효율적인 회사 홍보 채널로 인식되고 있는 듯하다. 회사 근황 업데이트가 활발한 것도 이런 이유 때문일 것이다. 사용자 입장에서는 투자자들을 고려하여 엄격하게 관리되는 회사 홈페이지에 비해 회사의 근황 정보를 실제 직원들로부터 생생하게 얻을 수 있다는 장점이 있다.

링크드인 회사 채널에서는 임직원들의 전문성을 확인할 수 있다.

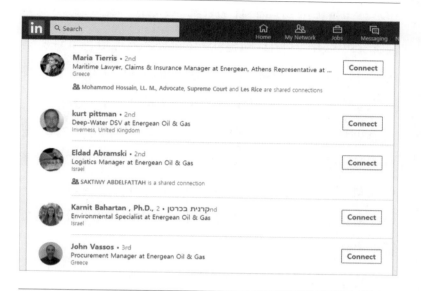

출처: https://www.linkedin.com

링크드인의 회사 채널에서는 해당 회사의 CEO 및 직원들의 정보를 확인할 수 있다. 어떤 경력과 어떤 교육 이력이 있는지를 바탕으로 임직원들의 전문성을 확인할 수 있는 것이다. 투자 여부를 고민 중인 예비 투자자에게는 이런 정보들도 매우 중요하니 소홀히 넘기지 말자.

현장과 기술 정보는 '유튜브'가 알려준다

요즘엔 아무리 작은 회사라도 자사 유튜브 채널을 운영한다. 덴마크의 중소기업인 리크테크 역시 유튜브를 자사 근황 안내 및 홍보에 적극 활용 중이다. 리크테크는 자신들의 생산 시설과 관련된 영상을 공개한 바 있는데, 이 회사에 관심 있는 사람들은 이 영상 덕에 굳이 직접 찾아가보지 않아도 견학하는 것과 같은 효과를 얻을 수 있다. 또한 리크테크는 실리콘 세라믹 필터 모델과 같은 자신들의 핵심 기술을 안내하는 영상도 제작하여 업로드했다.

이처럼 해외, 특히 선진국의 회사들은 혁신적 기술의 개발, 생산 시설의 증가, 다른 회사와의 전략적인 관계 형성, 고객 증가 추이 등의 자사 정보를 의외로 많은 채널을 통해 널리 알리고 있다. 다만 평소 접하거나 가까이하지 못하는 회사라 우리가 잘 모르고 있을 뿐이다.

참고로 어떤 회사에 대해 알아보고자 할 때 나는 대개 구글과 구글파이낸스, 나스닥, 웨일위즈덤, 심플리월스트리트를 활용한 다음의 방식 중 하나로 먼저 검색하고, 이어 그 외의 툴들에서 해당 회사를 찾아본 뒤 종합적 판단을 내린다. 독자 여러분에게도 참고가 되었으면 한다.

1) 구글 검색 → 회사 발견 → 나스닥 홈페이지에서 찾은 회사의 주요 기관투자자 확인 → 웨일위즈덤 홈페이지에서 기관투자자 보유종목 확인 → 웨일위즈덤 홈페이지의 기관투자자 보유종목에서 같은 산업의 다른 회사 검색 → 이 회사를 구글에서 재검색

2) 구글 검색 → 구글파이낸스에서 관련 회사 검색

3) 구글 검색 → 회사 발견 → 심플리월스트리트에서 관련 회사 검색

이 장에서 다룬 툴들을 사용하며 내가 계속 느껴온 점이 하나 있다. 바로 해외 선진국의 회사들은 자사의 성장 관련 정보들을 솔직하게 공개하면 더 많은 고객과 해외 투자자들을 끌어들일 수 있고, 이것으로 회사의 지속 가능한 성장이 유도될 것이라 믿는 듯하다는 점이다. 재미와 화려함, 자극적인 내용으로 우리에게 강하게 어필하려는 대중문화와 달리 해외의 좋은 회사들은 사람들을 유혹하지 않는다. 그저 조용하게 차분히 자신들을 알릴 뿐이다. '감정이 없는 친구들'과 함께 그런 회사들을 직접 찾아나서 보자.

이번 장에서 해외 투자 시 도움이 될 만한 내용은 다음과 같다.

- **해외 주식 투자는 고위험군 투자다:** 외국에 있는 회사들에 투자하는 것이니만큼 국내 주식 투자의 경우보다 리스크가 높은 것이 사실이다. 하지만 두려워할 필요는 전혀 없다.
- **'감정이 없는 친구들'과 함께하자:** 국내 주식이든 해외 주식이든 주식 투자에서 가장 위험한 것은 감정적 투자다. 해외 회사들은 자사 정보를 투명하게 공개하고 있으며, '감정이 없는 친구들'은 그 정보들을 우리에게 객관적으로 알려준다.

- **하나의 주식을 다양한 각도에서 분석해보자:** 수치를 보여주는 도구들은 사람이 아닌 로직에 의해 작동되다 보니 오류가 있을 수 있다. 여러 도구들의 수치를 서로 비교해보자. 워런 버핏 회장의 사업 동반자인 찰리 멍거는 '주식 투자는 종합적인 지적 체계를 필요로 한다'고 했다. 즉, 회계나 산업 지식과 같은 단편적인 지식이나 정보를 뛰어넘는 시도가 필요한데, 다양한 툴들은 이러한 단계로 가는 문이 될 수 있다. 많이 보고 읽을수록 많이 알게 되고 회사의 미래 성공에 대한 확률이 눈에 보이기 시작한다.
- **주식 외의 정보도 투자에 도움이 된다:** 수치가 철저하게 빠진 비재무적 정보, 즉 사람 이야기가 이에 해당한다. 직원들의 얼굴에 미소가 넘치는 회사는 분명 투자할 가치가 있다.
- **증권 트레이딩 화면 중간중간에 숨어 있는 회사명을 놓치지 말자:** 해외 주식 투자를 위해 사용하는 주식 분석 툴에는 깨알같이 작은 글씨로 서비스 제공사 등이 적혀 있는데, 좋은 회사일 가능성이 있으니 관심을 가져보자. 독자 여러분에게 드리는 팁이다.

Part 5

중간고사:
본격적인 투자의 세계로

회사 이름이
'거위머리보험'이라고?

3장에서 얘기했듯 나는 피터 린치의 제안을 바탕으로 내 전문 분야에서의 투자 테스트를 어느 정도 통과했다고 판단했다. 이제는 좀 더 깊숙이 들어가봐도 좋을 듯했다. 혼자 모의고사를 쳐봤으니 본격적으로 중간고사를 치러보기로 했달까.

그래서 우선은 2018년에 미국에서 기업공개(IPO)를 한 보험 산업 분야의 회사가 있는지 찾아보기로 했다. 제일 먼저 떠오른 도구는 구글과 나스닥 홈페이지. 특히 나스닥 홈피의 기업공개 달력(IPO Calendar)에서는 기업공개 회사 리스트를 월별로 볼 수 있으니 그걸 이용하면 될 것 같았다.

구스헤드인슈런스의 발견

구글에서 'NASDAQ IPO LIST 2018(2018년 나스닥 기업공개 리스트)'이라는 키워드에 덧붙여 '보험(INSURANCE)'을 붙이고 엔터를 누르니 구스헤드인슈런스(Goosehead Insurance, 이하 구스헤드)라는 회사가 맨 위에 떴다. 4월에 상장했다는데 회사명이 독특하다. '거

구글에서 상장 시기 및 분야별로 기업을 찾으면(상) 나스닥의 기업공개 달력에서 보다 구체적으로 살펴볼 수 있다(하).

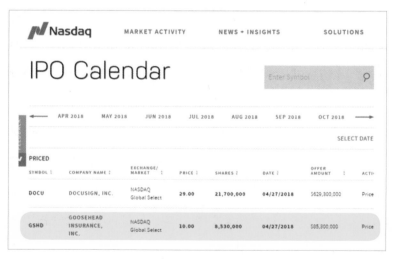

출처: http://www.google.com, https://www.nasdaq.com

남들이 알기 전에 미리 찜해두는 해외 주식

위머리보험'이라니……. 호기심이 발동해 나스닥의 기업공개 달력에서 '2018년 4월'을 선택하여 이 회사의 기본 정보를 살펴봤다. 참고로 '거래소(Exchange/Market)' 항목에서는 나스닥의 글로벌 셀렉트(Global Select) 시장이라고 뜨는데, 이 시장은 나스닥의 엄격한 재무 및 유동성 요구 사항과 기업 지배구조 표준을 충족하는 1,200개의 주식으로 구성된다.

- 티커(Symbol): GSHD
- 회사명(Company Name): 구스헤드인슈런스
- 거래소: 나스닥의 글로벌 셀렉트 시장
- 상장 주식가격(Price): 10.00달러
- 발행주식의 수(Shares): 853만 주
- 기업공개일(Date): 2018년 4월 27일
- 주식발행액(Offer Amount): 8,530만 달러

구스헤드는 텍사스 출신의 B2C 신생 보험 브로커였다. 이 회사도 미국의 다른 글로벌 브로커들처럼 주가 우상향 퍼레이드에 동참할 것인지 궁금하여 구글에서 차트를 찾아보고 파란색 우상향 화살표를 한번 그려보았다. 과연 구스헤드의 주가는 1년 뒤 화살표과 같은 궤적을 그릴까? 그런데 2018년 5월 나스닥에 상장한 후 1년도 채 되지 않은 회사여서인지 주가가 화살표 방향과는 어긋나는 모양새였다. 구스헤드의 주가는 상장 이후 5개월 동안에 잘

2018년 상장 후 구스헤드인슈런스가 보여온 주가흐름. 우상향과는 거리가 있다.

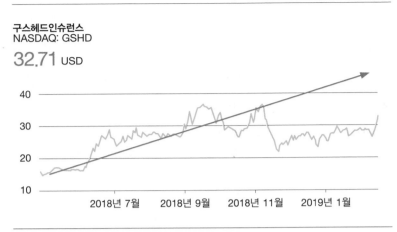

구스헤드인슈런스
NASDAQ: GSHD
32.71 USD

출처: Google Finance

상승했으나 미국 금리인상 및 미중 무역전쟁 같은 정치경제적 불안 요소에 영향을 받았는지 크게 하락을 경험하고 재차 상승하는 곡선이었던 것이다.

창업자가 거위와 어떤 인연이 있어 '거위머리보험사'를 회사명으로 쓰게 되었는지 알고 싶었다. 피터 린치는 '우스꽝스럽고 따분한 이름의 회사에 관심을 가져라'라고 했는데 이 회사가 그에 해당하는 건지도 궁금했다. 그런데 닭이나 오리, 칠면조도 아니고 왜 하필 거위일까. 내가 미국인도 아니고 미국에 살아본 적도 없으니 알 수가 있나. 찾아보니 미국에서 거위는 충성심과 용기의 상징이라고 한다. 그런데 왜 '머리'까지 붙였는지는 정말 모르겠다. 어쨌든 이 회사가 궁금하니 홈페이지를 둘러보기로 했다.

구스헤드는 미국 텍사스주 웨스트레이크시에 본사를 둔 B2C 보험 브로커, 즉 개인보험 중개 회사다. 보험을 필요로 하는 개인고객에게 80개가 넘는 보험사의 보험료 요율을 알려주며 주택화재(Home), 자동차(Auto), 초과담보(Umbrella), 자연재해 홍수(Flood) 그리고 특수보험(Speciality) 상품을 판매하는 것이다. 보험회사가 아닌 개인고객을 대리하는 이러한 고객중심 서비스 덕에 이 회사에 대한 고객만족도는 88%로 높은 편이었다.

이렇게만 보면 한국의 보험 대리점과 비슷하지만 결정적으로 다른 점이 있다. 이 회사는 미국 최초로 80개 보험사의 상품을 종합하여 중개하는 독창적인 시스템을 구축했으며, 강력한 IT 인프라 및 콜센터 서비스를 가맹점에 제공하여 로열티 수입을 얻고 있었다. 현재 구스헤드는 미국 전역에서 400개 이상의 가맹점을 운영 중이고 1.7일마다 하나 꼴로 신규 가맹점이 생겨나고 있었다.

2003년에 설립된 구스헤드는 2018년 5월 나스닥에 상장했다. 기업공개 전부터 이미 15년 정도 사업을 해왔던 것이다. 이 회사의 홈페이지에서 기업공개 당시의 사진을 보니 직원들이 텍사스에서 뉴욕으로 놀러가서인지 무척 즐거워 보였다.

CEO는 마크 E. 존스(Mark E. Jones). 마음씨 좋은 동네 통닭집 사장님 같은 인상의 존스는 언스트앤드영(Ernst & Young)과 베인앤드컴퍼니(Bain & Company)의 컨설턴트 출신이고 하버드 MBA를 졸업했다. 부동산중개업을 하던 아내와 주택을 구입하는 과정에서 보험중개인에게 주택화재보험을 의뢰했는데, 이때 보험사별 정보를 종합적으로 얻을 수 없는 이 업계의 후진성을 직접 경험하고선 보험중개업을 시작하게 되었단다. "여보, 보험 상품들 알아보는 게 너무 짜증나네! 내가 좀 고쳐봐야겠어!" 하며 냅다 창업하신 거다. 멋진 아저씨다.

2018년에 이 회사는 6억 달러의 매출과 1억 달러의 순이익, 125.57%의 자기자본이익률을 기록했다. 최대주주는 18.5%의 주식을 보유한 CEO 마크 존스, 2대 주주는 17.5%를 가진 기관투자자 T.로프라이스어소시에이트(T. Rowe Price Associates)다. 조금 따분하고 어려운 이름의 T.로프라이스는 어떤 회사일까? 잠시 옆길로 빠져나가 알아보자.

- **T.로프라이스**: 메릴랜드주 볼티모어에 본사를 둔 T.로프라이스는 2018년 기준 약 50억 달러의 매출을 기록한 자산운용사다. 내겐 생소한 회사지만 운용자산은 약 9,000억 달러, 무려 1,100조 원 규모다. 우리나라의 국민연금기금이 규모가 2019년 12월 기준으로 737조 원임과 비교해보면 대형 기관투자자임을 알 수 있다.

  창업자인 토머스 로 프라이스 주니어(Thomas Rowe Price Jr.)는 미국에서 '성장주 투자 방법론의 선구자'라 불리며 존경받는 투자 전문가였다. 월가에서는 기본적 분석 분야에서 매우 유명한 인물이었고, 과정의 지속 및 펀더멘털 분석에 따른 투자 원칙을 견지했다.

남들이 알기 전에 미리 찜해두는 해외 주식

토머스는 주로 인플레이션이나 경기흐름보다 빠르게 성장할 것으로 기대되는 회사, 즉 성장주에 초점을 맞춰 투자를 전개했다. 대부분의 투자자들이 철도나 자동차회사 같은 경기에 영향을 받는 주식을 사들였던 1930년대에 그는 블랙앤데커(Black & Decker), 3M, 머크앤드컴퍼니(Merck & Company)와 같은 회사에 투자하여 수익을 보았다.

1937년 토머스는 본인의 이름을 딴 T.로프라이스를 창립했고 수수료 없는 펀드를 만들었다. 즉, 이 회사에 자산운용을 맡긴 고객들이 운용 결과에 만족하면 수수료를 받는 방식을 취한 것이다.

1950년에 첫 번째 뮤추얼펀드를 만들어 10년 만에 500%의 수익률을 올린 그는 38년 동안 2,700%라는 투자수익률을 기록했다. 피터 린치가 운용한 마젤란펀드는 1977년부터 1990년까지 13년 동안 2,703%의 수익률을 낸 것으로 보아 마젤란펀드의 수익률이 이후 더 좋았지만, 1950년 뮤추얼펀드가 자리를 잡기 전 10년간 올린 500%의 수익률도 성공적이었던 것으로 보인다.

토머스는 투자가 곧 그의 인생이라 할 정도로 일에 몰두했고 일시적 성공에는 관심을 두지 않았다. '고객을 위해 좋은 일을 하면 반드시 보상이 따라온다'라는 것이 그의 신조였다고 한다. 80세가 넘어서도 매일같이 5시에 기상했던 그는 항상 정해진 시간과 계획에 따라 움직였으며 예정에 없던 활동은 하지 않았다. 투자에서도 이는 마찬가지여서, 보유하고 있는 주식의 매도목표가를 한 번 정하면 반드시 그 가격에 매도했다. 투자자였지만 마치 엔지니어처럼 업무에 정확성을 기한 것이다. 그런 그가 생각했던 성장기업의 조건은 다음과 같았다.

- 상품 개발 및 시장 개척 능력이 우수한 기업
- 격심한 경쟁 상태에 휘말려 있지 않은 기업
- 정부 규제에서 비교적 자유로운 업종의 기업
- 총인건비는 낮으나 개인당 임금 수준은 높은 기업
- 매출 대비 이익률이 높아지는 추세에 있고, 주당순이익이 급증세를 보이며, 자본이익율이 10% 이상인 기업

이러한 조건에 비추어보니 구스헤드는 대부분의 항목에서 합격에 해당하는 것 같았다. 현재의 T.로프라이스는 창업주의 철학을 이어받았고, 그에 따라 이 보험중개사의 성장성을 높게 평가하여 큰 투자를 결정하지 않았을까 추측해보았다.

T.로프라이스의 주가를 살펴보니 5년 주가수익률이 56%다. 2018년에는 크게 상승했으나 금융위기로 역시 큰 하락을 경험한 이후 다시 상승하고 있다. 투자 회사라서 금리인상의 영향이 컸던 듯하지만 토머스 아저씨께서 살아 계셨다면 크게 실망하진 않으셨을 듯하다.

남들이 알기 전에 미리 찜해두는 해외 주식

구스헤드는 2018년 상장 이후 사업의 지역 확장에 힘입어 주가가 크게 상승하는 중이다. 나는 이 회사에 2018년에 투자했고 매도 시 수익률은 36%이었다. 이 투자를 통해 과거 업력이 10년 이상이며 최근 기업공개를 한 뒤 성장세에 있는 회사에 관심을 갖게 되었다.

T.로프라이스(상)와 구스헤드인슈런스(하)의 최근 5년간 주가흐름.

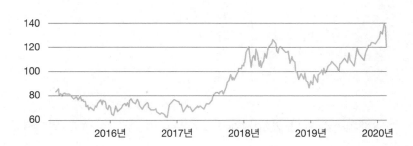

T.로프라이스
NASDAQ: TROW
128.76 USD

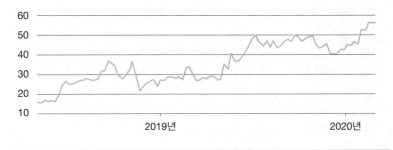

구스헤드인슈런스
NASDAQ: GSHD
55.64 USD

출처: Google Finance

미국 대부업에
투자하다

유대인 사업가와 함께 일해보고 싶다는 꿈을 항상 품고 있어서인지 하루는 '미국의 대부업체들 중 유대인 회사가 있는지 찾아볼까?' 하는 생각이 들었다. 유대인들은 인류 역사에서 대부업의 역사를 쓴 주인공이나 다름없으니까.

일반적인 은행 대출이 아닌 대부가 꼭 필요한 사람들은 누구일까? 신용도가 낮아 은행 대출이 어려운 이들, 높은 이자를 내면서까지 현금서비스를 필요로 하는 이들 등 이른바 금융소외계층이 해당할 것이다. 미국 성장의 이면에도 이런 계층의 사람들, 그리고 그들을 고객으로 하는 금융 시장이 있을 것 같아 알아보기로 했다. 물론 금융소외계층은 미국뿐 아니라 한국을 포함한 세계 어느

남들이 알기 전에 미리 찜해두는 해외 주식

나라에서나 볼 수 있는 것이 씁쓸한 현실이다. 그러나 유대인 사업가들의 회사에 투자할 기회는 미국 금융시장에서 좀 더 높은 확률로 찾을 수 있을 것 같았다.

국내에는 러시앤캐시, 산와머니, 바로바로론, 리드코프 그리고 에잇퍼센트 등 수많은 회사들이 경쟁하며 오프라인과 온라인 채널에서 다양하게 대출 상품을 판매 중이다. 무엇보다 모바일을 통한 핀테크 혁신이 이루어지고 있는 영역이기도 했다.

미국에서 금융소외계층이란?

미국에서도 한국과 마찬가지로 은행 계좌는 쉽게 개설할 수 있다. 그러나 계좌 유지비가 들고 일정 금액 이상을 항상 잔고로 유지해야 한다는 등의 조건이 있어 정상적인 계좌 개설을 꺼리는 사회 계층이 존재한다. 이러한 금융소외계층은 신용카드를 발급받을 수 없기 때문에 불편함을 감내하며 자기앞수표를 사용하고, 은행 대출도 어려워 전당포를 찾거나 고리대금업자에게 비싼 이자를 주고 돈을 빌린다. 이주 노동자처럼 언어장벽이 있는 사람들, 노인 또는 ATM 사용을 꺼리는 이들이 금융소외계층에 포함된다.

2015년의 한 통계에 따르면 미국의 금융소외계층은 전체 가구의 20~27%를 차지하는데 대개는 연소득이 1만 5,000달러 이하인 어려운 가구들이다. 이 계층에 속하는 이는 영국 전체 인구수에 가까운 무려 6,700만여 명이다. 다음 페이지의 그림에서 언뱅크드(Unbanked)는 은행 및 타 금융기관 혹은 모바일머니 계좌를 보유하고 있지 않아 금융 서비스를 제공받지 못하는 이들, 언더뱅크드(Underbanked)는 금융계좌는 보유하고 있으나 금융기관으로부터 충분한 금융 서비스를 제공받지 못하는 이들을 뜻한다. 언뱅

2015년 현재 미국의 금융소외계층에 대한 통계(상)와 개설계좌가 없는 인구 비중을 각 주별로 나타낸 통계(하).

금융 서비스로의 접근이 필요

2015년 미국 전체 가정의 25% 이상이 금융 서비스를 받지 못하는 계층이거나, 금융계좌는 보유하고 있으나 충분한 금융 서비스를 제공받지 못하는 계층이다.

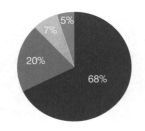

- 금융 서비스를 못 받는 계층 7%
- 금융 서비스를 충분히 받지 못하는 계층 20%
- 금융 서비스를 충분히 받는 계층 68%
- 금융 서비스 파악 불가 계층 5%

2015년 미국 금융소외계층 현황

2014년 미국 금융소외계층은 전체 인구의 7%였다.
이는 전년 대비 증가한 수치이다.

■ 4% 이하　■ 4% ~ 7%　■ 7% ~ 10%　■ 10% 이상

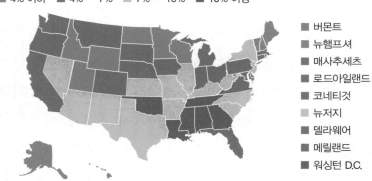

- 버몬트
- 뉴햄프셔
- 매사추세츠
- 로드아일랜드
- 코네티컷
- 뉴저지
- 델라웨어
- 메릴랜드
- 워싱턴 D.C.

출처: http://www.americanbanker.com, https://thefinancialbrand.com

남들이 알기 전에 미리 찜해두는 해외 주식

크드와 언더뱅크드가 바로 미국의 금융소외계층이라고 보면 되겠다. 또 다른 2015년의 조사에 따르면 은행 계좌가 없는 미국인은 전체 인구의 7%인데 특히 오클라호마, 루이지애나, 미시시피, 앨라배마, 조지아, 테네시 등의 주에선 10% 이상이다.

이들의 금융 서비스 사용 패턴을 살펴보자. 미국 일반인의 경우 7% 정도만 사용하는 선불카드를 금융소외계층에서는 15%나 사용하고, 일반인의 75%는 최소 하나 이상의 신용카드를 사용하는데 반해 금융소외계층은 58% 정도만 신용카드를 사용한다. 나머지 42%는 신용카드를 만들 수가 없다는 것이다.

좀 더 자세히 알아보기 위해 통계를 찾아보았다. 시카고에서 금융소외계층에게 전문적인 컨설팅을 제공하는 CFSI(Center for Financial Services Innovation, 현재 명칭은 Financial Health Network)에서 작성된 보고서가 있었다. CFSI의 통계에 따르면 2016년 기준으로 금융소외계층의 대출금액은 총 1조 9,400억 달러인데, 이들에게 판매한 금융 상품의 수수료 및 이자 시장의 규모는 1,732억 달러에 달한다. 이 시장에서 주를 이루는 것은 단기 및 장기 할부 상품의 수수료로 각각 579억 달러와 517억 달러를 차지한다. 그리고 이 둘을 합한 금액은 전체 대출원금의 8.8%에 이를 만큼 높은 수준이다.

CFSI의 통계들 중 단기 할부상품과 장기 할부상품의 증가세를 비교해보면 후자가 더 높다. 2015~2016년에 2.7%의 성장률을 보였던 장기 할부상품은 2016~2017년에 11.7%로 늘어났다.

아울러 금융소외계층에 대한 전체 대출상품 시장의 성장률은 2015~2016년에 6.6%였으나 2017년에는 8.3%을 기록하며 높아지는 추세를 보였다는 사실도 알게 되었다.

CFSI의 다른 통계들 중 눈에 띄는 것은 2009년부터 2015년까

송금 방식(상)과 임대 계약 방식(하)에서 온라인이 차지하는 연도별 변화.

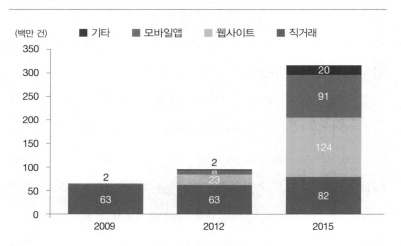

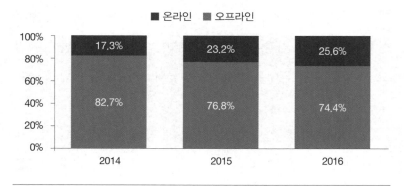

출처: CFSI

남들이 알기 전에 미리 찜해두는 해외 주식

지 미국 국내의 송금 방식에서 일어난 변화다. 은행의 모바일앱이나 웹사이트를 이용하여 송금한 건수는 2009년까지만 해도 거의 없다시피 했으나 2012년에는 각각 800만 건, 2,300만 건이었던 것이 2015년에는 9,100만 건과 1억 2,400만 건으로 급격히 증가한 모습을 볼 수 있다. 2012년경부터 시작된 핀테크 기술이 금융회사로 빠르게 확대된 영향인 듯하다. 또한 CFSI에 따르면 2014년부터 2016년까지 온라인을 통해 대출 계약을 맺은 건수는 연평균 27.1%의 높은 증가율을 보였다.

이상의 상황들을 종합해보니 미국에는 금융소외계층을 대상으로 하는 금융 시장이 별도로 형성되어 있음을 알게 되었고, 플레이어들 역시 아마도 주요 금융사들과는 많이 다를 것이라 예상되었다. 그렇다면 이제는 금융소외계층 전문 금융 회사들 중 성장성이 좋은 기업은 어디일지 찾아볼 순서다. 이 시장에는 상장사, 비상장사, 스타트업 등 다양한 회사들이 경쟁 중인데 그중 미국 증시에 상장된 회사들을 추려보니 다음과 같았다.

- 아메리칸익스프레스(American Express)
- 크레딧어셉턴스(Credit Acceptance)
- 큐로그룹홀딩스(Curo Group Holdings)
- 디스커버파이낸셜(Discover Financial)
- 앙코르캐피털그룹(Encore Capital Group)
- 니콜라스파이낸셜(Nicholas Financial)

- 원메인홀딩스(One Main Holdings)
- 월드어셉턴스(World Acceptance)

이들 회사 중 현재 주가가 회사의 미래 현금흐름 대비 지나치게 비싸거나 매출 성장이 정체되어 있는 곳은 제외했더니 원메인홀딩스, 월드어셉턴스, 큐로그룹홀딩스 등 세 곳이 남았다.

큐로그룹홀딩스는 2017년 상장 이후 주가가 상승하다가 2018년 가을에 급격히 하락했다. 사업보고서에 따르면 4,700만 달러의 손실예상분을 미리 반영한 것이라 한다. 원메인홀딩스의 주가는 2016년 이후 꾸준하게 상승하고 있는 것을 보니 소액 대출 규모가 커지고 있는 것 같다. 월드어셉턴스의 경우 주가가 2016년 이후 상승하다가 2019년 하반기를 기점으로 하락세를 보인다.

이 세 회사의 향후 성장 전망을 심플리월스트리트와 함께 살펴보자.

원메인홀딩스

원메인파이낸셜(One Main Financial)이라는 이름으로 개인고객에게 대출 사업을 하고 있는 원메인홀딩스는 1912년 설립된 미국의 대형 할부금융 업체다. 미국 전역의 1,700개 지점을 통해 1,000만 명이 넘는 고객에게 대출 서비스를 제공한다. 전(前) 미국 국세청장인 더글러스 슐먼(Dugrals Shulman)이 CEO인데 유대계 미국인이다. 조상의 업인 고리대금업을 잘 계승하고 있는 셈이다.

원메인홀딩스(상), 월드어셉턴스(중) 및 큐로그룹홀딩스(하)의 최근 5년간 주가흐름.

원메인홀딩스
NYSE: OMP

39.33 USD

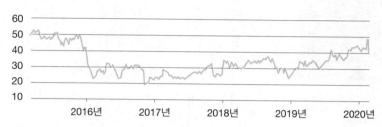

월드어셉턴스
NASDAQ: WRLD

79.27 USD

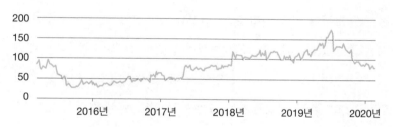

큐로그룹홀딩스
NYSE: CURO

6.57 USD

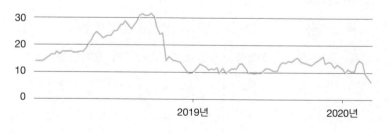

출처: Google Finance

**원메인홀딩스의 CEO
더글러스 슐먼.**

기관투자자 중 최대주주는 8.54%를 보유한 피델리티인베스트먼트(Fidelity Investment, 이하 피델리티)다. 참고로 피델리티는 피터 린치에게 마젤란펀드(Magellan Fund)를 맡겼던 바 있다.

심플리월스트리트는 원메인홀딩스의 경우 현재 주가가 회사의 미래가치에 비해 약 44% 할인되어 있고, 향후 18.6%의 순이익성장률을 보일 것으로 전망하고 있다. 더불어 순이익성장률은 미국 은행 예금 이자율인 2.7%보다 높고, 매출과 순이익성장률 모두가 미국 시장 평균 성장률보다 높아 모든 항목에서 가점을 주고 있다. '과소평가된 주식에 관심을 갖되 미래실적에 대한 전망을 같이 보라'는 투자 금언이 있다. 심플리월스트리트는 원메인홀딩스가 바로 과소평가된 주식이며 미래 실적 전망이 밝은 주식이라고 말하는 듯하다.

월드어셉턴스

사우스캐롤라이나에서 1973년에 설립된 월드어셉턴스는 개인고객을 대상으로 소액대출, 단기 소액할부, 장기 고액할부, 신용보험 등의 상품을 판매한다. 미국 전역에서 1,339개 지점을 운영하고 멕시코에도 진출했다. 기관투자자들의 참여 비율은 58.63%이고, 기관투자자 중 최대주주는 25.4%를 가진 프레스콧인베스터스

원메인홀딩스의 미래가치 대비 현재 주가 수준(상) 및 향후의 순이익성장률에 대한 전망(하).

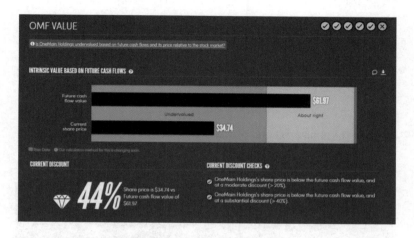

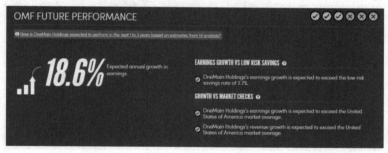

출처: https://simplywall.st

(Prescott Investors)다. 1973년에 설립된 코네티컷 출신 헤지펀드사인데 재미있게도 월드어셉턴스와 설립연도가 같다.

심플리월스트리트는 월드어셉턴스의 현 주가가 미래가치에 비해 9% 할인되어 있다고 평가했는데, 이 수치는 심플리월스트리트가 가점을 부여하는 최저 기준선인 20%에 미치지 못해 감점 요인이 되었다. 더불어 이 회사는 월드어셉턴스가 향후 19.9%의 순이익성장률을 보일 것이라 전망하며, 미국 은행의 예금 이자율인 2.7% 및 미국 시장의 평균 성장률보다 높다는 면에서 가점을 줬다. 그러나 매출성장률이 미국 시장 평균 성장률보다 낮은 것은 또 다른 감점 요인이 되었다. 이런 면에서 월드어셉턴스는 주식 가격

월드어셉턴스의 미래가치 대비 현재 주가 수준 분석(상) 및 향후의 순이익성장률에 대한 전망(하).

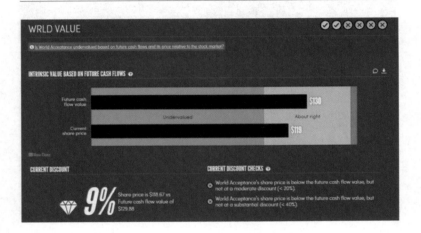

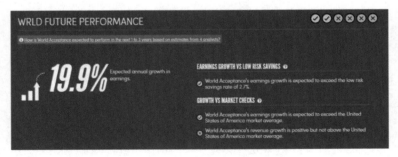

출처: https://simplywall.st

남들이 알기 전에 미리 찜해두는 해외 주식

의 가치와 미래실적 전망 기준에서 원메일홀딩스보다 떨어진다고
판단할 수 있다.

큐로그룹홀딩스

큐로그룹홀딩스(이하 큐로그룹)는 1997년 설립되어 빠르게 성장
중인 소매금융업체다. 기존 오프라인 채널이 매우 강하지만 핀테
크 기술에 집중하는 IT 회사이기도 해서 오프라인과 IT 플랫폼 채
널을 병행하며 미국의 금융소외계층에게 담보와 무담보 대출 및
보조금융 상품을 판매하고 있다. 또 미국뿐 아니라 캐나다와 영
국에서도 사업을 전개 중인데, 영국에서는 웨이지데이어드밴스
(Wage Day Advance), 후오 론스(Juo Loans)라는 브랜드로 웹 채널
중심의 영업을 한다.

회사 홈페이지에서는 '금융소외계층을 위한 혁신에 동력을 전
달하는(Powering Innovation for Underbanked Consumers)회사'라며
자사의 정체성을 확실히 밝히고 있다. 참고로 '큐로(Curo)'는 라틴
어로 '돈을 빌려주다'라는 의미라 한다.

심플리월스트리트는 현재 큐로그룹의 주가가 미래 현금흐름 전
망 대비 매우 낮다고 분석하며 미래의 주가는 현 주가의 일곱 배
가 될 것이라 전망한다. 큐로그룹의 현재 주가는 많이 평가절하된
주식, 즉 매우 싼 주식인 것이다. 심플리월스트리트는 이를 50%
초과라는 수치로 표시하고 있으며, 평가 기준 점수인 20%와 40%
보다 수치가 높아 높은 가점을 주었다. 미래실적 전망을 보면 큐로

큐로그룹홀딩스의 미래가치 대비 현재 주가 수준 분석(상) 및 향후의 순이익성장률에 대한 전망(하).

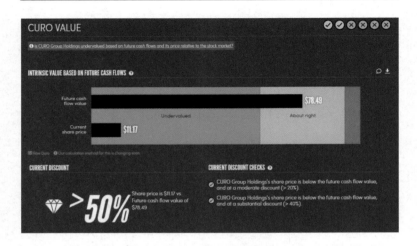

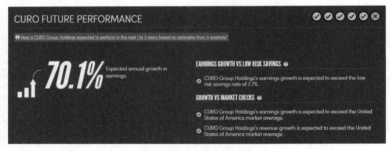

출처: https://simplywall.st

그룹은 향후 연 70.1%의 순이익성장률을 보일 것으로 전망하고 있다. 이에 대한 평가 의견을 보면 원메일홀딩스와 같이 순이익성장률이 미국 은행 예금 이자율인 2.7%보다 높고, 매출과 순이익 성장률이 미국 시장 평균 성장률보다 높아 높은 가점을 주었음을 알 수 있다. 심플리월스트리트의 이러한 호평에 호기심이 생겨 큐로그룹에 대해 좀 더 알아보기로 했다.

앞서 말했듯 큐로그룹은 1997년에 설립되어 이미 20년 이상의 업력을 갖고 있으며 2018년 1월에 뉴욕증권거래소에 상장된 회사다. 설립 당시의 회사명은 스피디그룹홀딩스(Speedy Group Holdings)였으나 2016년 5월에 현재의 이름으로 변경했다. 본사는 미국 캔자스주 위치토시에 있다. 16개의 자회사가 래피드캐시(Rapid Cash), 스피디캐시(Speedy Cash), 에이비오크레딧(Avio Credit) 등의 브랜드를 운영 중이고, 이들 브랜드는 도시 내에서 고객 접근성이 좋은 곳에 오프라인 매장을 마련하여 현금서비스를 제공한다고 한다. 호기심이 생겨 래피드캐시와 스피디캐시의 매장 이미지를 검색해봤는데 외관만 보면 햄버거 가게나 마트라 해도 될 것 같았다. 그런데 스피디캐시는 핀테크 기술을 적용한 모바일 서비스도 제공 중이라 하니, 온라인과 오프라인 모두를 비즈니스에 적극 활용하는 브랜드임을 알 수 있었다.

큐로그룹의 CEO 돈 게이하르트(Don Gayhardt)는 소매금융업에서 25년 이상의 경력을 쌓았으며 2012년 1월부터 현재까지 이 회사를 이끌어오고 있다. 2018년 기준 큐로그룹의 매출은 10억 달러, 순손실액은 4,900만 달러다.

주주구성을 살펴보니 기관투자자가 49.23%(2019년 2월)인데, 그중 최대주주는 40.47%를 소유한 FFL파트너스(FFL Partners LLC)다. 미국의 유명한 투자 전문가 툴리 M. 프리드먼(Tully M. Friedman)이 대표인 이 회사는 중소기업에 주로 투자하는데 큐로

큐로그룹홀딩스의 브랜드인 래피드캐시(상)와 스피디캐시(하)의 매장 전경.

출처: https://www.ispot.tv/ad/IdKU/rapid-cash-important, https://images.app.goo.gl/2JRrkwF95KCh5t2q7

그룹의 창립 멤버임과 동시에 이사도 파견하고 있다. 행동주의 사모펀드인 것이다.

나는 2018년에 큐로그룹의 주식을 매수했다. 원메인홀딩스의

남들이 알기 전에 미리 찜해두는 해외 주식

CEO 더글러스 슐먼처럼 툴리 M. 프리드먼도 유대계 미국인이다. 일찍부터 서양에서 대부업을 장악해온 유대인들의 역사를 이들이 계속 진행시키고 있는 듯하다. 실제로 유대계 미국인들이 대부업체에 영향을 미치고 있는 것을 보니 이미 예상한 사실이었음에도 역시 흥미롭게 느껴졌다.

160살 보험회사의
새로운 도전

　'10년 이상의 업력을 가졌으며 신규 상장한 회사'를 새로운 투자 대상의 기준으로 삼고 나는 미국의 2018년 기업공개 리스트 전체를 뒤지기 시작했다. '당신이 원하는 회사는 우리'라며 알아서 광고를 하진 않으니 이렇게 찾는 수밖에 없었다. 내가 세운 기준에 부합하는 후보들을 그 리스트에서 찾고 있던 중 회사 하나가 눈에 띄었다. 나이가 무려 160살에 이른, '10년 이상의 업력'이라고 내가 달았던 조건이 무색해지는 업체였다. 주인공은 우리나라에도 진출해 있는 프랑스 보험회사인 악사(AXA)의 미국 법인으로, 2018년 뉴욕증권거래소에서 최대 규모의 기업공개를 한 업체 중 하나이기도 했다.

　　　　　　　　남들이 알기 전에 미리 찜해두는 해외 주식

악사에퀴터블홀딩스

악사에퀴터블홀딩스(AXA Equitables Holdings, 이하 악사에퀴터블)는 미국의 생명보험사로 본사는 뉴욕에 있다. 원래는 에퀴터블라이프어슈런스소사이어티(The Equitable Life Assurance Society, 이하 에퀴터블)라는 긴 이름의 회사였는데 악사에 합병되어 지금에 이르렀다. 에퀴터블(Equitable)은 '공정(혹은 공평)한'이란 뜻의 고어(古語)인데 생명보험 회사의 이름으로 삼기에 좋은 단어 같다. 악사에퀴터블은 생명보험 상품 판매에 주력하지만 자산운용, 연금 등 다양한 영역의 금융 상품도 판매하고, 부유한 개인사업자와 중소기업을 주 고객층으로 삼고 있다. 에퀴터블은 역사가 워낙 오래된 생명보험사라 한국의 보험설계사 시험에도 등장한다고 한다.

악사에퀴터블의 주요 연혁은 다음과 같다.

- 1859년: 헨리 볼드윈 하이드(Henry Baldwin Hyde), 에퀴터블 설립. 참고로 한국사에서 이때는 조선 시대 철종 10년이다.
- 1905년: 설립자의 아들이자 에퀴터블의 회장이었던 제임스 헤이즌 하이드(James Hazen Hyde, 이하 제임스 하이드), 하이드 코스튬파티 스캔들로 회장직에서 쫓겨남.
- 1991년: 프랑스 보험사인 악사에 인수합병됨.
- 2004년: 악사에퀴터블라이프인슈런스컴퍼니(AXA Equitable Life Insurance Company)로 사명 변경.
- 2018년 5월: 악사에퀴터블홀딩스로 사명 변경. 뉴욕증권거래

소에 상장. 시가총액은 약 3조 원.

과거 에쿼터블이 사옥으로 사용했던 빌딩은 당시 브로드웨이 120번가에 있었던 데다 최초로 고객용 엘리베이터를 설치한 건물이라 여러모로 세간의 화제였다. 다만 1912년에 발생한 대형 화재로 파괴되어 지금은 존재하지 않고 사진만 남아 있다.

창업자의 아들인 제임스 하이드는 아버지의 유언에 따라 23세였던 1899년 회사의 최대주주 및 회장이 되었다. 그러나 그가 에쿼터블의 경영을 맡으면서부터 회사가 시끄러워지기 시작했다.

그리고 1905년, 그 유명한 하이드 코스튬파티 스캔들이 터졌

과거 에쿼터블 사옥을 담은 사진들.

출처: https://www.thinkadvisor.com, https://www.pinterest.co.kr, https://www.pinterest.at

다. 제임스 하이드가 20만 달러에 달하는 코스튬파티 비용을 회사에 불법적으로 청구했다는 내용이었다. 사실 이사회 구성원들이 꾸민 모함이었지만 이 소식은 이내 월가에 흘러 들어갔고, 그 때문에 뉴욕의 모든 보험사들에 대한 감사가 진행됨과 동시에 보험사와 다른 기관들 간의 관계를 제한하는 규제도 만들어졌다. 사태가 이리도 커지는 바람에 얼굴을 들고 다닐 수 없어서였을까. 제임스 하이드는 미국을 떠나 프랑스로 향했다.

재벌 2세에 외모도 근사해서 염문을 많이 뿌렸으나 정의롭고 강한 의지의 소유자였던 제임스 하이드는 명예로운 업적도 남겼다. 제1차 세계대전 시기에 프랑스에 있었던 그는 자신의 모든 자산을 프랑스 적십자 병원에 기부하면서 프랑스를 지원했고, 미국과 프랑스 간의 학계 교류에도 많은 노력을 기울였다. 후에 프랑스는 그에게 국가훈장을 수여했다.

제임스 하이드를 대상으로 모함을 주도한 인물 중 한 명은 우리에게도 익숙한 J. P. 모건(J. P. Morgan)이다. 모건은 제임스 하이드를 프랑스 대사관으로 보내려 했는가 하면 프랑스 유명 여배우와의 연애설을 퍼뜨리는 등 그를 쫓아내고 에퀴터블을 차지하기 위해 여러 시도를 했으며, 결국엔 성공했다.

그런데 그로부터 86년이라는 세월이 흐른 1991년, 프랑스 보험사인 악사가 에퀴터블을 인수했다. 당시 에퀴터블은 정크본드를 마구 발행하고 고객들의 보험금 지급을 거절하는 등 이미 공공의 적이 되어버린 상태였고, 기업가치는 그야말로 바닥을 치고 있었

는데 말이다. 우연이겠지만 어쨌든 에퀴터블의 역사는 이렇듯 프
랑스와 인연이 깊다.

현재 악사에퀴터블의 CEO는 1958년생의 영국인 마크 피어슨
(Mark Pearson)이다. 공인회계사였던 그는 영국과 홍콩의 보험업계
에서 20년 넘게 일했고, 후에 내셔널뮤추얼(National Mutual)에서
근무하다가 회사가 악사에 인수된 1995년부터 악사와 인연을 맺
었다. 한국으로 치면 LIG 보험회사 직원이 KB손해보험 미국법인
의 CEO가 된 것이다.

2018년 기준 악사에퀴터블의 재무 현황은 다음과 같다.

- 매출: 123.5억 달러(2018)
- 순이익: 17.4억 달러(2018)
- 자기자본이익률: 12.85%
- 배당률: 2.25%

심플리월스트리트에 따르면 악사에퀴터블의 주식은 프랑스 본
사에서 56%, 블랙록(Blackrock Inc.)과 캐나다국민연금(Canada
Pension Plan Investment Board), 뱅가드(Vanguard) 등의 기관투자
자들이 17.15%를 보유하고 있다. 2018년 5월에 상장된 터라 장기
적 주가 움직임에서 살펴볼 만한 내용은 아직까지 없다. 이 회사
의 경우 중요한 것은 앞으로의 전망일 것이다. 나스닥 홈페이지에
서 악사에퀴터블의 2020년 주당순이익 전망을 보니 나쁘지 않다.

악사에쿼터블의 주주구성(상)과 2018년 상장 이후의 주가흐름(하).

기관 투자자	개인투자자	개인회사

악사에쿼터블홀딩스
NYSE: EQH

24.03 USD

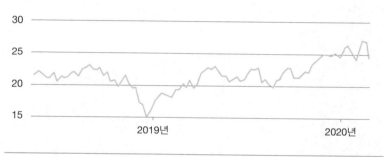

출처: https://simplywall.st, Google Finance

1, 2, 3분기에는 2019년 대비 미세하게 감소하겠지만 2020년 4분기에는 2019년 4분기를 상회하는 주당순이익을 달성할 것으로 전망된다.

　2018년 나는 이 회사의 기업공개가 보험 산업에 있어 역사적 사건일 것이라 판단하여 투자를 결심했다. 미국 생명보험 산업을 개척한 데다 과거 수많은 우여곡절을 겪으며 지금까지 버텨온 에쿼터블이 새로운 이름을 달고 도전하는 모습이 의미 있게 느껴졌던 것이다. 더불어 오랜 시간 비공개 회사로 있었으나 악사의 주도로 공개 회사가 되기로 한 그들의 결정 역시 긍정적인 방향으로 보였다.

나는 2019년까지 투자하여 4.48%의 수익률을 거두었으며, 일부 주식은 현재까지 보유 중이다. 악사에퀴터블의 주주가 되어 기쁘다.

선박 필터 찾아
삼만리

이제 나의 전공인 선박, 특히 선박기관 쪽을 조사해보기로 했다.

선박을 수단으로 하는 해운산업에서는 최근 큰 제도적 변화가 있었다. 환경오염 방지를 위해 국제해사기구(IMO, International Maritime Organization)가 2020년 1월 1일부터 시행한 황산화물 사용 규제가 그것이다. 이에 따라 앞으로 전 세계 모든 선박은 황이 최대 0.5% 이하로 포함되는 연료유를 사용해야 한다. 기존에는 연료유 내의 황 포함 비중이 3.5%까지 허용되었다.

국제해사기구는 이 새로운 규제에 따라 공기 질 및 인류 건강의 향상이라는 이점이 있을 것이라 설명했다. 새 규제를 적용하면 선박으로부터의 황산화 배출량이 77% 감소할 것이고 이에 따라 연간 약 850만 톤의 황산화물이 줄어드는 효과가 예상되는데, 이것이 공기 질을 좋게 할 것임은 물론 조기 사망과 심혈관 질환, 호흡기 및 폐 질환 위험도 감소시켜 인류 건강에도 도움이 될 거란 내용이었다.

IMO는 1948년 3월 6일 채택되고 1958년 3월 17일에 발효된 국제해사기구에 관한 협약(Convention on the International Maritime Organization)에 따라 설립된 국제기구다. 국제 해운업에 영향을 미치는 제도들의 수행에 있어 각국 정부 간의 협력이 원활히 이루어지게끔 중간자 역할을 수행하고 해상안전과 효율적인 항해 및 선박으로 인한 오염 방지와 관련한 최고 수준의 기준을 제공하기 위해 세워졌다. 국제연합 산하의 전문 기구라 영향력도 막강하다. 세계 무역에서 해상운송은 물량 기준으로는 80%, 금액 기준으로는 70% 이상을 차지하기 때문에 IMO가 새롭게 발표한 규제는 해운 산업과 정유 산업 그리고 조선업에 앞으로도 큰 영향을 미칠 전망이다.

IMO의 이 규제 발표에 따라 선박을 운용하는 해운 회사들이 선택할 수 있는 대안으로는 세 가지가 있다.

① 고유황유인 HSFO(High-Sulfur Fuel Oil)를 저유황유인 LSFO(Low-Sulfur Fuel Oil)로 전환하는 방법
② 탈황 장치인 스크러버(배기가스 세척기)를 선박에 장착해서 고유황유를 계속 사용하는 방법

③ 선박을 액화천연가스(LNG) 또는 액화석유가스(LPG) 추진선
으로 개조하는 방법

이 중 해운회사 입장에서 가장 쉬운 것은 ①, 즉 저유황유를 연료로 사용하는 방법이지만 저유황유의 가격이 매우 높다는 것이 단점이다. 그리고 ③을 선택해 현재 운용 중인 선박들을 모두 개조하는 데는 적지 않은 시간이 걸릴 수밖에 없다. 향후 새로운 선박을 아예 액화천연가스 또는 액화석유가스 추진선으로 만들 순 있겠지만 말이다. 따라서 현재로서 가장 현실적인 방법은 ②, 즉 현재 운용 중인 배들에 스크러버를 설치하는 것이라는 결론이 도출된다. 이렇게 되면 스크러버 수요가 증가할 수밖에 없을 것이다.

여기서 스크러버에 대해 조금 자세히 알아보자. 스크러버에는 개방형과 폐쇄형의 두 가지 종류가 있다.

개방형 스크러버는 황산화물을 자연적으로 제거하는 해수의 능력을 활용한, 간단히 말해 해수로 배기가스를 씻어내는 장치다. 이렇게 사용된 해수는 재사용이 불가능하기 때문에 바다로 배출해야 하고, 그렇기에 대양에서만 사용 가능할 뿐 연안, 즉 육지와 가까운 바다에선 사용이 금지된다.

그에 반해 폐쇄형은 수산화나트륨을 머금은 정화수를 순환시켜 배기가스를 세척하는 시스템 장치로 복잡하고 비싸다는 단점이 있다. 정화기, 냉각기, 청수펌프, 청수탱크, 오수탱크, 폐수탱크, 수소이온농도 모니터링 장치 등 시스템 운영에 필요한 부가 장

치들이 무척 많기 때문이다. 그러나 개방형 스크러버와 달리 대양에서든 연안에서든 위치에 구애받지 않고 사용 가능하다는 것이 장점이다.

현재 전 세계 선박의 90%는 가격이 싼 개방형을 사용 중이지만 향후엔 폐쇄형 스크러버의 수요가 증가할 거란 것이 여러 관련 자료들을 살펴본 후 내가 하게 된 예상이다. 각 분야에서 환경 보호 조치를 강화하는 것이 세계적인 흐름이고, 이를 위해 IMO가 내리는 조치들 역시 지금껏 그래왔듯 앞으로도 강해지면 강해졌지 약해지진 않을 것이기 때문이다. 실제로 현재 유럽에서는 개방형 스크러버 사용을 금지하자는 주장이 제기되고 있다.

폐쇄형 스크러버에는 여러 부분들이 있으나 나는 정화기에 주목했다. 어느 회사 어떤 종류의 제품을 사든 정화기(혹은 정화 장치)라는 것은 일단 한 번 사서 사용하기 시작하면 그에 맞는 필터를 계속 갈아 끼워야 한다는 특징이 있다(집에서 사용하는 공기청정기를 떠올려보면 이해하기 쉬울 것이다). 선박의 경우 항구에 입항하면 서비스 엔지니어가 승선하여 스크러버 정화기의 필터를 새것으로 바꿔준다. 사용자 입장에선 참 귀찮고 짜증나는 일이겠지만 판매사 입장에서 보면 정화기는 필터에 대한 주기적 수요를 일으키는 아이템이다. 그래서 나는 이러한 필터를 생산하는 업체부터 찾아보기로 했다. 재미있게도 나스닥에 상장되어 있는 회사 하나를 어렵지 않게 찾을 수 있었다.

리크테크인터내셔널

앞에서도 잠시 나왔던 리크테크인터내셔널(Liqtech International Inc, 이하 리크테크)은 탄화규소세라믹 복합필터를 개발하는 중소기업이다. 탄화규소는 강도와 산화 저항성, 습도 저항성이 높아서 금속, 플라스틱 및 세라믹이 포함된 합성물에 많이 사용된다. 세라믹은 도자기 성분과 비슷하여 열에 강한 물질이다. 나는 필터 전문가가 아니지만 이것들이 산업 현장에서 활용되기에 좋은 성분이라는 짐작은 할 수 있었는데, 이 합성 물질을 사용하여 필터를 개발하는 업체가 리크테크인 것이다.

탄화규소세라믹 필터에 이용되는 탄화규소 필터 기술이 궁금하여 구글에서 관련 특허를 검색해보니 이 특허는 사실 다른 미국 업체의 소유였다. 노스캐롤라이나 출신의 호프만이라는 사람이 2001년에 탄화규소 필터를 개발했고, 그 특허는 지금 노스캐롤라이나 소재의 필터 제조사인 셀리코퍼레이션(Selee Corporation)에게 양도되어 있는 상태였다(참고로 특허정보넷 키프리스에서 규소세라믹탄화물 필터를 검색해보니 미국은 2만 6,318개, 한국은 59개였다). 리크테크는 이 기술에 세라믹을 화합하여 다목적 탄화규소세라믹 박막필터를 생산한다. 리크테크가 생산하는 필터는 유닛형, 모듈형, 주문자 생산 등 유형이 매우 다양하다.

리크테크의 필터들은 크게 두 가지로 나뉜다. 하나는 물을 깨끗하게 하는 수처리 필터, 그리고 다른 하나는 배기가스가 나가는 길목에 설치되는 배기가스 후처리 필터다. 수처리 필터는 수영장 리크테크가 개발한 수처리 정화기(상), 배기가스 후처리 필터(중) 및 수처리 흐름도 (하).

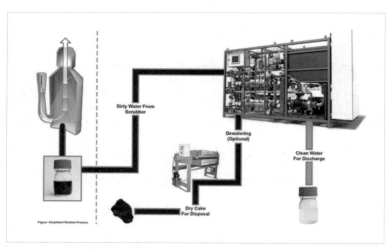

출처: https://www.liqtech.com

남들이 알기 전에 미리 찜해두는 해외 주식

처럼 대량의 물을 정화하는 장비인 터라 덩치가 큰 데 반해 배기 가스 후처리 필터는 상대적으로 작다.

폐쇄형 스크러버의 가장 중요한 부분은 물을 정화하는 필터다. 이 필터를 통해 물이 깨끗해져야 선박이 폐쇄형 스크러버 안에서 물을 순환시키며 반복적으로 사용할 수 있기 때문이다.

리크테크의 수처리 제품들 중에는 선박용 정화기, 즉 폐쇄형 스크러버 안에 들어가는 정화기가 있었다. 앞 페이지에 나오는 흐름도에서 우측 상단에 있는 기계가 그것이다. 선박의 연통에 장착되어 있는 세척기로부터 나온 배기가스를 머금은, 즉 오염된 물은 리크테크의 정화기로 들어가 탄화규소세라믹 박막필터를 통과하면서 깨끗한 물로 정화된다. 필터에 쌓였던 배기가스 황산화물은 수분이 제거되는 건조 작업을 거치면서 마른빵처럼 만들어져 항구에서 배출된다.

리크테크는 2001년도에 설립되었고 본사와 공장이 모두 덴마크에 있다. 덴마크는 경쟁 없는 평등한 관계를 강조하면서도 국가경쟁력이 높은 나라다. 레고(Lego)와 칼스버그비어(Carlsberg Beer) 등의 우리에게 이미 익숙한 유명 기업 외에도 해운 산업 분야에서는 부동의 1위 선사(船社) A.P. 묄러 머스크(A.P. Møller-Maersk) 등이 덴마크 업체다.

링크드인에서 검색해보니 리크테크의 CEO인 수네 마티에센(Sune Mathiesen)은 과거 밸브, 펌프 기계 분야에서 10년 넘게 경력을 쌓았으며 2012년부터 지금까지 회사를 이끌어오고 있다. 전반적으로 리크테크는 오랜 연구 과정을 통해 탄생한 경쟁력 있는 기업, 그리고 향후 대세가 될 폐쇄형 스크러버 시장에 도전장을 던지는 업체로 보인다. 2019년 사업보고서에 따르면 리크테크가 자체 개발한 필터에 대한 특허는 미국에서 1건, 덴마크에서 3건, 독일, 중국 및 한국에서 각각 1건이 있었다. 국제특허를 출원한 것은 2004년 7월 8일이고, 이 특허는 20년의 유효 기간을 갖는다.

리크테크의 공장은 덴마크의 두 지역에 있는데, 코펜하겐 북서쪽의 발러랍에 있는 것이 처음 지은 공장이다. 그곳에서 서쪽으로 페리를 타고 바다를 건너면 호브로라는 도시가 나오는데, 이곳에 두 번째 공장이 세워졌다. 리크테크 제품에 대한 수요가 높아져 새로 지은 공장이라 한다. 링크드인의 리크테크 채널에서 이 두 번째 공장의 신축 소식을 볼 수 있었다. 선박 스크러버 주문이 밀려들어 수송 건이 많다고 자랑하는 영상도 있었는데, 그걸 보니 나도 덩달아 기분이 좋아지고 투자하고 싶은 마음이 꿈틀댔다.

구글 검색을 해보니 선박용 필터를 생산하는 업체가 덴마크에 하나 더 있었다. 랜드슨(Landson)이라는 회사다. 다만 랜드슨은 수처리 제품이 아닌 배기가스 후처리 장치를 주로 생산하고 있었는데, 제품 외관은 리크테크 제품들과 비슷했다. 검색 과정에서 한국의 아이비머티리얼즈(IB Materials)라는 업체 역시 배기가스 후처리 장치를 생산한다는 것을 알게 되었다. 이 장치를 제작하는 업체들은 전 세계에 꽤 있는 듯한데 선박용 수처리 장치를 만드는 회사는 상대적으로 적어 보인다.

리크테크에 대한 심플리월스트리트의 주식가치분석(상), 향후 성장 전망(중) 및 주
주구성 분석(하).

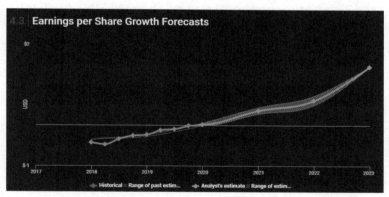

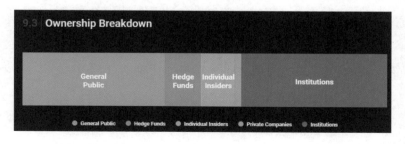

출처: https://simplywall.st

그렇다면 리크테크는 정말 규소탄화물 필터가 설치된 수처리 제품을 폐쇄형 스크러버 제조사에 독점으로 공급하는 업체인 걸까?

심플리월스트리트는 리크테크의 현 주가가 회사의 미래가치에 비해 많이 낮은 수준이라고 분석함과 동시에, 2020년에는 흑자를 달성하고 이후 주당순이익이 안정적으로 성장할 것이라 전망했다. 말하자면 리크테크는 향후의 성장이 예상됨에도 아직 대중이 잘 모르고 있는 회사인 것이다.

주주구성 정보에 따르면 기관투자자의 참여 비율이 40%로 낮은 편이니 피터 린치의 기준에 따라 가점을 줄 수 있겠다. 최대 기관투자자는 약 210억 원을 투자 중인 뉴욕의 헤지펀드 AWM인베스트먼트컴퍼니(AWM Investment Company)다.

다음으로는 리크테크에 대해 브로커들이 내린 평가를 잭스에서 확인해봤다. 매수매도 점수는 '보류'에 해당하는 3점이었고, 가치성장모멘텀 점수는 B로 좋은 편이었다.

리크테크와 계약을 체결한 업체를 인터넷에서 검색해보니 미국의 석유 엔지니어링 업체인 FMC테크놀로지스(FMC Technologies) 및 중국의 오수처리업체 드노보(Denovo)가 있었다. 참고로 드노보와의 계약은 주문자 상표 부착 생산 계약이다.

생소한 회사가 등장했으니 이 업체에 대해 잠시 알아보자.

- FMC테크놀로지스: 탄화수소 탐사 및 생산용 장비를 생산하는 미국 회사다. 2017년 영국 회사 테크닙(Technip)과 합

남들이 알기 전에 미리 찜해두는 해외 주식

병된 후 현재는 글로벌 석유 프로젝트 서비스 업체 테크닙
FMC(TechnipFMC)에 속해 있다. 테크닙FMC는 에너지 산업
에 프로젝트 서비스를 제공하는 글로벌 석유 및 가스 회사
로 본사는 영국에 있다. 어딘가 낯익은 회사명이다 싶었는
데, 생각해보니 2014년에 테크닙이라는 이름을 접했던 적이
있었다. 그해 9월, 삼성중공업과 삼성엔지니어링의 합병 계
획을 발표하며 삼성그룹이 '합병 회사를 테크닙 같은 세계적
엔지니어링 기업으로 육성하겠다'는 청사진을 제시했었던 것
이다. 국내 굴지의 그룹이 모델로 삼겠다 할 정도니 테크닙
은 대단한 수준의 업체인 듯하다.

리크테크의 최근 5년간 주가흐름.

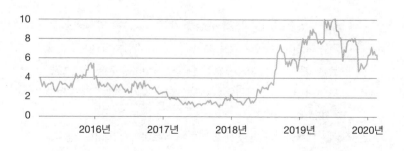

출처: Google Finance

다시 리크테크로 돌아와 최대 기관투자자인 AWM인베스트먼트컴퍼니에 대해 검색을 해봤다. 헤지펀드라 그런지 홈페이지를 찾을 수 없어 블룸버그가 제공하는 정보만 참고해야 했다.

1991년에 설립된 이 헤지펀드는 맨해튼에 본사가 있으며, 회장은 뉴욕대 출신의 오스틴 울프 마르크스(Autin Wolfe Marxe)다. 운용자산 규모는 6억 3,000만 달러인데 그중 가장 높은 비중(4.73%)을 헬스케어 업체 인퓨시스템(InfuSystem)에 투자 중이고, 리크테크에는 약 1,700만 달러를 투자하고 있다.

리크테크의 주가는 2018년 하반기 이후 상승세를 탔으나 이후 현재까지 등락이 반복되는 모습을 보이고 있다. 중소기업이어서 주가 변동성이 큰 것 같다. 나는 2019년에 이 회사의 주식을 매수해서 2020년 현재까지 보유 중이다. 리크테크의 선박용 필터가 세계적으로 인정받기를 기원한다.

이번 장에서 해외 투자 시 도움이 될 만한 내용은 다음과 같다.

- **이름이 우스꽝스러운 회사에 관심을 갖자:** 피터 린치의 제안은 옳다. 대중은 이름이 우스꽝스러운 회사를 외면하지만 투자자라면 그래선 안 된다. 다수가 외면하는 회사들 중 좋은 서비스를 제공하고 현재 성장 중인 곳을 찾자. 당연한 말이지만 그런 회사라면 주가는 언제고 크게 오를 테니 말이다.
- **차세대 대부업 기술인 핀테크 기술에 주목하자:** 유대인은 대부업의

역사를 써온 이들이고, 이제 그들의 관심과 영향은 전통적인 금융업의 정의를 무너뜨리는 핀테크 기술에도 쏠리고 있다. 그들의 관심사를 함께 관찰하며 투자의 기회를 찾아보자.

· **간혹 초우량 회사가 소리 소문 없이 기업공개를 하기도 한다:** 내가 모르는 산업 분야라면 어떤 기업이 기업공개를 하고 주식 거래를 시작하는지 알기 어렵지만 아는 분야라면 얘기가 달라진다. 내가 아는 산업 분야에서 오랫동안 사업을 해오고 있으나 아직 상장 전인 우량 기업들이 있는가? 그렇다면 평소 꾸준히 팔로업하고 기업공개 관련 소식이 뜨는지 주목하자. 좋은 해외 투자 기회를 잡을 수 있다.

· **서비스를 제공하는 회사, 특히 그들이 갖고 있는 특허에 관심을 갖자:** 다국적 회사들에게 서비스를 제공하는 해외 협력사들 중에는 안정적인 수익 창출 구조를 가진 업체가 분명 존재한다. 그런 곳들을 찾아내면 특허 관련 내용도 함께 살펴보자. 자사가 보유 중인 기술 특허를 공개하는 업체는 좋은 투자처가 될 수 있다.

Part 6

무한도전: 미래에 성장하는 알짜 기업을 찾아라

4차 산업 공장자동화의
핵심은 무엇인가?

　　2019년 새해 어느 토요일 오후, 아이를 놀이수학 학원에 데려갔다가 그곳에서 아이 친구의 아빠인 이영호 전무를 알게 되었다. 이 전무는 하나금융에서 15년간 일한 뒤 사모펀드인 유온인베스트먼트를 창업한 투자업계 전문가였다. 아이 수업이 진행되는 한시간 반 동안 그와 이런저런 얘기를 나눴는데, 어쩌다 해외 주식에 투자해온 내 이력을 공유한 뒤부터 우리의 대화는 해외 투자에 대한 토론으로 발전했다. 투자업계에서 18년 넘게 일해온 이 전무의 투자 경험은 나와 비교할 수 없는 수준의 것이었다. 그와의 토론이 내게 큰 도움이 될 것 같단 느낌이 들었다.

　　이후 이영호 전무는 나와 만날 때마다 과제를 하나씩 내줬다.

미래성장성이 있는 산업의 해외 회사를 찾는 과제였다. 유온인베스트먼트는 싱가포르 지점을 통해 해외에 투자하고 있는 터라 이영호 전무는 해외, 특히 미국 회사에 관심이 많았다.

사실 나는 내가 모르는 산업을 넘보는 것에 거부감이 있었다. 피터 린치는 '뛰어난 회사는 당신 주위에 있다'고 말한 바 있고 나는 이를 실천하여 수익까지 얻었으니, 잘 모르는 산업 분야의 회사를 찾는 것은 시간 낭비라고 생각했던 것이다. 그렇지만 '새로운 아이디어에 항상 마음을 열어놓으라'던 피터 린치의 말도 마음 한켠에 있었다. 때문에 이번 이 전무와의 토론을 통해 전문가로부터 투자 방법론을 배우고 가설을 세워보는 훈련을 한다는 마음으로 과제에 참여해보기로 결심했다.

과제를 받은 나는 이영호 전무에게 곧바로 질문하기보다는 부족한 지식과 경험이지만 나 스스로 회사를 검색해보고 미래가치가 있다고 판단되는 회사를 찾아낸 뒤 주도적으로 설명하고자 했다. 이렇게 해야 많은 것을 빨리 배울 수 있을 거라 생각한 것이다. 이렇게 가져본 토론은 내게 관심 산업군을 넓힐 수 있는 기회, 그리고 미국이라는 나라를 다시 보는 계기가 되었다. 뜻밖의 투자 기회까지 찾을 수 있었음은 물론이다.

광학센서 제조사를 찾아라

첫 번째 과제의 주제는 센서였다. 센서는 사용 목적에 따라 종류가 매우 다양한데, 구글에서 찾은 어느 이미지에는 무려 20종이 넘는 센서가 나와 있었다. 그중 내 관심을 끈 것은 광학센서였다. 빛을 이용하는 광학센서는 4차 산업 공장 자동화의 중요 기술 중 하나인데, 사람의 눈처럼 대상의 정확한 위치를 찾아야 하기 때문에 빛을 통제하는 광학 기술이 이 센서의 핵심이라 할 수 있다. 쓰임새에 따라 광학센서의 모양은 다양하지만 빛을 발산하는 눈동자 같은 부분을 갖고 있다는 공통점이 있다.

광학센서에는 빛을 발산하는 부분이 있다.

출처: https://www.ecdcontrols.com

광학센서 제조사 중 나스닥에 상장된 회사들이 어디인지 알아보기로 했다. 구글 검색창에 'sensor technology nasdaq listed company'라 입력해보니 네오노드(Neonode)라는 회사가 제일 먼저 뜬다. 이어 구글의 관련 질문 기능을 이용해 몇몇 회사들을 더 발견할 수 있었다. 생소한 회사들이었지만 홈페이지를 방문해보니 다음과 같이 각자 자기 영역에서 차별화된 기술력과 고객층을 갖고 있었다.

- **퍼셉트론(Perceptron):** 미국 미시간 플리머스에 있는 광학계측기 제조사다.
- **네오노드(Neonode):** 지포스(zForce)라는 브랜드로 사용자 인

구글에서 키워드 입력(상)과 관련 질문 기능(하)을 통해 내가 원하는 분야의 회사들이 어디인지 찾아내보자.

출처: Google

터페이스와 광학 터치 솔루션을 개발하는 스웨덴 회사다.

- 인피니언테크놀로지스(Infineon Technologies): 자동차에 사용되

는 반도체를 만드는 독일 회사다.

- **코그넥스(Cognex):** 머신비전이라 불리는 전문가용 영상기기 제조사지만 바코드리더기, 비전센서 등 다양한 제품들도 생산하고 있다. 미국 메사추세츠에 있다.
- **MKS인스트루먼트(MKS Instruments):** 미국 메사추세츠에 있는 측정장치 제조사. 대표 제품은 냉각 중파장 적외선(MWIR) 장거리 렌즈다.
- **루멘텀 홀딩스(Lumentum Holdings):** 미국 캘리포니아 산호세에 있는 회사로, 트랜시버(transceiver) 같은 광학 전자제품을 제조한다.

이들 회사를 찾는 과정에서 네오포토닉스(NeoPhotonics)라는 광학통신기기 제조사도 눈에 띄었다. 통신 네트워크를 위한 고속 디지털 광신호를 송·수신, 전환하는 광전자 제품을 개발, 제조 및 판매하는 회사란다. 덕분에 광학이 여러 분야에서 다양한 목적으로 사용되고 있음을 알게 됐다.

그런데 궁금한 게 하나 생겼다. 구글의 검색 결과에 나온 업체들은 미국, 독일 그리고 스웨덴 회사였는데 왜 한국 회사는 안 보이는 걸까? 반도체 기술이 세계 최고이긴 하지만 이 분야는 그와 관련이 없는 걸까?

한국이 보유하고 있는 광학센서 특허는 없는지, 있다면 어느 정도나 되는지 알고 싶어졌다. 변리사라면 어렵지 않게 특허를 검색할 수 있겠지만 나는 변리사가 아니니 어떻게 해야 할지 잠시 막막했다. 그러다 다행히 한국특허정보원이 운영하는 국내외 지식재산권 정보를 검색할 수 있는 키프리스(KIPRIS)라는 웹사이트를 발견할 수 있었다. 홈페이지의 소개글에 따르면 '특허청이 보유한 국내외 지식재산권 관련 모든 정보를 DB로 구축하여 이용자가 검색 및 열람할 수 있는 대국민 특허정보 검색 서비스'라고 한다.

키프리스 사이트에서 광학센서를 검색해보니 한국의 특허 건수

키프리스에서 '광학센서'(상)와 'optical sensor'(하)로 검색어를 입력했을 때의 결과는 현저히 다르다.

는 12만 6,578개, 일본은 6만 8,748개가 나온다. 그런데 광학센서를 뜻하는 'optical sensor'를 검색어로 입력하니 해외 특허 결과가 봇물 터지듯 쏟아졌다. 왜 구글에선 미국과 유럽의 업체들만 검색되었던 것인지 이해되기 시작했다. 광학센서는 한국이 명함을 내밀기가 어려운 분야였던 것이다.

구글에서 찾아낸 회사들의 이름을 다시 찬찬히 살펴보던 중 루멘텀홀딩스(이하 루멘텀)가 눈에 띄었다. 언젠가 인터넷 신문에서 본 적이 있는 회사였다. 미중 무역전쟁 당시 루멘텀이 중국 기업인 화웨이(Huawei)에 광학 전자제품 공급을 중단하겠다는 계획을 발표했다는 기사가 기억났다.

루멘텀홀딩스

루멘텀의 대표 제품은 차세대 통신 프로세스에서 정보의 송수신 기능을 담당하는 광학 트랜시버다. 차세대 통신 기술을 현실화시키기 위한 핵심 장비 중 하나라 수요가 많다고 한다. 그렇지만 차세대 통신 기술은 그 내용이 너무나 방대하고 프로세스와 용어가 난해하여 내가 쉽게 접근할 만한 분야로 보이지 않았다. 아무래도 산업용 광학센서 쪽을 다시 살펴봐야 할 것 같았다.

홈페이지에서 제공하는 설명에 따르면 루멘텀이 보유한 다이오드 레이저(diode laser) 기술은 정교한 3D 감지 시스템에 사용된다. 다이오드는 두 개의 단자를 갖는 전자 부품으로 한쪽엔 낮은 저항을, 다른 쪽엔 높은 저항을 두어 전류가 한쪽으로만 흐를 수 있

루멘텀이 자사 보유 기술로 생산하는 다이오드 레이저 부품.

Edge-Emitting Diode Lasers

200 mW 830 nm Single-Mode Diode Laser for High-Volume Consumer Applications

54-00232

출처: https://www.lumentum.com/en

게 해주는데 다이오드 레이저라 하니 이런 기능을 이용하여 레이저를 생성하는 전자 부품 같다. 루멘텀은 세계 최대 규모의 스마트폰, 컴퓨팅 및 게임 제품 OEM 들이 이 부품을 자신들의 제품에 활용하고 있다고 홈페이지에서 홍보하고 있었다.

구글파이낸스에 따르면 루멘텀의 주가흐름은 2017~2018년의 2년간 답보 상태를 보였으나 2019년 하반기 이후 상승세를 타는 중이고, 5년 주가수익률은 315%다. 주주구성이 궁금해 나스닥 홈페이지에서 검색해보니 기관투자자들의 소유 비중이 무려 96.7%에 달한다. 루멘텀은 확실히 우량주인 듯하다.

광학제품 제조사들을 조사하다 보니 광학 기술을 이용하여 만들어진 단위 제품들이 서로 연결되려면 특수한 연결 단자가 있어야 한다는 것도 알게 됐다. 광섬유 커넥터라는 게 그것인데, 이리저리 검색하는 과정에서 벨덴(Belden)과 암페놀인더스트리얼(Amphenol Industrial, 이하 암페놀)이라는 회사가 눈에 띄었다. 벨덴은 신호전달 솔루션 기기 제조사라는데 홈페이지를 방문해보니 광케이블, 커넥터, 스위치, 라우터 등 신호전달을 위한 모든 제품들을 생산하는 것 같았다. 나는 암페놀에 대해 좀 더 알아보기로 했다.

루멘텀홀딩스의 최근 5년간 주가흐름(상)과 주주구성(하).

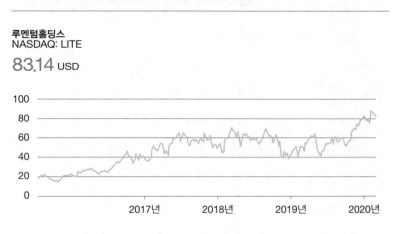

루멘텀홀딩스
NASDAQ: LITE

83.14 USD

Ownership Summary	
Institutional Ownership	96.70 %
Total Shares Outstanding (millions)	75
Total Value of Holdings (millions)	$6,234

출처: Google Finance, https://www.nasdaq.com

암페놀인더스트리얼

광섬유 커넥터를 생산 및 유통하는 업체로 1932년에 설립되었으며 본사는 미국 코네티컷에 있다. 홈페이지에 따르면 군사, 상업용 비행기, 일반산업, 자동차, 모바일 기기, IT, 모바일 네트워크 그리고 브로드밴드 등 광범위한 산업 분야에 커넥터를 제공한다. 이들이 생산 중인 제품은 산업별로 종류가 너무 많아 홈페이지에서 드롭 박스로 직접 찾아야 했다.

유튜브에도 암페놀의 채널이 있었다. 여러 영상 자료 중 하나를 보니 사업 초기에 이 회사는 항공기에 들어가는 연료분사기를 생산했나보다. 그러던 중 제2차 세계대전에 참전한 미 공군에 항공기용 엔진연료분사기를 납품하게 된 것을 계기로 급성장했다. 이후 산업환경의 변화에 따라 주력 생산 제품을 커넥터로 변경하여 지금에 이르고 있다.

놀라운 건 주요 생산 공장이 홍수 재해를 두 차례나 입었음에도 매번 직원들이 포기하지 않고 버려진 병원 건물을 빌려서까지 연구를 지속했다는 점이다. 후에 첨단 기술을 갖춘 공장을 새로 설립하고 기술 혁신으로 전화위복을 하며 암페놀은 다시 크게 도약했다. 이전까지는 들어본 적도 없고 알지도 못했던 회사였지만 이 영상을 보며 정말 감동하지 않을 수 없었다.

이 회사의 주가는 그간 어떻게 변해왔을까? 구글파이낸스에서 1990년대 이후부터의 주가흐름을 찾아보니 불가능에 가까운 우상향 형태를 보이고 있었다. 홍수 피해를 두 번이나 입은 회사가

남들이 알기 전에 미리 찜해두는 해외 주식

맞는지 의심스러울 정도였다. 참고로 2020년 4월 현재 기준 암페놀의 주가는 코로나 19의 영향으로 다소 하락하여 주당 77달러 정도지만 최근 5년 주가수익률은 약 81%에 달한다.

암페놀에 투자한 기관투자자들이 궁금해 나스닥 홈페이지에서 살펴보니 이 주식은 기관투자자들이 장악한 우량주다. 그런데 원메인홀딩스의 최대주주인, 그리고 피터 린치가 마젤란 펀드를 운용했던 그 피델리티가 여기에서도 1위에 올라 있다. 피터 린치는 따분한 사업을 영위하는 회사, 틈새를 확보한 회사, 지속적으로 구입하는 제품의 회사, 기술을 사용하는 회사의 주식을 매입하라고 제안한 바 있는데, 피델리티는 그중 어떤 기준으로 이 회사 주식을 대량 매수했을까? 정답은 모르지만 광섬유 커넥터가 일반적으론 따분하게 들릴지 몰라도 내게 많은 흥미가 쏠리는 기술임은 사실이었다.

최종 생산된 전자제품만을 주로 사용하는 소비자 입장에서는 센서도 사실 접근하기 어려운 기술 분야다. 때문에 센서의 기능인 센싱, 즉 감지를 가능케 하는 기술을 이해하려면 더 많은 공부가 필요해 보였다.

다양한 산업 간의 연결고리를 나름 혼자 찾아보면서 깨닫게 된 사실이 있다. 광학 기술이 많이 사용되는 산업은 EMS(Electronics Manufacturing Services), OEM(Original Equipment Manufacturer), ODM(Original Development Manufacturing)이라는 게 그것이다. 한국어로는 각각 전자제품 위탁제조, 주문자상표 부착생산, 제조자 개발생산이라 하는데 한마디로 글로벌 전자 기업으로부터 수주를 받아 제품을 대신 만들어주는 산업이다. 루멘텀이 홈페이지에서 자사 제품이 많이 사용된다고 설명한 바로 그 분야 말이다.

EMS, OEM, ODM에 따라 생산된 최종 제품에서는 수주받은 회사의 이름이 말끔히 제거되는 탓에 일반 소비자의 입장에선 이들 회사를 알기가 어렵다. 그래서 인터넷에서 전자제품 위탁제조(EMS) 회사들의 순위를 찾아 1위부터 20위까지 살펴봤다. 대만의 폭스콘(Foxconn)이 애플의 생산기지로 유명하다는 것은 나도 알고 있었기에 이 회사가 1위라는 데는 별로 놀라지 않았다. 그런데 2위는 내가 들어보지 못한 대만 회사였고, 20위까지의 회사 중 35%는 미국 업체들이었다(출처: https://www.eenewsanalog.com). 지금까지 숨겨져 있었던 깊고 넓은 바다를 보는 기분이었다.

1. 폭스콘(대만)

2. 페가트론(Pegatron, 대만)

3. 플렉스트로닉스(Flextronics, 미국)

5. 샌미나(Sanmina, 미국)

6. 위스트론(Wistron, 대만)

7. 셀레스티카(Celestica, 캐나다)

8. 뉴킨포그룹(New Kinpo Group, 대만)

9. 유니버설사이언티픽인더스트리얼(Universal Scientific In-dustrial Co., 중국)

10. 플렉서스(Plexus, 미국)

11. 벤처(Venture, 싱가포르)

12. 벤치마크일렉트로닉스(Benchmark Electronics, 미국)

13. 센젠카이파(Shenzhen Kaifa, 중국)

14. 쵤너일렉트로닉그룹(Zollner Elektronik Group, 독일)

15. 식스(SIIX, 일본)

16. 패브리넷(Fabrinet, 태국 및 미국)

17. 인터그레이티드마이크로일렉트로닉(Integrated MicroElec-
    tronics, 필리핀)

18. UMC(일본)

19. 킴볼일렉트로닉스그룹(Kimball Electronics Group, 미국)

20. 수미트로닉스(Sumitronics, 일본)

EMS 회사들은 글로벌 제조업체들로부터 제품 생산을 수주받아 대신 생산해주는데, 상대적으로 임금이 낮은 국가들에서 생산 시설을 가동함과 동시에 사물인터넷 등의 최첨단 생산 자동화 시설을 이미 공장에 도입해놓은 상태였다. 노동력 중심의 생산 방식이 아닌 첨단 기술을 활용하여 4차 산업혁명을 현실화시키고 있었던 것이다. 재미있는 것은 이러한 EMS, OEM, ODM 회사들에겐 미래성장성이 있음에도 현 주가가 상당히 저평가되어 있다는 점이었다. 이런 B2B 회사에 관심을 가져야 한다는 확신이 더 강해진 나는 이 분야의 주요 미국 회사들을 추려 기본 정보와 1년 주가상승률을 알아보기로 했다.

암페놀의 약 25년간 주가흐름(상)과 주주구성(하).

암페놀
NYSE: APH

101.75 USD

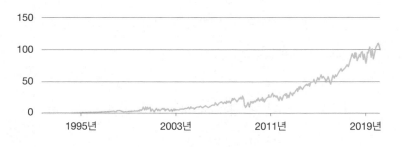

OWNER NAME	DATE	SHARES HELD	CHANGE (SHARES)	CHANGE (%)	VALUE (IN 1,000S)
FMR LLC	12/31/2019	39,478,723	365,896	0.935%	$4,094,338
VANGUARD GROUP INC	12/31/2019	33,149,425	156,529	0.474%	$3,437,927
BLACKROCK INC.	12/31/2019	22,786,201	-844,792	-3.573%	$2,363,157
BANK OF NEW YORK MELLON CORP	12/31/2019	13,588,087	-51,315	-0.376%	$1,409,221
STATE STREET CORP	12/31/2019	13,168,997	43,640	0.332%	$1,365,757

Total   New   Increased   Decreased   Activity   Sold Out

746 Institutional Holders
284,119,452 Total Shares Held

출처: https://www.youtube.com, Google Finance

남들이 알기 전에 미리 찜해두는 해외 주식

- 플렉스트로닉스(Flextronics): 세계 3위의 EMS 업체다. 1990년에 설립되었고 40개국에 생산 시설이 있으며 직원수는 20만 명이 넘는다. 한국과는 거리가 먼 회사처럼 보이지만 LG전자의 남미법인 LCD TV가 이 회사의 멕시코 공장에서 생산된다. 홈페이지에선 로봇팔과 함께 생산 시설이 보이는 밝은 사진이 전면에 등장한다. '우리는 당신의 놀라운 제품을 설계, 구축, 공급해드립니다'라는 문구와 로봇팔이 어쩐지 믿음직해 보인다.

  과거 5년 동안의 주가를 보니 2016~2018년엔 상승세를 보이다가 2018년 하반기에 하락한 뒤 이후 재상승세를 한동안 이어갔다. 나스닥 홈페이지에서 이 회사의 2019년 주당순이익 전망과 달성 이력을 보니 1년 내내 주주들이 실망했을 수준이었지만, 2020년에는 주당순이익이 크게 늘어날 것으로 전망되고 있었다. 시장은 다시 이 회사에 기대를 걸고 있는 것이다.

- 자빌(Jabil): 세계 4위의 EMS 업체로 플로리다주의 세인트피터즈버그에 본사가 있다. 28개국에서 100개의 공장을 운영하며 직원수는 17만 명에 육박한다. 홈페이지에 가보니 '세계에서 가장 큰 헬스케어 제조 솔루션 제공사'라며 자신 있게 홍보하고 있었다.

  5년 주가수익률은 3%로 안 좋은 편이다. 나스닥 홈페이지에서 자빌의 주당순이익을 찾아보니 2019년에는 낮았으나 역

시 2020년에는 크게 늘어날 것으로 전망된다고 한다. 플렉스
트로닉스와 비슷한 패턴을 보이는 것이다.

- **패브리넷**: 광학기기 제조 기술에 집중하는 세계 16위의 EMS
  업체다. 구글파이낸스에서 확인한 패브리넷의 5년 주가수익
  률은 225%다. 나스닥 홈페이지에서 2020년 주당순이익 전

플렉스트로닉스의 홈페이지 화면(상)과 최근 5년간 주가흐름(하).

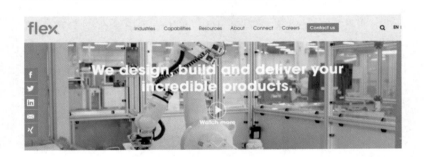

플렉스트로닉스
NASDAQ: FLEX

13.82 USD

출처: https://flex.com, Google Finance

남들이 알기 전에 미리 찜해두는 해외 주식

망을 확인해보니 앞의 두 회사처럼 2020년 주당순이익 상승세를 이어갈 것으로 보인다.

이번 과제를 통해 새로 알게 된 것들이 많다. 우선 그동안 나는

자빌의 홈페이지(상)와 최근 5년간 주가흐름(하).

자빌
NYSE: JBL

38.02 USD

출처: https://www.jabil.com, Google Finance

아시아 및 동남아 국가의 회사들이 공장을 설립하고 다국적 전자 기업들로부터 생산 업무를 위탁받는 줄 알았는데 그게 아니었다. 공장은 동남아에 있지만 미국 회사들에 의해 주도적으로 위탁생산되어온 비중도 꽤 컸던 것이다. 게다가 미국 업체들은 이런 과정

패브리넷의 홈페이지(상)와 최근 5년간 주가흐름.

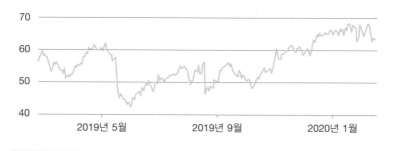

패브리넷
NYSE: FN

63.24 USD

출처: https://fabrinet.com, Googld Finance

남들이 알기 전에 미리 찜해두는 해외 주식

에 필요한 준비를 매우 오래전부터 해왔었다.

　하이테크라 불리는 전자 분야는 내가 잘 모르고 어렵다 여겨 선뜻 투자하길 꺼려온 영역이었다. 또 그간 보험사에서만 일해왔기 때문인지 보수적인 데다 '내 분야에서 충분한 수익을 낼 수 있다'는 오만함이 있었는데, 이번 조사 과정은 그런 생각의 틀을 깨는 기회가 되었다. 무엇보다 값진 깨달음은, 투자 전문가인 이영호 전무가 던지는 질문의 답을 찾기 위해 노력하다 보면 그 과정에서 나만의 귀중한 투자 관련 정보를 찾을 수 있다는 것이었다. 설사 답을 찾는 데는 실패한다 해도 말이다.

셰일가스 산업에서
투자처 찾기

이영호 전무가 내준 두 번째 과제는 미국 셰일가스 혁명을 이끄는 혁신적인 회사를 찾는 것이었다. 첫 번째 과제 때와 마찬가지로 우선은 이 산업 전면에 있는 회사들을 먼저 찾아내고, 이어 그 회사들에게 서비스를 제공하는 업체를 찾는 순으로 검색해보기로 했다. 셰일가스는 깊은 땅속에 있을 법하니 나도 땅을 파내려가보는 심정으로.

인터넷을 찾아보니 미국에서 셰일가스가 가장 활발히 개발되는 지역은 텍사스주, 콜로라도주, 몬태나주, 와이오밍주 지역이었다. 특히 많이 거론되는 곳은 텍사스주의 미들랜드, 그리고 델라웨어 분지였다. 델라웨어 분지는 퍼미언 베이신(Permian Basin), 즉

남들이 알기 전에 미리 찜해두는 해외 주식

페름기 분지라고도 불린다. 페름기 분지는 1억 수천 년 전 형성된 대륙의 층을 뜻하는데 페름기는 고생대의 대멸종기로 알려져 있다. 당시 기온은 현재보다 높았고 전 세계의 대륙도 하나로 이어져 있었다고 한다. 어쨌든 미국의 이 페름기 분지가 현재 세계 최대 셰일가스 생산지다. 아래 지도에서 살구색으로 표시된 지역이 전통적으로 셰일가스 생산이 활발한 곳인데 미 대륙의 중남부 지역에 집중되어 있음을 알 수 있다.

이어 미국의 셰일가스 탐사·개발 업체들을 찾아내 활동 지역이나 특징을 정리해봤다. 이 회사들은 원유의 생산 부문을 담당하

미국 셰일가스의 주 생산지.

출처: https://www.eia.gov

는 업스트림(upstream) 업체들이었다(업스트림, 미드스트림, 다운스트림에 대해서는 뒤에서 살펴보기로 한다).

- 캘런페트롤리엄(Callon Petroleum): 텍사스를 중심으로 활동하는 기업.
- 다이아몬드백에너지(Dimondback Energy): 텍사스 서부, 뉴멕시코 남동부 페름기 분지에서 활동한다. 다이아몬드백은 방울뱀을 뜻한다.
- 바이퍼에너지파트너스(Viper Energy Partners): 다이아몬드백에너지의 협력사. 바이퍼는 독사를 뜻하는데, 셰일가스 회사 대표들은 뱀을 무척 좋아하나보다.
- 헤스코퍼레이션(Hess Corporation): 100년 역사의 미국의 대형 에너지 개발업체다.
- 센터니얼리소스디벨롭먼트(Centennial Resources Development): 2015년 설립. 텍사스 서부, 뉴멕시코 남동부에서 활동.
- 익스트랙션오일앤드가스(Extraction Oil & Gas): 콜로라도 덴버의 로키산맥 지역에서 활동.
- PDC에너지(PDC Energy): 콜로라도, 텍사스 서부에서 활동.
- 하이포인트리소스(Highpoint Resources): 콜로라도 덴버 지역에서 활동.

그런데 각 업체들의 5년 주가흐름을 확인하니 장기적 상승세를

남들이 알기 전에 미리 찜해두는 해외 주식

보이는 회사는 단 한 곳도 없었다. 2017년까지는 상승 흐름을 탔지만 결국 하락세를 보이거나, 등락이 계속 반복되어 투자자로 하여금 부담을 느끼게 하는 회사도 있었다.

이런 현상은 왜 일어난 걸까? 비슷한 분야의 석유업은 배럴당 원유 가격에 매우 민감하다. 석유값이 높을 땐 현장에서 일하는 엔지니어들도 주머니가 두둑해지지만, 하락하면 이들이 직장을 잃는 일은 다반사다. 그럼 셰일가스 업체들도 이와 유사한 걸까? 우선 셰일가스의 가격흐름부터 살펴봐야겠다.

셰일가스의 가격은 2016년 12월, 2017년 12월, 2018년 11월에 높은 수준에서 형성됐던 것으로 보아 추운 겨울이 오면 난방을 목적으로 하는 수요가 높아져 가격이 상승하는 듯했다. 최종 생산물

셰일가스의 최근 5년간 가격흐름.

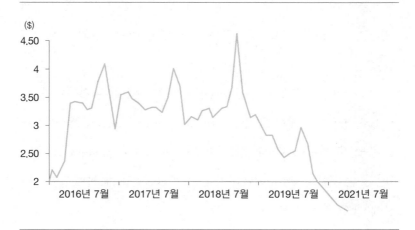

출처: https://www.macrotrends.net

의 가격이 이렇게 큰 변화를 보이면 셰일가스 사업을 하는 회사의 매출과 순이익도 일정 수준으로 유지되기가 어렵지 않을까?

파슬리에너지

셰일가스 개발업체 리스트 중 눈에 들어온 회사는 파슬리에너지(Parsleyenergy)다. 미나리과의 풀인 그 파슬리다. 우스꽝스러운 이름 때문에 일단 가점을 주고 싶었다. 피터 린치도 이 회사명을 좋아했을 것이다.

2008년에 텍사스주 오스틴에서 설립된 파슬리에너지는 텍사스 서부, 뉴멕시코 남동부의 페름기 분지 지역을 중심으로 기름과 천연가스를 개발하는 업체다. 젊은 기업답게 이 회사는 에너지 개발에 여러 신기술을 도입하고 있다. 홈페이지에 따르면 파슬리에너지가 활용 중인 기술들은 태양열 활용 모니터링 시스템, 원격 지질이동 모니터링, 유정헤드 자동분리, 원격 작업장 제어, 3D 지질 모델링, 가스방출 제어 등이었는데 그 명칭에서부터 거친 느낌이 들었다.

CEO인 매트 갤러거(Matt Gallagher)는 37세의 젊은 경영자다. 콜로라도 광산학교에서 석유공학(Petroleum Engineering)을 전공했고 졸업 후 파이어니어내추럴리소스(Pioneer Natural Resource)에서 5년간 근무했다. 파슬리에너지에는 엔지니어로 입사했으며 8년 만에 CEO 자리에 올랐다고 한다.

블룸버그 사이트에 들어가 파슬리에너지의 재무제표를 보니 최

파슬리에너지의 재무제표(상)와 기관투자자(중) 및 최근 5년간 주가흐름(하).

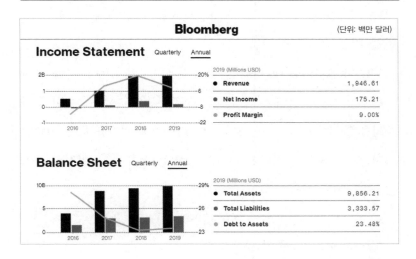

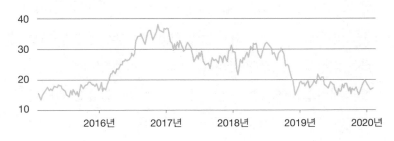

파슬리에너지
NYSE: PE

16.75 USD

출처: https://www.nasdaq.com, Google Finance

근 4년 동안 매출이 성장세에 있었다. 순이익은 2018년까지 상승하다가 2019년에 하락했고, 대차대조표상 부채비율은 23.48% 선이었다.

나스닥 홈페이지에 나타난 파슬리에너지의 주주구성을 보니 기관투자자들이 전체 주식의 84.50%를 보유하고 있어 이미 우량주임을 알 수 있었다. 최근 5년 동안의 주가 움직임을 보니 2017년까지는 상승세를 보이다가 이후 하락하는 모습이고, 일정한 주기는 눈에 띄지 않는다.

에너지 산업의 구조와 프래킹

탐사 및 개발 업체를 찾으며 배우게 된 것이 몇 가지 있다. 우선 에너지 산업은 최초 생산에서 최종 소비자에게까지 생산물이 전달되는 유통 과정에 따라 업스트림, 미드스트림(midstream), 다운스트림(downstream)으로 구분된다. 업스트림은 '석유나 가스의 탐사 및 생산'을 뜻하고, 핵심 시설은 해양구조물과 육상유압펌프다. 미드스트림은 '운송과 저장'에 해당하며 주요 시설은 처리와 저장 시설 및 수송 파이프라인이고, '생산물의 준비 및 이용'을 의미하는 다운스트림은 정제 시설이 핵심 시설이다. 또한 각 영역에서 활동하는 회사들은 서로 차별화되어 있으며, 이들 업체에 유형 또는 무형의 서비스를 제공하는 업체들도 존재하고 있음을 확인할 수 있었다.

셰일가스 산업의 전망이 어떠한지 짐작해보려면 이 분야의 역사를 알아야 하는데, 그러기 위해서는 수압파쇄, 즉 프래킹(fracking) 기술부터 이해하는 것이 좋을 듯하다. 셰일가스 개발 과정은 물론 이 산업의 역사와도 밀접하게 관련된 기술이기 때문이다.

셰일가스 개발업체들은 각종 첨단 장비들을 사용하여 땅 밑의 셰일층, 즉 셰일가스가 존재하는 암석층을 찾는다. 지하 셰일층을 발견하면 그것을 부숴 셰일가스를 뽑아내고 작업이 끝나면 또 다른 셰일층을 찾아 자리를 옮기는 식이다. 셰일층이 탐색되면 개발 업체들은 시추 시설을 설치하고 프로판트(proppant)라 불리는 특수가공모래와 어마어마한 양의 물, 그리고 특수화학물질을 시추

프래킹 과정을 설명하는 그림.

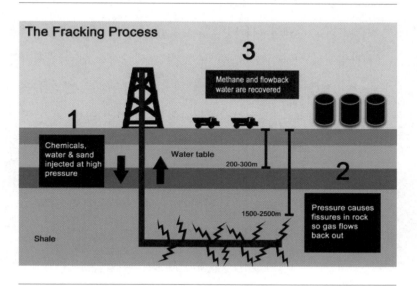

출처: https://www.quora.com

하늘에서 찍은 텍사스주의 사진. 셰일가스 시추 관련 시설들이 하얀 점처럼 끝없이 펼쳐져 있다.

출처: http://frackfreetas.org

관으로 고압분사하여 셰일층을 파쇄한 뒤 셰일가스를 추출하는 데 이것이 바로 프래킹 기술이다.

　이 과정에서 사용되는 프로판트는 사실 셰일가스 산업 관계자가 아니면 접할 일이 없는 용어인 데다 이와 대응하는 한국어 표현도 아직 존재하지 않는 단어다. 그러나 셰일가스 산업 관련 업체들을 살피다 보면 이 단어와 계속 마주하게 되니 약간의 설명을 덧붙이는 편이 좋겠다. 간단히 말해 프로판트는 셰일층에 강제로 균열을 일으키는, 인공으로 만들어진 모래 성분의 물질이다. 이 프로판트가 셰일층에 틈을 만들어줘야 셰일가스가 그 틈으로 모이고, 그래야 개발 업체들이 가스를 뽑아낼 수 있는 것이다.

　프래킹 기술은 1965년 오하이오와 클리블랜드에서 처음 사용되었다. 1976년부터 정부의 승인과 지원하에 진행된 미 동부 셰일가스 프로젝트로 기술 개발이 지속되었고, 1997년 에너지 사업가 조지 P. 미첼(George P. Mitchell)의 공헌 덕에 급격한 기술 혁신이 이루어졌으며 2013년부터는 상업적으로 널리 사용되기 시작했다. 이 무렵 셰일가스 개발은 세계적 이슈로 부상했으나 막상 개발을 시작해보니 개발단가가 높고 중동 산유국들 대비 가격경쟁력이 없어 이슈로 끝나버렸다. 그러다 2018년 이후 프래킹 기술의 고도화로 개발단가가 합리적 수준으로 낮아지면서 셰일가스 산업이 다시 살아나고 있는 것이다.

업스트림 회사에 서비스를 제공하는 업체들

다음의 회사들은 에너지 산업 분야의 업스트림 업체에 서비스를 제공하는 곳들인데 크게 둘로 나뉜다. 하나는 여러 다양한 서비스를 패키지로 묶어 제공하는 회사들, 다른 하나는 단위 기술 서비스를 제공하는 회사들이다. 이들 업체의 5년간 주가 흐름을 확인해봤으나 장기간에 걸쳐 주가가 상승해온 곳은 약속이나 한 듯 단 한 군데도 없었다. 미국의 셰일가스 산업은 과연 투자할 가치가 있는 분야일까?

- 리버티오일필드서비시즈(Liberty Oilfield Services): 업스트림 업체에 유압프래킹 서비스를 제공한다.
- 하이크러시(Hi-Crush): 회사 이름처럼 무언가 부수는 업을 하

는 업체다. 프로판트 조달을 위한 광산을 운영 중이며 물류를 위한 철도 시설도 갖고 있다.

- **패터슨UTI에너지(Patterson-UTI Energy)**: 드릴 서비스. 즉 땅을 아래로 파내려가는 서비스 업체다.
- **엔서브코(Enservco)**: 프래킹 공법에 필요한 고온의 물을 제공한다. 가열된 물은 이 회사가 제작한 특수트럭에 실려 다닌다.
- **솔라리스오일필드인프라스트럭처(Solaris Oilfield Infrastructure)**: 프로판트를 저장하는 사일로(silo) 전문 제작업체다.
- **슐럼버거(Schlumberger)**: 업스트림 사업 수행을 위한 IT 및 컨설팅 서비스를 제공한다.
- **핼리버튼(Halliburton)**: 프래킹의 핵심인 프로판트 통제, 시멘트, 유정 캐스팅 등 가스를 뽑아내기 직전에 유정을 준비하는 일련의 서비스를 제공한다. 이라크 전쟁 당시 미국의 부통령 딕 체니(Dick Cheney)와의 정경유착으로 논란의 중심에 섰던 회사이기도 하다.
- **콰드릴라(Cuadrilla)**: 프래킹 공법에 쓰이는 화학물질을 생산하는 회사로 영국에 본사가 있으며 최대주주는 에너지 전문 사모펀드인 리버스톤홀딩스(Riverstone Holdings, 이하 리버스톤)다. 참고로 리버스톤의 운용자산 규모는 약 34조 원 정도다.

이 중에서 이름이 문학적인(솔라리스는 '태양의'라는 뜻의 라틴어다) 솔라리스오일필드인프라스트럭처(이하 솔라리스)가 어떤 회사인지 궁금해져서 검색해봤다. 이 업체는 텍사스주 휴스턴에 있으며 이동식 사일로를 생산하고 대여해준다. 2014년에 설립되었고 시가총액은 8,000억 원 정도이며 2017년 6월 뉴욕증권거래소에서 기업공개를 했다.

이들이 생산하는 사일로는 프로판트와 화학물질을 보관하는데 쓰인다. 이들 물질의 보관 방법에는 컨테이너식과 사일로식 두 가지가 있는데 솔라리스가 공략하는 것은 후자의 시장이다. 솔라리스는 특수제작한 트럭을 통해 사일로를 셰일가스 프래킹 현장으로 운반하는데 사일로의 설치 시간은 몇 분이면 충분하다고 한다. 목표한 셰일가스를 모두 채굴한 개발 업체들이 철수할 때 사일로도 솔라리스에 의해 철거되고 후에 재활용된다. 사일로는 한 번 만들면 여러 번에 걸쳐 사용할 수 있기 때문에 수익성이 좋다.

예상했던 대로 솔라리스의 순이익율은 44.37%에 육박한다. 2018년의 매출은 2,000억 원, 당기순이익은 430억 원 수준이고 자기자본이익율도 28.88%로 높다. 수익성이 좋은 데다 주주가치까지 챙기는 회사인 것이다.

사장은 54세의 빌 자틀러(Bill Zartler)인데 정말 텍사스 출신의 인상 좋은 미국인 아저씨처럼 보인다. 텍사스의 오스틴대학교에서 기계공학을 전공했고 A&M대학교에서 MBA, 스탠포드에서 최고경영자 과정을 이수했다.

기계공학도였으나 28년 이상을 투자업계에서 일한 자틀러는 사모펀드인 데넘캐피탈(Denham Capital)에서 석유/가스 에너지 산업을 담당했다. 그 기간 동안 사일로 산업의 가능성을 보고 창업을 한 듯하다. 28년간 에너지를 담당했다니 이 분야를 얼마나 잘 알고 있었을까? 자신이 몸담고 있는 업계니 어떤 일을 해야 돈이 벌릴지 잘 알고 있었을 테고, 그러니 투자 회사를 그만두고 수익성이 제일 좋다고 판단되는 사업에 뛰어들었을 것이다. 베인앤드컴퍼니(Bain & Company)에서 금융보험투자를 담당하다 이후 보험 브로커를 창업한 구스헤드인슈런스의 CEO 마크 존스와 비슷한 자틀러의 경력이 마음에 들었다. '투자에서 가장 중요한 것은 그 회사의 CEO'라는 워런 버핏의 말도 떠올랐다.

솔라리스의 주식은 피델리티와 세계 최대의 자산운용사인 블랙록 등의 기관투자자들이 완전히 장악하고 있는 우량주다. 나스닥에서 보니 기관투자자들의 솔라리스 주식 보유 비율이 100%를 넘은 107.28%로 나오는데 이는 단기 주식 매도의 결과다. 즉, 솔라리스 주식을 소유하고 있는 A 기관투자자의 주식을 B 기관투자자가 빌려 C 기관투자자에게 팔면 A와 C 기관투자자가 소유한 솔라리스 주식은 중복으로 잡히기 때문인 것이다. 그러니 비현실적인 수치가 보인다 해도 놀라진 말자.

피델리티는 여기에서도 최대주주로 참여하고 있다. 앞서 살펴봤던 암페놀에서도 최대주주였는데 말이다. 하긴 솔라리스는 따분한 사업을 영위하고, 틈새를 확보했으며, 지속적으로 제품을 구입하게 만드는 회사, 기술을 사용하는 회사라는 점에서 확실히 암페놀과 비슷한 면이 있다. 피터 린치의 후배들이 이끄는 피델리티는

솔라리스의 주주구성(상)과 주요 기관투자자들(중) 및 최근 5년간 주가흐름(하).

INCOME STATEMENT	BALANCE SHEET	CASH FLOW	FINANCIAL RATIOS		IN USD THOUSANDS
					ANNUAL ∨
PERIOD ENDING.	12/31/2019	12/31/2018	12/31/2017	12/31/2016	
Total Revenue	$241,687	$197,196	$67,395	$18,157	
Cost of Revenue	$87,661	$80,902	$16,887	$6,347	
Gross Profit	$154,026	$136,294	$50,508	$11,810	

Total	New	Increased	Decreased	Activity	Sold Out

156 Institutional Holders
32,419,302 Total Shares Held

OWNER NAME	DATE	SHARES HELD	CHANGE (SHARES)	CHANGE (%)	VALUE (IN 1,000$)
FMR LLC	12/31/2019	3,397,872	382,425	12.682%	$44,346
RUSSELL INVESTMENTS GROUP, LTD.	12/31/2019	2,408,128	1,167,943	94.175%	$31,371
BLACKROCK INC.	12/31/2019	2,199,771	13,762	0.63%	$28,839
VANGUARD GROUP INC	12/31/2019	1,600,441	29,252	1.862%	$20,982
JANUS HENDERSON GROUP PLC	12/31/2019	1,458,785	-4,076	-0.279%	$19,125

솔라리스오일필드인프라스트럭처
NYSE: SOI

5.11 USD

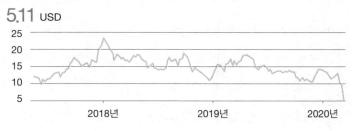

출처: https://www.nasdaq.com, Google Finance

이런 회사를 좋아하는 것 같다. 그러나 사업 내용이 좋은 것과 달리 솔라리스의 주가흐름은 2018년 초에 높은 가격을 보인 이후 계속 하락 중임을 확인할 수 있었다.

에너지 산업 분야의 미드스트림 업체들

이제 미드스트림으로 가보자. 미드스트림은 생산된 가스를 운송하고 정제, 액화하는 과정에 해당한다. 중간 물류업인 것이다. 다음과 같이 몇몇 회사들을 찾아 5년 주가를 확인하였으나 보기 좋게 상승하는 주가 흐름을 보이는 곳은 없었다. 나는 과연 투자할 만한 회사를 발견할 수 있을까?

- 헤스미드스트림파트너스(Hess Midstream Partners): 헤스그룹 (Hess Group)의 미드스트림 자회사다. 사모펀드 블랙스톤 산하의 마스터 합자회사인 하베스트펀드어드바이저스(Harvest Fund Advisors, 이하 하베스트)에서 투자한다.
- 타르가리소스(Targa Resources): 타르가는 이태리어로 방패를 뜻한다. 역시 하베스트로부터 투자받고 있는 회사다.
- 셔니어에너지(Cheniere Energy): 텍사스의 사빈 강과 니치스 강 수로 지역에서 천연가스 액화 및 수출 시설업을 한다. 미국 셰일가스 수출의 핵심 시설이다.
- 래틀러미드스트림(Rattler Midsteam): 업스트림 업체인 다이아몬드백에너지의 자회사. 미드스트림은 물류 서비스가 핵심

인지라 업스트림 업체의 캡티브(계열사 간의 내부 시장)인 경우가 많다.

- 애덤스리소스앤드에너지(Adams Resourecs & Energy): 텍사스 휴스턴에서 사업 전개 중인 트럭 운송 및 저장 서비스 업체다.

미드스트림 회사들을 조사하는 과정에서 나는 미국의 주요 사모펀드인 블랙스톤과 칼라일그룹(Carlyle Group)에 대해 알게 되었다. 블랙스톤은 하베스트를 통해 투자하고 있고 칼라일그룹은 에너지 전문 사모펀드 리버스톤과 4조 원 규모의 에너지 공통 펀드를 운용 중이다. 리버스톤은 과거 골드만삭스 국제 에너지 그룹 출신 투자자들이 창업한 사모펀드다.

참고로 마스터 합자회사(MLP, Master Limited Partnership)는 미국 정부가 석유, 가스, 천연자원 등에 대한 투자를 민간 자본에 맡기고 법인세를 면제시켜주는 구조하에 만들어진 회사다. 특징은 아래와 같다.

- 수익의 90% 이상을 천연가스, 원유, 부동산 등의 유자격 공급자(Qualified Sources)에 투자함.
- 수익의 90% 이상을 배분하기에 일반 기업 대비 배당 성향이 높음.
- 안정적인 현금흐름과 높은 배당수익률을 보임.
- 전체의 70%를 미드스트림 기업이 차지함. 파이프라인, 저장

시설 등은 장기간 계약으로 운영.

그렇다면 미국의 최대 사모펀드인 블랙스톤과 칼라일그룹은 왜 이런 험한 산업인 미드스트림에 집중 투자하고 있을까? 아마 미국 정부의 에너지 산업자본 투자 유치를 위한 정책 영향 때문이 크겠지만 한편으로 나는 피터 린치가 폐기물 업체의 임원들을 보고 기뻐했다는 일화가 떠올랐다. 미드스트림 회사들의 홈페이지를 방문해보면 지저분한 진흙, 기름 그리고 먼지를 뒤집어쓰고 일하는 현장 노동자들의 모습을 어렵지 않게 볼 수 있다. 3D업인 것이다. 피터 린치는 3D업의 기업들은 잘 망하지 않는다고 한 바 있는데, 미국의 사모펀드도 이를 알고 있는 것이 아닐까 하는 생각이 들었다.

개별 미드스트림 업체 중 가장 먼저 내 관심이 쏠린 곳은 블랙스톤이 최대 투자처로 투자하고 있는 셔니어에너지였다. 이 회사에 대해 좀 더 알아보자.

셔니어에너지

2006년에 설립되었고 본사는 텍사스 휴스턴에 있다. 셔니어는 지질학 용어인데, 모래 크기의 입자들로 구성되며 점토나 진흙 위에 형성된 해빈 구릉을 뜻한다. 회사 이름이 여기에서 유래한 것일 수도 있겠다〔참고로 비슷한 이름의 회사 셔니어에너지파트너스(Cheniere Energy Partners)는 셔니어에너지의 시설 자산을 운영하는 자회사다]. 홈페이지를 방문하니 '우리는 당신이 알고 있는 보통의 에너지 회사 이상이다'라는 의미심장한 문구가 보인다. 어떤 회사인지 빨리 알고 싶다.

셔니어에너지의 비즈니스는 크게 파이프라인 설치업, 그리고 액화천연가스(LNG, liquefied natural gas) 터미널 시설업으로 나뉜다. 파이프라인 설치업은 간단히 말해 셰일가스 개발지와 셔니어에너지의 LNG 터미널들을 연결하여 물류를 용이하게 만들기 위한 시설업이다.

셔니어에너지의 LNG 터미널은 두 군데에 있는데, 하나는 텍사스주 사빈 강과 니치스 강 수로 지역의 루이지애나주 캐머런 패리시(cameron paris)에 있다. 이 수로는 미국 셰일가스 수출 중심지로 변모하고 있는 지역으로 셰일가스 혁명의 주요 현장 중 한 곳이다. 셔니어에너지는 이곳에서 천연가스를 액화하고 그것을 LNG선에 실어주는 역할을 한다. 홈페이지에서는 거대한 천연가스 액화 시설을 찍은 항공사진을 보여주며 세계에서 두 번째로 큰 천연자원 생산 업체라고 자사를 소개한다. 캐머런 패리시보다 조금 서쪽에 위치한 코퍼스 크리스티(Corpus Christi)에서는 현재 셔니어에너지의 두 번째 LNG 터미널의 액화 시설 공사가 진행 중이다.

유튜브에서 셔니어에너지 관련 영상을 찾다 보니 2018년 11월에 LNG 수출 축하 행사 영상이 검색되었다. 셔니어에너지의 터미널에서 미국 셰일가스로 생산한 액화천연가스를 LNG선이 싣고 첫 출항을 했던 것이다. 역사적인 순간을 보도한 뉴스인 것 같은

셔니어에너지의 기관투자자 현황(상) 및 최근 5년간의 주가흐름(하).

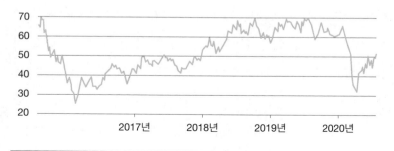

OWNER NAME	DATE	SHARES HELD	CHANGE (SHARES)	CHANGE (%)	VALUE (IN 1,000S)
VANGUARD GROUP INC	12/31/2019	21,729,102	-33,804	-0.155%	$1,192,276
ICAHN CARL C	12/31/2019	19,585,094	0	0%	$1,074,634
BLACKROCK INC.	12/31/2019	14,462,339	-1,333,358	-8.441%	$793,549
FMR LLC	12/31/2019	10,883,538	-1,498,408	-12.102%	$597,180
BAUPOST GROUP LLC/MA	12/31/2019	10,139,133	0	0%	$556,334
KENSICO CAPITAL MANAGEMENT CORP	12/31/2019	10,047,800	-777,200	-7.18%	$551,323

셔니어에너지
NYSEAMERICAN: LNG

53.69 USD

데 조회수는 고작 1,778건이고, 이 영상이 좋다고 클릭한 사람은 나를 포함해 고작 12명이다. 미국 사람들조차 셰일가스에는 별 관심이 없는 듯하다.

남들이 알기 전에 미리 찜해두는 해외 주식

CEO는 56세의 잭 푸스코(Jack Fusco)로 56세다. 젊은 시절 캘리포니아 주립대에서 기계공학을 전공한 뒤 엔지니어로, 또 투자은행인 골드만삭스의 발전 분야에서 일하는 등 평생 동안 에너지 관련 분야에 종사했다고 한다.

구글에서 셔니어에너지의 5년 주가를 찾아보니 2016년에 저점을 찍은 후 힘겹게 상승하고 있다. 이어 나스닥 홈페이지를 방문하여 기관투자자 현황을 확인해봤더니 주식의 93.42%가 기관투자자들의 소유였다. 참고로 셔니어에너지와 대조적으로 자회사 셔니어에너지파트너스의 기관투자자 리스트에선 사모펀드들이 보이는데, 가장 높은 비율은 블랙스톤이 차지하고 있었다.

에너지 산업 분야의 다운스트림 업체들

다운스트림은 천연가스를 최종 소비자에게 판매하는 과정을 뜻한다. 미국에서 대표적인 다운스트림 업체들로는 다음과 같은 곳들이 있다.

- UGI코퍼레이션(UGI Corporation): 137년 역사의 주택가스 제공업체. 펜실베이니아에 본사를 두고 동부 지역에서 광범위한 사업을 영위 중이다.
- 비스트라에너지(Vistra Energy): 역시 100년 이상의 역사를 가진 회사로 텍사스 어빙에 본사가 있다. 전기, 천연가스, 석유 등 여러 자원을 가공하여 에너지를 공급한다. 최근 5년 주가

는 다른 에너지 천연가스 회사들과 달리 우상향하는 모습이고, 5년 주가수익률이 36%다. 여러 에너지 자원을 취급하는 사업 다각화를 통해 이런 효과를 거두고 있는 듯했다.

찾다 보니 셰일가스 관련 업체들이 끝없이 검색되었다. 미래가치가 있는 분야이니 골드러시 시기에 그랬듯 우후죽순으로 회사들이 생기는 것은 아닐까 의심되었다. 그러나 회사 하나하나를 확인해보니 그 시기의 맹목적인 움직임이라기보다는 오랫동안 조용히, 그리고 인내심을 갖고 도전한 기업가 정신의 결과가 지금 내 눈앞에 나타나 있는 것이라는 생각이 들었다. 물론 미국 정부도 상황을 관찰하며 유연하게 산업 자본이 투자될 수 있도록 제도를 변화해가며 지원한 것 같았다.

예상치 못하게 만난 이스라엘

미국의 셰일가스 산업 및 관련 업체들을 조사·분석하던 중 미국이 아닌 뜻밖의 장소에서 투자 대상을 찾았다. 바로 이스라엘이었다. 앞서 말했듯 나는 유대인과 함께 사업을 해보고 싶다는 꿈이 있다. 유대인을 좋아해서가 아니라 사업은 확률이고, 유대인과 함께하는 사업은 실패 확률이 낮기 때문이다. 그런데 미국 셰일가스 관련 조사를 하는 과정에서 나는 이스라엘 역시 천연가스 개발로 시끌시끌하다는 것을 알게 되었다. 마음 같아서야 실제로 가보고 싶었지만 그건 불가능하니 일단 구글을 통해 알아보고 찾아

남들이 알기 전에 미리 찜해두는 해외 주식

가보기로 했다.

1999년부터 2013년까지 이스라엘의 북부와 서쪽 지중해 연안에서는 꾸준히 천연가스가 발견되어왔다. 2004년 이후부터는 발견 및 개발 규모가 커졌는데 매장량 단위가 BCF(10억 입방피트)에서 TCF(1조 입방피트)로 가는 추이를 보인다. 에너지 분야의 전문가가 아니더라도 규모가 급격히 증가 중임을 느낄 수 있을 것이다. 놀랍지만 이스라엘의 석유와 천연가스는 이런 추이로 발견되었다. 현재까지 발견된 이스라엘의 천연가스 매장량은 미국 대륙 전체 천연가스 매장량의 절반 정도 된다.

이스라엘 탐사업체 지보트올람오일익스플로레이션(Givot Olam Oil Exploration)의 CEO 토비아 루스킨(Tovia Luskin)은 유대인으로 러시아에서 태어나 지구물리학을 전공하고 여러 유전 회사에서 일하다가 1984년 이스라엘로 이주했다. 이스라엘에도 분명히 지

1999~2013년 이스라엘에서 발견 및 개발된 천연가스 규모의 추이.

가스전	발견 시기	생산 시작 시기	예상 규모
노아노스(Noa North)	1999	2012	500억 입방피트
마리-비(Mari B)	2000	2004	1조 입방피트
타마르(Tamar)	2009	2013	10조 8,000억 입방피트
달리트(Dalit)	2019	생산 전 단계	7,000억 입방피트
레비아탄(Leviathan)	2010	생산 전 단계	22조 입방피트
돌핀(Dolphin)	2011	생산 전 단계	813억 입방피트
타닌(Tanon)	2012	생산 전 단계	1.2~1.3조 입방피트
카리시(Karish)	2013	생산 전 단계	2.3~3.6조 입방피트

지보트올람오일익스플로레이션이 자원 탐사에 성공한 지중해 지역.

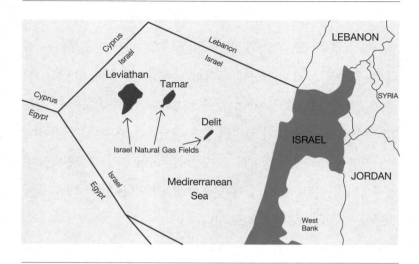

https://khouse.org/enews_article/2014/2340/print/

하자원이 있을 것이라 믿은 그는 이스라엘 북쪽을 집중적으로 탐사한 끝에 2004년 케파르사바 지역에서 거대 유전을 발견했고, 이어 지중해의 타마르, 리바이어던에서 천연가스와 셰일 석유 등의 탐사에 성공했다. 그전까지 이스라엘은 대표적인 에너지 수입국이었으나 중동의 산유국과 종교적으로 사이가 좋지 않다 보니 필요 석유량의 99%를 앙골라, 콜롬비아, 멕시코, 노르웨이에서 비싸게 사서 쓸 수밖에 없었다. 이에 따라 내수 물가가 높아지니 국내 경제에서의 어려움 역시 한둘이 아니었는데, 루스킨의 발견 덕에 드디어 이스라엘에도 에너지 독립의 길이 열렸던 것이다.

그런데 이러한 상황에서 이스라엘의 천연가스를 독점으로 개발

하는 그리스 국적의 회사가 있어 눈길이 갔다. 바로 에너지언오일
앤드가스(Energean Oil & Gas)였다.

에너지언오일앤드가스

에너지언오일앤드가스(이하 에너지언)는 지중해 지역에서 활동
하는 그리스 국적의 기름과 가스 탐사 및 개발 업체다. 업스트림
업체인 것이다. 홈페이지에 나와 있는 연혁을 살펴보면 이 회사는
2007년에 설립되어 그리스 근해를 중심으로 활동하다 2016년부
터 급격히 동쪽으로 이동했음을 알 수 있는데, 이는 곧 이스라엘
의 천연가스 개발로 사업의 축이 이동되었음을 뜻한다.

- 2007년: 그리스에서 에게안에너지SA(Aegean Energy SA)라는
  이름으로 처음 설립.
- 2007년 12월: 리걸페트롤리엄(Regal Petroleum)으로부터 유로
  테크서비스(Eurotech Services SA)를 인수하며 주로 에게 해
  북부 지역에서 본격적으로 개발업을 시작.
- 2010년: 에너지언오일앤드가스로 사명 변경. 이후 그리스의
  프리노스(Prinos)에서 해양 석유자원의 드릴 작업 시작.
- 2011년: 이집트에서 해양자원의 개발 시작.
- 2013년: 그리스 프리노스에서의 석유 25년 개발권을 획득.
- 2014년: 프리노스에서 생산되는 전체 석유에 대해 브리티시
  페트롤리엄(British Petroleum)과 6년간의 판매 계약 체결.

그리스 의회, 그리스 서부의 이오아니아 및 카타콜론 블록에 대한 에너지언의 라이선스 계약 비준.

해저 굴착기인 에너지언포스(Energean Force) 구매, 그리스의 카발라에서 2억 2,500만 달러의 투자 프로그램 시작.

카발라 만에서 석유 매장량 10% 증가를 발표 .

- 2016년: 델렉드릴링(Delek Drilling) 및 애브너오일익스플로레이션(Avner Oil Exploration)으로부터 이스라엘 근해인 카리시·타닌 지역에서의 천연가스 개발권 100%를 인수. 그리스 서부 카타콜론 근해 블록의 개발 자격 획득.

- 2017년: 이스라엘 5개 지역에서의 탐사 자격 획득 및 그리스의 카타콜론 필드 개발권을 승인받음. 카리시·타닌에서 이스라엘 국적 회사들과 천연가스 공급 계약 체결.

  이스라엘 정부, 카리시·타닌 필드에 대한 에너지언의 개발 계획 승인. 카리시·타닌 지역 개발을 위한 부유식 원유생산 저장하역 설비(FPSO, 선박처럼 바다 위에서 이동이 자유롭고 시추, 저장, 하역 기능을 함께 가진 부유식 복합 생산 시스템) 건조 업체로 영국의 엔지니어링 업체인 테크닙FMC를 위임.

- 2018년 3월: 영국 런던증권거래소에서 기업공개.

- 2018년 10월: 이스라엘 텔아비브증권거래소에서 기업공개.

에너지언이 홈페이지에서 2019년 11월 공개한 사업보고서를 읽으면 이스라엘 국가 전체의 에너지 정책이 눈에 들어온다. 이스라

남들이 알기 전에 미리 찜해두는 해외 주식

엘에서는 이제 화석연료인 석유가 사라진다. 국가의 주요 에너지가 천연가스로 전환되는 것이다. 그리고 이 천연가스를 이스라엘에서 독점으로 개발, 공급하는 회사가 에너지언이다. 참고로 에너지언이 발주, 2021년 1월 지중해 앞바다에 도착 예정인 부유식 원유생산 저장하역 설비(FPSO)의 이름은 에너지언 파워(Energean Power)인데, 그 이름이 마치 에너지 강국이 될 미래의 이스라엘을 상징하는 듯하다.

그런데 뭔가 의아한 점이 있다. 에너지언은 그리스 국적의 개발업체인데 이스라엘의 천연가스 개발 독점권을 갖고 있다. 개발 기간은 5년이지만 이후 연장도 가능하다는 조건으로 말이다. 이스라엘은 왜 자국의 엄청난 천연가스 개발권을 이 무명의 그리스 회사에 준 것일까? 이는 에너지언이 유대인 자본과 이스라엘 사기업의 영향하에 있는 업체이기 때문이다. 이에 대해 좀 더 알아보자.

에너지언의 주요 주주, 서드포인트매니지먼트

우선은 에너지언의 주주구성을 살펴봐야 하는데, 뉴욕증시가 아닌 런던증시에 상장되어 있어 나스닥에서는 관련 정보를 찾을 수 없다. 그래서 주식 정보 제공사인 마켓스크리너(MarketScreener) 홈페이지를 활용해보기로 했다.

에너지언의 최대주주는 서드포인트헬레닉리커버리(Third Point Hellenic Recovery (Lux) Sarl.)라고 나온다. 회사명의 'Sarl.'는 유한회사를 뜻하는 프랑스어 약자인데, 유럽 기업들의 정보를 제공하는 웹사이트에서 찾아보니 실제로 이 회사는 주주 한 명의 매우 작은 유한책임회사라고 나온다.

이것 외의 관련 정보는 인터넷에 많지 않아 한참을 찾은 끝에, 이 업체가 뉴욕에 있는 헤지펀드인 서드포인트매니지먼트(Third Point Management, 이하 서드포인트)가 룩셈부르크에 세운 페이퍼컴퍼니임을 알아냈다. 왜 외국에 회사를 세웠고, 또 왜 하필이면 룩셈부르크일까? 룩셈부르크에 외국인이 회사를 세우면 어떤 이점이나 혜택이 있는지 궁금해져서 잠시 따로 찾아봤는데, 정리하자면 다음과 같다.

- 세금 면제: 자본 이득세, 순자산세 및 원천징수세 면제(소득세는 부과)
- 쉬운 등록: 상대적으로 효율적이고 용이한 회사 설립
- 단독주주: 룩셈부르크 거주자 또는 비거주자, 개인 또는 법인으로 구성된 한 명 이상의 투자자만으로도 회사 설립 가능
- 비밀유지: 주주와 이사 모두의 프라이버시 및 기밀 보장

그러고 보니 서드포인트는 룩셈부르크에 세운 회사를 통해 에너지언에 투자하기 때문에 미국증권위원회(SEC)에 정기적인 보고를 할 필요도 없는 셈이었다. 그럼 이 회사는 어떤 사연이 있어서 에너지언의 최대 주주가 되었을까?

서드포인트는 1,480억 달러의 자산을 운용하는 뉴욕의 헤지

남들이 알기 전에 미리 찜해두는 해외 주식

에너지언의 기업 정보(상), 기관투자자 정보(중) 및 최대주주인 서드포인트헬레닉리
커버리 관련 정보(하).

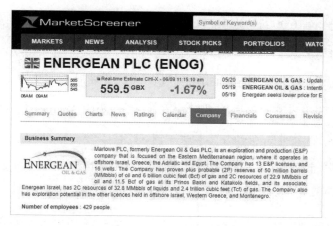

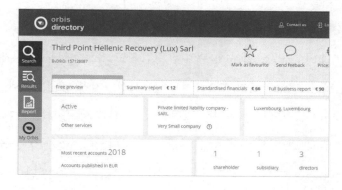

출처: https://www.marketscreener.com, https://orbisdirectory.bvdinfo.com)

펀드다. 1995년 대니얼 S. 러브(Daniel S. Loeb)가 설립한 이후 매년 평균 15.7% 정도의 좋은 수익을 기록 중이다. 에너지언에는 2013년에 6,000만 달러를 처음 투자한 이후 지금까지 지속적으로 투자해오고 있다.

그럼 서드포인트의 대표 대니얼 S. 러브에 대해 알아보자.

투자자이자 헤지펀드 매니저인 러브는 1961년생 유대계 미국인이고, 미국에선 성공적인 행동주의 헤지펀드(Activist hedge fund) 매니저로 알려져 있다. 그가 선호하는 전략은 문제가 있는 회사, 즉 가치가 절하되어 있는 회사를 적극 매입한 뒤 비효율적인 경영진을 교체함으로써 회사가 수익을 거둘 수 있게 만드는 것이다. 참고로 행동주의 헤지펀드는 특정 기업의 지분을 매입한 뒤 배당 확대나 자사주 매입, 인수합병, 재무구조 개선, 지배구조 개편 등 주주가치를 높이는 방안을 적극적으로 요구해 주식가치를 끌어올리는 헤지펀드를 칭한다(출처: 한경 경제용어사전).

대니얼은 문제 있는 회사뿐 아니라 문제 있는 국가에 투자한 이력도 있다. 바로 유럽 경제위기의 중심이었던 그리스다.

2012년 그리스 정부가 부채를 탕감하고 유로화로부터 강제로 이탈될 위기에 처하자 그리스 채권은 시장가치가 급락했었다. 대니얼의 서드포인트는 이러한 그리스의 부채위기에 투기를 하여 엄청난 돈을 번 벌처펀드(vulture fund) 중 하나였다. '벌처'가 동물의 시체나 썩은 고기를 먹고 사는 대머리 독수리를 뜻하는 단어라는 데서 알 수 있듯, 벌처 펀드는 파산했거나 회생이 불가능한 기업을 싼 값에 인수해서 경영을 정상화시킨 뒤 비싼 값에 되팔아 차익을 내는 기금이나 회사를 의미한다.

당시 그리스는 1980년대 라틴 아메리카의 부채위기와 상황이 비슷했다. 서드포인트, 다트엔터프라이즈(Dart Enterprise), 드로메우스캐피탈(Dromeus Capital)과 같은 헤지펀드들은 병들어버린 그리스 채권을 매우 싸게 사들였다. 그리스 정부가 채무 불이행이 아닌 트로이카, 즉 유럽위원회와 유럽중앙은행 및 국제통화기금(IMF)이 정한 구제 계획을 철저히 준수할 거라는 쪽에 돈을 건 것이다.

이를 이해하는 데는 약간의 인문학적 지식이 필요하다. 유럽은 세계대전을 두 번이나 경험해본 탓에 더이상의 분열을 원치 않는다. 그런데 그리스를 유럽연합에서 배제하려면 스페인과 포르투갈, 이탈리아 등 경제상황이 좋지 않은 유럽 국가들 역시 같은 이유로 배제해야 한다. 이런 상황이 벌어지면 유럽 국제사회로부터 외면당한 이들 국가들에선 국내 사회의 혼란이 재현, 파시즘이 재도래할 수도 있다. 그렇기 때문에 헤지펀드들은 유럽연합이 그리스를 포함한 이들 국가를 연합에서 탈퇴시키지 않을 것이고, 그리스 역시 그런 상황을 원하지 않기 때문에 트로이카의 구제 계획을 잘 따를 것이라 전망한 것이다.

그리스 정부는 국제대출 기관으로부터의 부채를 상환하기 위해 강도 높은 긴축 정책 및 사유화 조치로 시민들을 압박하기 시작했다. 헤지펀드들의 판단이 옳았던 것이다.

2012년 12월, 그리스는 결국 유럽연합과 IMF의 자금을 사용하여 투자자로부터 수십억 달러의 채권을 환매하는 구매 계약에 동의하고 만다. 이 채권 중 약 10억 달러는 당시로부터 몇 년 전 액면가의 일부를 사들인 서드포인트에 속해 있었다. 이후 서드포인트는 국채 이자, 그리고 그리스 정부에 되판 국채로 5억 유로 상당의 이익을 거두었다. 서드포인트가 거둬간 이익은 세금 인상, 서비스 삭감 및 자산 매각으로 타격을 입고 있었던 그리스 시민들에게 고스란히 부담으로 전가되었다.

자, 이제 에너지언의 최대주주인 서드포인트헬레닉리커버리로 돌아와보자.

'헬레닉'은 '그리스의', '리커버리'는 '회복'이란 뜻이다. 미국의 투자 회사가 룩셈부르크에 설립하는 회사명에 '그리스의 회복'이라는 이름을 붙인 것이 다소 의아하지만, 이것을 근거로 이 회사는 그리스 국적의 기업인 에너지언에 투자하기 위해 의도적으로 설립한 회사임을 추정해볼 수 있다. 에너지언에 대한 이 회사의 투자액은 2020년 2월 기준 주가로 약 4,156억 원 정도에 달한다.

서드포인트헬레닉리커버리펀드(Third Point Hellenic Recovery Fund, L.P.)라는 헤지펀드도 인터넷에서 검색된다. 자세히 살펴보니 케이맨 섬에 등록되어 있는 펀드인데 자금 규모 면에선 에너지언에 대한 서드포인트헬레닉리커버리의 투자액과 얼추 비슷하며 206명의 투자자들이 참여하고 있다. 펀드의 3%는 내부자들이, 3%는 모태펀드(fund of funds)가 소유한다고 되어 있다. 모태펀드

남들이 알기 전에 미리 찜해두는 해외 주식

는 주식, 채권 또는 기타 유가 증권에 직접 투자하는 대신 다른 투자 펀드 포트폴리오를 보유하는 전략으로, 위험 분산 및 투자 기회의 극대화를 목적으로 한다. 룩셈부르크의 페이퍼컴퍼니인 서드포인트헬레닉리커버리 뒤에 숨겨진 헤지펀드가 이것인 듯하다.

그런데 도대체 케이맨 섬은 어디에 있을까? 구글 맵에서 찾아보니 케이맨은 하나의 섬이 아니라 케이맨 제도(Cayman Islands)를 지칭하고, 영국령이며 쿠바의 남쪽에 위치한다. 케이맨 제도는 법인세나 소득세, 상속세가 부과되지 않아 세계적인 조세 피난처로 알려져 있다. 이를 증명하듯 케이맨 제도는 인구 6만 명에 불과한데 반해 1만 개 이상의 헤지펀드가 있다. 또한 이들이 보유한 미국 국채는 2,000억 달러 규모로, 미국을 제외하고 세계 8위의 순위에 해당한다.

대니얼 S. 러브는 그리스 정부를 상대로 벌처펀드를 조성해서 운용한 경험도 있으니 그리스란 나라에 대해 잘 알고 있을 듯하다. 스스로가 유대인이기도 하거니와 종교적 고향인 이스라엘에 힘을 실어주기 위해 자신이 갖고 있는 헤지펀드 운용 능력을 발휘해 에너지언에 투자하는 것이 아닐까 하는 가설을 혼자 세워보기도 했다.

에너지언의 이스라엘 주주들

에너지언의 투자자 순위 6위부터는 노골적으로 이스라엘 금융 회사들이 보이기 시작한다. 이스라엘 텔아비브에 있는 대형 보험

회사 클랄인슈런스(Clal Insurance), 역시 텔아비브 소재의 투자전문 회사인 르미파트너스(Leumi Partners) 등이 그에 해당한다.

그럼 이스라엘은 왜 그리스의 신생 회사를 투자처로 선택했을까? 이는 어쩌면 이스라엘의 절묘한 정치, 경제, 외교 및 인문학적인 전략일 수도 있다. 그리스는 경제적으로 유럽연합에 속해 있긴 하지만 역사적으로는 중동 국가들과도 깊은 관계가 있어 완벽히 유럽적이라고 하긴 어려운 국가다. 만약 이스라엘이 엑슨모빌(Exxon Mobil)이나 쉐브론(Chevron) 같은 미국 출신의 다국적기업을 투자처로 정했다면 어땠을까? 우선은 반미주의가 강한 중동 국가들의 시선이 부담스러웠을 것이고, 미국 출신의 기업들인만큼 그들과의 개발 중 갈등이 발생하면 힘의 논리에서 주도권을 빼앗

2018년 상장 이후 에너지언의 주가흐름.

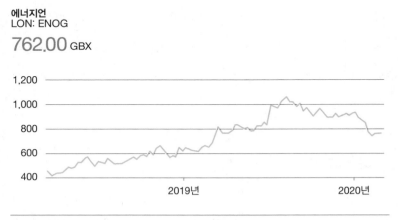

에너지언
LON: ENOG

762.00 GBX

출처: https://www.lseg.com, https://info.tase.co.il, Googdl Finance

남들이 알기 전에 미리 찜해두는 해외 주식

길지 모른다는 우려가 들었을 것이다.

한편 에너지언은 자사 기업공개를 미국 증권시장이 아닌 런던 증권시장에서 진행했다. 런던증권시장은 런던의 금융 중심지인 시티 오브 런던(City of London) 내에 위치하는데, 이곳은 런던 아닌 런던이라 할 정도로 유대 자본이 강력한 영향을 발휘하는 곳이다. 특히 에너지언의 기업공개 서류를 보면 런던 소재의 로스차일드뱅크(Rothschild Bank)를 재정 자문기관으로 지정한 사실을 볼 수 있다. 로스차일드뱅크는 《화폐전쟁》에서 자세히 다룬 인물이자 독일계 유대인 로스차일드 가문 런던 분가의 시조인 네이션 메이어 로스차일드(Nathan Mayer Rothschild)가 세운 은행이다. 시티 오브 런던은 유대인 사업가들이 이스라엘 국가를 돕기 위한 회사를 세우고 자본을 유치하려 할 때 미국 자본의 간섭에서 비교적 자유로운 곳이 아니었을까? 아니면 그저 런던은 뉴욕보다 가까우니 런던 증권시장에서 기업공개를 한 것일까?

2017년 12월 6일, 미국의 도널드 트럼프(Donald Trump) 대통령은 이스라엘의 수도를 예루살렘으로 선포했다. 그리고 그로부터 3개월 후인 2018년 3월에는 런던증권시장에서, 10개월 후에는 이스라엘의 텔아비브증권시장에서 에너지언의 기업공개가 이루어졌다.

런던에서 상장한 후 에너지언의 주가는 지속적으로 상승 중이고, 상장 이후 2020년 2월 현재까지의 주가수익률은 90%다. 나역시 2019년에 이 사연 많은 회사의 주식을 매수하여 현재 보유 중이다. 천연가스 개발 업체를 찾아 미국을 헤매다가 결국 대서양

너머의 이스라엘 앞바다에서 투자처를 찾은 셈이다. 아마 미국 셰일가스에 대해 공부하지 않았다면 에너지언이라는 회사도 결코 찾아내지 못했을 것이다.

수수께끼 같은
소프트뱅크그룹

2019년 5월 토요일 오후, 이영호 전무와 변함없이 만나 투자 토론을 하게 되었다.

이 전무 어이, 지호 아빠, 소프트뱅크그룹 있잖아. 그 이름에서 '뱅크'라는 단어가 뭘 상징할까?

나 '데이터 저장소' 같은 뜻이 아닐까요? 손정의 회장이 컴퓨터 잡지로 사업을 시작했잖아요.

이 전무 아니야, 금융과 관련 있을 것 같아.

나 금융이요?

이 전무 응. 그런데 손정의 회장은 적자기업 쿠팡에 왜 수조 원을 투자

했을까? 그들이 과연 로켓배송만 보고 돈을 투입한 걸까?

나 뭔가 혁신적인 기업이니까 투자했겠죠.

이 전무 그러니까 그 혁신이 뭐냐는 거지. 로켓배송, 사용자의 폭발적 증가, 강력한 플랫폼……. 소프트뱅크그룹의 종착역은 어디일까? '뱅크'니까 금융서비스 쪽은 아닐까?

나 금융 서비스요? 지급결제 시스템 말씀하시는 건가요?

이 전무 그렇지, 그런 서비스.

나 그러고 보니 쿠팡이 최근 로켓머니 서비스를 시작했어요. 은행 계좌처럼 로켓머니를 적립하면 이자처럼 5% 쿠폰도 줘요.

이 전무 맞아, 그런 거. 손정의 회장 입장에선 쿠팡의 적자가 그리 중요하지 않을 거야. 쿠팡 플랫폼의 사용자 수, 시장 지배력에 관심이 있을 것 같아. 자기의 뜻을 펼치기 위한 수단으로 쓰려는 것이지. 자네 일본의 대부업 수준을 아나? 그들은 소비자 금융이라 부르지.

나 아니요, 잘 몰라요. JT저축은행이랑 산와머니 같은 건 한국에 들어와 있잖아요.

이 전무 일본 대부업의 시장분석 능력은 세계적인 수준이라네. 그래서 전 세계 투자자들이 일본 대부업의 움직임을 관찰하지. 한국 대부업 자본의 상당 비율도 일본 대부업 자본이 차지하고 있어. 손정의 회장은 이를 통해 한국이란 나라를 누구보다 잘 알고 있을 거야. 금융업에 대한 소프트뱅크의 투자를 살펴볼 필요가 있을 듯해.

남들이 알기 전에 미리 찜해두는 해외 주식

나　저도 궁금해지네요. 제가 한번 알아볼게요.

그래서 나는 소프트뱅크그룹(Softbank Group, 이하 소프트뱅크)이 어떤 회사인지, 그리고 금융 분야에서 그들은 어떤 투자를 하고 있는지에 대해 알아보기로 했다.

소프트뱅크그룹의 철학과 목표

소프트뱅크의 홈페이지에 가면 회사명에 대한 설명을 볼 수 있다. 일본에서는 소프트웨어를 그냥 '소프트'로 부른다 하고 뱅크, 즉 은행은 정보화 사회를 위한 '사회 기반 시설의 핵심 원천'이 되겠다는 열망을 의미한다고 나와 있다. 이때의 핵심 원천은 도대체 무엇일까? 네트워크? 인터넷? 이 분야에 반드시 필요한 소프트웨어를 개발하겠다는 의미일까? 정보화 분야의 전문가가 아니다 보니 가늠하기가 영 쉽지 않았다.

뱅크, 다시 말해 은행이라 하면 우리가 예금과 대출을 할 수 있는 금융 기관인데 소프트뱅크의 홈페이지 그 어느 곳에서도 금융 관련 설명은 찾을 수 없었다. 하지만 답이 무엇인지는 아무도 모르는 거다. 혹시 그들의 뱅크는 《화폐전쟁》에서 쑹훙빙이 말한, 세상을 지배하는 지급결제 시스템을 뜻할 수도 있지 않을까? 내 추측이 맞을지 확인해보기로 했다.

홈페이지에서 설명한 바를 종합하면 '소프트뱅크'는 소프트웨어라는 수단을 사용하여 정보화 사회 기반 시설의 원천이 되겠다는 의미를 담은 회사 이름 같다. 미국 기업인 구글과 어딘가 겹치는 부분이 있는 듯하다. 구글은 '정보를 체계화하겠다'는 목적을 밝히고 있으니 말이다. 소프트뱅크는 정보의 원천이 되겠다 하고, 구글은 그것을 체계화하겠다고 한다. 내게는 참 어려운 이야기다. 지금까지 소프트뱅크가 보인 행보를 바탕으로 생각해보면 이 회사는 통신, 인공지능, 모바일 기술을 선점하여 앞으로 도래하는 5G 시대에 전 세계 시장을 선도하는 주체가 되고 싶어 하는 듯하다.

소프트뱅크의 기업철학은 '정보혁명을 통한 모든 사람들의 행복 추구'다. 핵심 단어들에 대해 하나씩 생각해보자.

우선 '혁명'은 근본적이고 급격한 변화를 의미하니, '정보혁명'은 정보기술 분야에서의 혁명을 뜻할 것이다. '정보기술 분야'의 범위가 너무 넓게 느껴지긴 하지만 말이다. 또 소프트뱅크의 정의에 따르면 행복은 '영감의 형태'다. 갑자기 떠오르는 신통한 생각이 곧 영감이고, 영감을 얻는 순간 사람들은 기쁨을 느끼니 이렇게 설명한 것 같다. 마지막으로 '모든 사람'은 지구상의 모든 인간을 의미하니, 소프트뱅크가 꿈꾸는 규모는 전 세계인을 대상으로 한다고 볼 수 있다. 즉, 세계인들을 위한 영감을 위해 움직이겠다는 것이 소프트뱅크의 철학인 것이다. 고루하고 지루한 서비스가 아닌, 뭔가 깜짝 놀라게 하면서 '아!' 하는 감탄사를 불러일으키고 지적 즐거움을 주는 서비스를 일반인들에게 제공하는 회사가 되겠다는 목표로 해석된다.

이상을 바탕으로 생각해보면 소프트뱅크는 딱딱한 하드웨어가 아닌 추상적인 정보기술에 집중할 것이고, 이 산업에서 급진적인 변화를 이끌어 범세계적인 사업, 이타적 목표에 입각한 사업을 추진하고자 하는 회사로 생각해도 될 것 같다. 아닌 게 아니라 홈페이지 전면에는 '전 세계의 모든 사람들이 필요로 하는 회사의 집단'이 되겠다는 문구가 나와 있다. 그런데 이 또한 구글의 철학과 공통점을 가진다. 2004년 기업공개 시 구글 창업자의 편지에도 '가능한 많은 사람들의 삶에 긍정적 변화를 가져올 수 있도록 최선을 다합니다'라는 문구가 있었으니까.

'전 세계의 모든 사람들이 필요로 하는 회사의 집단'이라는 문구를 다시 한 번 살펴보자. 불편함을 해소하기 위해 전 세계 사람들이 필요로 하는 그 '무엇'은 과연 뭘까? 금융 서비스일 수도 있고 배달 서비스일 수도 있겠지만 소프트뱅크는 자신들이 그 필요에 가까이 있는 기업 집단이 되겠다고 한다. '회사'가 아닌 '회사의 집단'이 되겠다 밝힌 부분에 눈길이 간다. 이는 다시 말해 우리 삶에 깊이 침투해 있는 기업들을 보유한 기업 집단이 되겠다는 뜻일 것이다.

회사 홈페이지에서 눈길을 끄는 부분이 또 하나 있다. 반복해서 등장하는 '슈퍼 울트라 컴퓨터 기술의 시대'가 그것인데, 여기에서의 '슈퍼 울트라 컴퓨터 기술'은 인공지능을 뜻한다. 종합하면 소프트뱅크는 사람들에게 이로운 방향으로 사용될 수 있는 인공지능 기술을 주도적으로 발전시키겠다고 공표한 것이다. 이를 반

사카모토 료마가 세운 가이엔타이의 로고를 변형한 소프트뱅크의 회사 로고.

Brand Logo: banner of a 21st century Kaientai

The SoftBank logo is comprised of "double-line" and "silver" elements, along with the letters for "SoftBank".

출처: https://group.softbank

증하듯 10조 엔(약 109조 원) 규모의 소프트뱅크 비전펀드가 투자 중인 82개 업체 대부분은 인종지능과 관련된 기업이다. 그리고 그 수는 앞으로도 늘어날 것으로 보인다.

소프트뱅크의 회사 로고는 1865년 사카모토 료마(坂本龍馬)가 세운 무역회사 가이엔타이(海援隊)의 로고를 21세기 버전으로 바 꾼 것이다. 과거 가이엔타이가 100년 뒤의 일본을 보며 무역 사업 을 했듯 소프트뱅크는 30~300년 뒤의 미래를 보며 사업을 하겠 다는 의지를 이렇게 밝히고 있다. 30년 뒤의 미래가 보이지 않는 사람들은 적자 기업인 쿠팡에 수조 원의 투자를 하는 소프트뱅크 를 이해하지 못할 수도 있겠다.

여기서 잠시 가이엔타이에 대해 알아보자. 일본 최초의 기업으 로 인정받는 가이엔타이는 1865년 막부 말기에 사카모토 료마가 나가사키에 세운 회사다. 한국식 한자 발음으로는 해원대, 영어식 명칭은 Maritime Support Force이다. 즉, 가이엔타이는 무역 및 해운 회사이자 민간 해군이었던 것이다.

창업자인 사카모토 료마는 살아생전 엄청난 존재감을 드러낸 사람이었기에 현재까지 그의 일대기를 그린 수많은 책, 만화 그리고 영화들이 나왔다. 그는 일본의 막부 말기 및 에도 후기에 가장 영향력 있었던 인물 중 한 명으로 평가받는 무사이자 정치인, 그리고 기업인이다. 시코쿠의 도사번(土佐藩)에 있는 낮은 계급의 무사 집안 출신이었던 료마는 일본의 쇄국 정책 이후 도쿠가와 막부에 강력히 저항한 주요 인물이었다. 협상력도 뛰어나서 당시 서로 경쟁관계에 있었던 조슈번(長州藩)과 사쓰마번(薩摩藩) 간의 삿초 동맹(薩長同盟)을 성공적으로 결성하여 막부에 위협을 가하기도 했고, 그 때문에 막부의 지지자들이나 무사집단인 신선조(新選組)로부터 종종 목숨을 위협받기도 했다. 보신전쟁과 메이지 유신 직전인 1867년 12월, 31세의 료마는 동료인 나카오카 신타로(中岡慎太郞)와 결국 암살당하고 만다.

길지 않은 삶을 살았으나 사카모토 료마는 민주주의, 일본 민족주의, 제국법원으로의 권력 회복, 봉건제 폐지, 일본의 현대화 및 산업화를 주장하는 등 매우 진보적인 인물이었다. 손정의 회장이 가이엔타이의 로고를 그대로 모방하여 소프트뱅크의 로고로 사용하는 것도 그가 이러한 료마를 매우 존경하기 때문일 것이다.

다시 소프트뱅크 이야기로 돌아가보자. 2019년 기준 소프트뱅크의 매출 구성을 보면 미국의 통신기업 스프린트(Sprint)가 37.2%, 일본 국내 통신이 34.8%를 차지한다. 매출의 지역 구성은 일본이 48.5%, 미국이 44.1%다.

참고를 목적으로 스프린트에 대해 몇 가지를 찾아봤다. 미국에서 네 번째로 큰 통신사인 스프린트는 캔자스주 오버랜드 파크에 본사를 두고 있으며 현재 약 5,400만 명의 고객에게 서비스를 제공한다. 그런데 재무제표는 보기 민망할 정도로 좋지 않고, 과거 5년 주가흐름 역시 변동성이 커 보이는데 2020년 들어서는 무슨 이유에서인지 급격히 상승 중이다. 5년 주가수익률은 86%다.

소프트뱅크의 기업가치

홈페이지에서 2018년 재무제표를 확인해보니 소프트뱅크의 매출은 완만하게, 영업이익은 크게 증가하고 있음을 볼 수 있었다. 순매출은 9억 6,022만 엔으로 2.46%의 연평균성장률을, 영업이익은 2억 3,539만 엔으로 20.7%의 연평균성장률을 보였으며 현재 운용 중인 비전펀드와 델타펀드의 영업이익은 12억 5,660만 엔으로 전년 대비 네 배 가까이 증가했다. 세전이익의 경우 16억 9,130만 엔(비전펀드와 델타펀드는 8억 1,460만 엔)으로 연평균성장률 6.87%를, 모기업 오너들의 총 소득은 14억 1,120만 엔으로 연평균성장률 16.12%를 기록했다.

심플리월스트리트에 따르면 소프트뱅크의 현재 주가는 미래의 현금흐름 대비 높은 상황이다. 매출과 순이익 전망을 보니 매출은 완만히 성장하는 반면 순이익은 26.8% 하락할 것이라 나오지만, 그럼에도 흑자는 꾸준히 유지될 것이라 한다.

주주구성을 보면 개인, 내부 직원, 기관들이 골고루 등장한다.
주식의 21.21%는 손정의 회장의 보유분이고, 소유주 상위 10위

소프트뱅크의 주주구성(상) 및 최근 5년간 주가흐름(하).

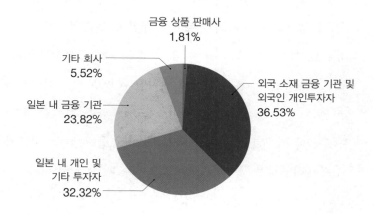

소프트뱅크의 주주구성(2019년 9월 30일 기준)

금융 상품 판매사
1.81%

기타 회사
5.52%

일본 내 금융 기관
23.82%

일본 내 개인 및
기타 투자자
32.32%

외국 소재 금융 기관 및
외국인 개인투자자
36.53%

소프트뱅크그룹
TYO: 9984

5,239 JPY

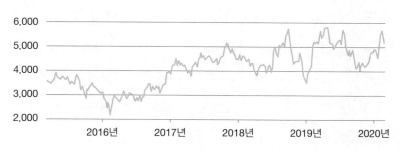

출처: https://cdn.group.softbank

중 일본은행(日本銀行), JP모건 등의 기관투자자가 전체 주식의 약 25%를 보유 중이다.

구글파이낸스에서 찾아본 소프트뱅크의 주가는 2016년 이후 상승 중이나 중간중간 깊은 골짜기를 보이고 있다. 5년 주가수익률은 48%다.

소프트뱅크의 금융 자회사_포트리스인베스트먼트그룹

소프트뱅크 휘하에는 셀 수 없이 많은 자회사들이 있었는데, 그 리스트를 보면서 혹시 미국에 세워진 금융 분야 자회사가 있는지 궁금해졌다. 창의적 금융 서비스를 제공하는 회사를 찾을 수 있지 않을까 해서였다. 아니나 다를까, 한 곳을 찾았다. 미국의 대체 투자관리업체인 포트리스인베스트먼트그룹(Fortress Investment Group LLC, 이하 포트리스)이 그것이었다.

2017년 12월 소프트뱅크가 330억 달러에 인수한 포트리스는 1998년에 웨슬리 R. 이든스(Wesley R. Edens)와 롭 카우프먼(Rob Kauffman), 랜들 나던(Randal Nardone)이 뉴욕에서 설립한 투자 전문 회사다. 투자관리, 사모펀드, 신용대출 등 다양한 영역에서 비즈니스를 전개 중이고 기업고객수는 현재 277개, 2019년 기준 운용자산 규모는 약 870억 달러다. 홈페이지를 방문하니 '기관투자자와 개인의뢰인들을 위해 세련된 글로벌 투자 전략을 구사한다'는 선언문이 눈에 들어온다.

창업자 3인 중 웨슬리 R. 이든스에 대해 알아보자. 미국인 사업

가이자 사모펀드 투자자인 이든스는 젊었을 때 스키선수였기 때문인지 스포츠 사업에 관심이 많다. NBA 밀워키 벅스의 공동 소유자이자 이스포츠(eSports) 팀인 플라이퀘스트의 소유자이며, 2018년 7월에는 영국 프리미어리그 클럽 애스턴 빌라(Aston Villa)의 주주가 되기도 했다. 또 1987년부터 1993년까지는 리먼브라더스(Lehman Brothers)에서 투자 경력을 쌓으며 파트너 및 전무이사로 일했고, 이후 1997년까지 블랙록의 사모펀드 사업부인 블랙록애셋인베스터스(BlackRock Asset Investors)에서 역시 파트너 및 전무이사로 재직했다.

2007년 뉴욕증권거래소에서 포트리스는 대형 사모펀드 역사상 최초의 기업공개를 해냈다. 한국의 쿠팡은 로켓배송이라는 이름으로 국내 최초의 당일배송 서비스를 도입했는데, 어쩌면 소프트뱅크는 이렇듯 무언가에 최초로 도전하는 회사를 좋아하는 것이 아닐까 하는 생각이 들었다.

이번에는 잭스를 방문하여 포트리스가 현재 투자 중인 업체들에 대해 브로커들이 어떤 평가를 내리고 있는지 확인해보기로 했다.

- **스펙트럼브랜즈홀딩스(Spectrum Brands Holdings)**: 주택용 인테리어 제품을 생산하는 업체로 높은 순이익 성장이 예측된다. 잭스에서의 브로커 매수 평가는 중립, 가치성장모멘텀 평가점수는 D로 그리 좋지 않다.
- **오푸스뱅크(Opus Bank)**: 캘리포니아 어바인에 있는 은행으로

중소기업과 중산층 개인고객을 대상으로 다양한 금융 상품을 판매한다. 잭스는 강력 매수 의견을 보여주면서도 가치성장모멘텀 점수는 D로 낮게 매겼다.

- 게이밍앤드레저프로퍼티스(Gaming and Leisure Properties): 카지노 부동산투자신탁(REIT)으로 미래성장성이 좋은 회사다. 홈페이지를 방문하면 자사가 게임, 즉 카지노업에 최초로 투자한 부동산투자신탁이라는 소개 문구가 보인다. 잭스의 브로커 매수 평가는 중립, 가치성장모멘텀 평가는 C로 중간 정

스펙트럼브랜드홀딩스(상)와 오푸스뱅크(하)에 대한 잭스의 브로커 평가 및 가치성장모멘텀 평가.

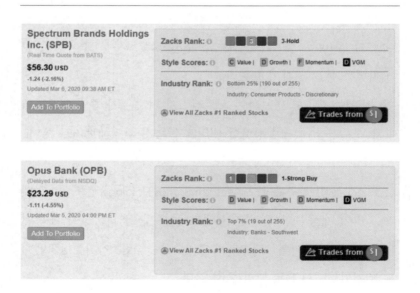

출처: https://www.zacks.com

남들이 알기 전에 미리 찜해두는 해외 주식

도다. 주가는 2016년 이후 꾸준하게 상승 중이니 카지노 사업이 호황인 것으로 보인다. 5년 주가수익률은 36.8%다.

- 뉴포트리스에너지(New Fortress Energy): 1998년에 설립되었고 2019년 2월에 기업공개를 한 천연가스 미들스트림 업체다. 마이애미와 펜실베이니아 등 미국 국내는 물론 멕시코와 자메이카를 포함한 캐리비안 지역, 아일랜드 등 해외에서도 미

게이밍앤드레저프로퍼티스에 대한 잭스의 평가(상) 및 이 회사의 최근 5년간 주가흐름(하).

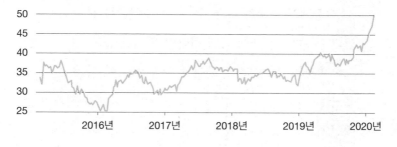

게이밍앤드레저프로퍼티스
NASDAQ: GLPI

46.34 USD

출처: https://www.zacks.com, Googld Finance

드스트림 서비스를 제공하며 적극적으로 비즈니스를 전개하고 있다.

잭스가 이 업체에 대해 제시하는 브로커 매수 평가점수는 중립, 가치성장모멘텀 평가점수는 F다. 2020년 2월 현재 이 회사는 상장 이후 아직 1년이 채 지나지 않았기 때문에 주가의 흐름을 판단해볼 수 있는 단계가 아니다. 손정의 회장의 가치투자가 빛을 발할지 앞으로 이 회사의 사업을 계속 지켜봐야겠다.

- 테트라건파이낸셜그룹(Tetragon Financial Group): 폐쇄형 펀드 판매를 주력으로 하는 금융 회사다. 2005년에 설립되었으며 뉴욕증권거래소와 유로넥스트 암스테르담에 상장되어 있다.

폐쇄형 펀드는 투자자가 환매 청구를 할 수 없고, 펀드의 존속기한이 정해져 있는 펀드를 뜻한다. 투자자 입장에서는 이런 유형의 펀드를 환매하여 투자금을 회수하기가 어려우므로 거래소 시장에 상장하게 하고, 상장된 펀드의 지분을 거래소 시장에서 매도하여 투자금을 회수하도록 하는 구조를 갖는다(공모펀드의 경우). 단점이라면 단점일 수도 있지만, 한편으론 환매 부담이 없기 때문에 투자 목적에 따라 펀드 자산을 전부 투자할 수 있다는 장점도 있다. 참고로 폐쇄형 펀드에선 대개 부동산형 펀드, 실물형 펀드가 주를 이룬다.

테트라건파이낸셜그룹(이하 테트라건)의 회사 등록지는 영국

남들이 알기 전에 미리 찜해두는 해외 주식

해협의 건지 섬이고 본사는 영국에 있다. 건지 섬은 사모펀드
의 조세 피난처로 유명한데, 그래서인지 이곳에 설립된 회사
들의 37%가 보험, 펀드 관리 등의 금융 관련 업체다.

테트라건의 사업 영역은 크게 자산운용과 투자로 나뉜다. 포
트폴리오는 대부업, 부동산, 자산운용, 인프라 투자 그리고
헤지펀드로 구성되는데 각각 서로 다른 자회사가 운용한다.

회사 연혁을 보니 테트라건은 2010년에는 라이언캐피털매니
지먼트(Lyon Capital Management), 2012년에 폴리건매니지먼
트(Polygon Management)를 인수했다. 1994년 뉴욕 피트포드
에서 설립된 투자 회사 라이언캐피털매니지먼트는 운용자본
이 550억 원 수준이고 부유한 개인고객을 대상으로 하며, 투

테트라건파이낸셜그룹의 주주 명단.

기업명	주식 수	비중
Tetragon Financial Group Limited	40,000,000	28.6%
Reade Eugene Griffith	12,199,659	8.73%
FIG LLC	11,766,163	8.42%
OMERS Administration Corp.	9,178,552	6.57%
Omega Advisors, Inc.	6,000,000	4.30%
Goldman Sachs Asset Management LP	4,711,457	3.37%
Patrick Giles Gauntlet Dear	4,210,182	3.01%
Asset Value Investors Ltd.	4,142,536	2.97%
Morgan Stanley & Co. International Plc	2,801,155	2.01%
Canada Pension Plan Investment Board	1,600,000	1.15%

출처: https://www.marketscreener.com.

테트라건파이낸셜그룹의 최근 5년간 주가흐름.

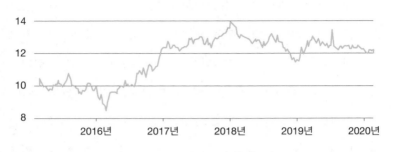

테트라건파이낸셜그룹
AMS: TFG

11.75 USD

출처: Googld Finance

자 수익이 좋은지 기관투자자 평가점수가 매우 높게 나타나
는 회사다. 참고로 폴리건매니지먼트는 2013년 50대 헤지펀
드에 선정된 바 있다.

테트라건의 CEO인 패디 디어(Paddy Dear)는 과거 석유 회사
인 마라톤페트롤리엄(Marathon Petroleum), UBS인베스트먼
트뱅크(UBS Investmrnt Bank)에서 일한, 에너지 경력 기반의
헤지펀드 매니저다.

하지만 테트라건의 실질적인 주인은 CIO인 리드 유진 그리
피스(Reade Eugene Griffith)다. 2008년 경제위기 이전까지 세
계에서 가장 영향력 있는 헤지펀드 매니저 중 하나였던 그리
피스는 하버드대학교와 미 해병대 장교 출신의 변호사이자

헤지펀드 매니저다. 말싸움에 능한 것으로 유명하여 본인을 향한 비난에도 꿋꿋하게 방어를 잘한다. 2008년 금융위기 이후 투자에 실패했던 그는 유럽 경제위기 탓에 가치가 절하된 자산들을 매입하며 부활의 기회로 삼고 있는데, 바로 그 중심에 테트라곤이 있다. 유튜브에서 그의 인터뷰 동영상을 보면 세계지도를 펼쳐놓고 경제적으로 불안한 지역을 노리며 마치 장기를 두듯 사업 전략을 짜는 것 같다는 느낌이 든다. 에너지언의 최대주주 서드포인트와 비슷하게 대중의 투자와 반대 방향으로 움직이는 것을 보니 이것이 헤지펀드들의 공통된 특징인 듯하다.

다음으로 어떤 기관이나 개인이 테트라건의 주주로 참여하고 있는지 살펴봤다. 최대주주는 28.6%를 보유한 테트라건, 2대주주는 8.73%를 보유한 CIO 리드 그리피스, 그리고 포트리스가 8.42%로 뒤를 잇는다. 골드만삭스, 모건스탠리(Morgan Stanley), 오머스어드미니스레이션(OMERS Administration Corp., 캐나다연금기금), 미국 헤지펀드인 오메가어드바이저스(Omega Advisors INC.), 캐나다국민연금 등도 테트라건의 주주다. 참고로 테트라건의 CEO인 패디 디어 역시 패트릭 자일스 건틀렛 디어(Patrick Giles Gauntlet Dear)라는 이름으로 주주 명단에 올라 있다. 테트라건의 주가는 2016년을 시작으로 2018년까지 상승하다가 이후 2020년 현재까지 답보 상태고, 최근 5년 주가수익률은 18.5%다.

소프트뱅크, 즉 손정의 회장의 투자 행보를 떠올리며 이 기업의 투자를 받고 있는 금융 회사들을 관찰하니 미국과 유럽 지역에서 어딘가 색다른 금융 서비스를 제공하는 업체들로 보인다. 향후에도 꾸준히 관찰하다 보면 매수 적기를 잡을 수 있을 것 같다.

남들이 알기 전에 미리 찜해두는 해외 주식

차세대 여객기는
뭐가 될까?

앞서 미국의 셰일가스 산업을 알아보기 위해 자료들을 조사하는 과정은 내게 하나의 가르침이 되었다. 아는 바가 거의 없는 분야였지만 이전에 알지 못했던 회사들, 그리고 그 회사들에 서비스를 제공하는 업체들을 하나하나 찾아가다 보면 투자에 필요한 배경지식과 해당 산업에 대한 이해도가 차근차근 높아진다는 것을 체감하게 된 것이다.

그래서 이번에는 차세대 항공 산업인 초음속 여객기 산업 및 관련 기업들에 대해 알아보기로 했다. 초음속 전투기가 아니라 미래에 우리가 탈 수도 있는 그 여객기와 관련된 사업 말이다. 항공 분야 역시 내가 아는 바가 없어 공부하기가 쉽지 않을 듯했지만,

미국은 셰일가스 산업 분야에서 보여준 것과 같은 혁신을 초음속 여객기 산업에서도 준비하고 있지 않을까 하는 기대가 생겨났다.

초음속 여객기의 발전 역사

어려서부터 비행기와 전투기를 좋아했던 나는 프라모델도 많이 만들었고 간간히 밀리터리 덕후들이 올린 전투기 관련 글들도 취미 삼아 읽은 적이 있었다. 그래서 해외 주식에 투자하기 시작한 뒤 기쁜 마음으로 보잉(Boeing)의 주식을 매수했으나 사업보고서에 나와 있는 각종 전문 용어, 그리고 항공제조업만의 독특한 물류 프로세스 및 수요공급 사이클을 이해하기란 결코 만만치 않은 일이었다. 보잉의 주식을 보유했을 당시 항공사들은 보잉 737 맥스기에 대한 기대감 때문에 보잉에 많은 주문을 넣었는데, 그 때문에 보잉은 터빈엔진 공급에 차질이 생겨 워싱턴주 렌턴에 있는 공장에 항공기 몸통인 기체만 쌓여가는 상황에 처했다.

그런 상황을 보니 내가 보유할 종목은 아니라는 생각이 들어 2018년 9월에 보잉 주식을 매도했다. 4.03%의 수익을 보긴 했으나 항공기 제조사의 주식에는 당분간 관심을 두지 않기로 결심하면서 말이다. 이후 보잉 737 맥스기는 2018년 10월과 2019년 3월 두 차례에 걸쳐 추락 사고를 일으켰다.

어쨌든 과거의 기억을 뒤로하고 다시금 차세대 항공 산업에 대한 투자 여부를 결정하려면 우선은 그 중심에 있는 초음속 여객기에 대해서부터 살펴봐야 했다.

'초음속(supersonic speed)'은 '음파 이상의 속력'이라 정의된다. 공기 중에서 소리의 속력은 온도에 따라 달라지는데 온도가 높을수록 소리의 속도도 더욱 빨라진다. 일반적인 실온 상태에서 소리의 속력은 보통 초속 340미터, 시속 약 1,200킬로미터인데 이것이 초음속의 단위인 1마하가 된다.

다음은 초음속 여객기와 관련된 주요 역사적 사실이다.

- 1947년: 미국 벨(Bell) X-1 로켓엔진 장착. 벨 X-1은 세계 최초로 수평 비행으로 음속을 돌파한 유인 실험기다.
- 1958년: 영국과 프랑스, 초음속 여객기 콩코드를 공동으로 개발.
- 1968년: 소련 Tu-144 첫 비행. Tu-144는 소련의 항공 설계국 루폴레프에서 만든 초음속 여객기다.
- 1969년: 미국의 보잉, 2707-300 목업 제작.
- 1971년: 보잉, 2707-300 개발 취소.
- 1973년: 파리 에어쇼에서 소련 Tu-144 추락 사고 발생.
- 1983년: 소련 Tu-144 생산 중단.
- 2000년: 에어프랑스 4590편인 콩코드기에 추락 사고 발생.
- 2001년: 9·11테러 발생, 이후 항공 여객기 시장 위축.
- 2003년: 콩고드기, 브리티시에어웨이(British Airway)에서의 비행을 끝으로 운항 중단.

언론 자료들을 찾아보니 차세대 초음속 여객기의 기술적 과제로는 다음과 같은 사항들이 언급되어 있었다.

- 기체 공기 흐름을 제어, 소닉 붐(sonic boom)으로 인한 '굉음'을 줄인다.
- 기체 경량화로 연비를 개선한다.
- 초음속 비행 시 금속의 열팽창 및 수축으로 인한 기체 손상을 방지한다.
- 환경친화적인 연료를 사용한다.

참고로 소닉 붐은 음속 폭음을 뜻한다. 비행기가 음속을 돌파하면 압축되어 있던 공기층이 찢어지면서 강하게 팽창하는데, 이때 나는 소리가 소닉 붐이다. 초음속 비행기가 다른 비행기에 비해 훨씬 날카롭게 생긴 것도 비행기 앞을 가로막는 공기층을 쉽게 뚫기 위해서라 한다.

초음속 여객기는 어떤 기업들이 제작할까?

초음속 여객기 시장은 2019년부터 2035년까지 850대 정도의 민간 수요와 맞물리며 연평균 5.82%의 성장이 전망된다. 이 시장에서 이미 모습을 드러낸 초음속 여객기 제작 회사들을 찾아봤다.

- 허미어스(Hermeus): 2018년 11월에 창업한 초음속 항공기

스타트업으로 실리콘밸리의 벤처투자사인 코슬라벤처스(Khosla Ventures)의 펀딩을 받았다. 허미어스의 목표는 마하 5의 속도, 티타늄 소재의 기체, 가스터빈 엔진 주축의 복합 사이클 엔진 등의 사양을 가진 초음속 항공기를 개발하는 것이다.

링크드인에 따르면 CEO인 AJ 피플리카(AJ Piplica)는 조지아 공과대학에서 공부하고 항공우주공학 업체인 스페이스워크스엔터프라이즈(Spaceworks Enterprise)를 거쳐 제너레이션오빗론치서비스(Generation Orbit Launch Service)를 5년 6개월간 이끈 바 있다. 참고로 제너레이션오빗은 초고속 대기권 항공기술을 연구하는 업체로, 현재 초음속 비행체 프로젝트인 X60A를 수행 중이다.

- 스파이크에어로스페이스(Spike Aerospace): 보스턴 소재의 초음속 항공기 제작사로 현재 초음속 항공기 S-512를 개발 중이다. 2020년에 프로토타입 모델의 시험비행이 계획되어 있고 2023년 여객운송을 목표로 한다. S-512의 속도는 마하 1.8인 시속 1,913킬로미터다. 객실에는 유리창 대신 파노라마 스크린을 제공할 것이라 한다.

이 두 기업에 이어 상대적으로 좀 더 자세히 들여다볼 필요가 있는 회사가 눈에 띄었다. 바로 붐슈퍼소닉(Boom Supersonic, 이하 붐)이다.

붐슈퍼소닉이 개발 중인 3분의 1 스케일의 프로토타입 모델.

출처: https://www.wired.com/story/boom-aerospace-baby-boom-demonstrator-supersonic

• **붐슈퍼소닉**: 2014년 콜로라도 덴버에서 설립된 초음속 항공
  기 설계 스타트업으로 대형 초음속 여객기 사업을 벌이는 유
  일한 기업이며, 2023년까지 55명이 탑승 가능한 초음속 여
  객기 붐테크놀로지오버추어(Boom Technology Overture)의
  개발을 목표로 한다. 이 여객기의 3분의 1 스케일로 만든 프
  로토타입 모델은 2020년 중으로 시험비행 계획이 잡혀 있으
  며, 성공 시엔 50명 이상의 프로토타입 모델 시험에 돌입할
  예정이다.

  붐은 비행기의 무게를 줄이기 위해 탄소섬유를 외관에 적용

했다. 프로토타입이 아닌 완성기의 예상 무게는 68톤으로
보잉 787의 30% 수준에 불과한데, 무게가 줄어든 만큼 연
비 또한 개선될 것이다. 일본의 항공사 JAL은 붐에 2019년
1,000만 달러를 투자, 여객기 20대에 대한 우선매입권을 획
득했다.

2019년 1월 붐은 1억 1,000만 달러 규모의 시리즈 B 벤처투
자를 유치했다. 아직 기업공개를 하진 않았지만 이 단계에도
상당히 근접한 것으로 보인다.

여기에서 잠시 상장 전 투자 절차에 대해 알아보자. 이 절차
는 크게 ①시드머니 투자, ②시리즈 A 투자, ③시리즈 B 투
자, ④시리즈 C~E 투자의 단계로 나눌 수 있다[이하의 설명은
정윤 트리비아(https://jeongyoon.tistory.com/52)를 참조].

① 시드머니 투자: 시드 펀딩이라고도 알려져 있는 시드머니
(seed money) 단계는 투자자가 사업의 일부를 매입하는 단계
다. 시드, 즉 씨앗이라는 말에서 짐작할 수 있듯 사업 초기에
집행하는 투자이며, 시드머니는 투자받는 기업이 수익을 발
생시키거나 다른 투자를 받을 때까지 활용할 수 있는 자금
을 지원한다. 여기에는 친구나 가족의 투자, 엔젤투자(angel
investment), 크라우드 펀딩이 포함된다. 참고로 엔젤투자는
벤처기업이 필요로 하는 자금을 개인투자자들 여럿이 돈을
모아 지원해주고 그 대가로 주식을 받는 투자를 의미한다.

상장 전의 투자 단계.

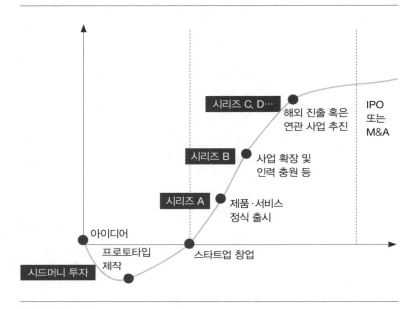

시리즈 C, D…
해외 진출 혹은
연관 사업 추진

IPO
또는
M&A

시리즈 B
사업 확장 및
인력 충원 등

시리즈 A
제품·서비스
정식 출시

아이디어

프로토타입
제작

스타트업 창업

시드머니 투자

출처: http://info.otrade.co

② 시리즈 A 투자: 창업 2~5년차 스타트업을 대상으로 하며 대개 프로토타입 개발 시기부터 시작해 정식 제품이나 서비스를 출시, 시장을 공략하는 시기 전까지 이루어지는 투자로 대개 엔젤 투자자들이 참여한다. 목적은 해당 기업의 프로토타입 또는 베타 서비스를 정식 서비스로 발전시키는 것이다. 투자받는 업체 입장에서는 자사 사업을 활성화하여 시장에서 제품이나 서비스 효과를 거둘 수 있음을 이 단계에서 증명하게 된다.

③ 시리즈 B 투자: 제품이나 서비스의 가능성을 시장에서 어느 정도 증명한 업체가 그것들의 최종 버전을 완성하고, 목표로 하는

　　　　　　　　남들이 알기 전에 미리 찜해두는 해외 주식

1차 시장에서 유의미한 성과를 달성할 수 있도록 추가적인 투자를 하는 단계다. 벤처캐피털 회사들이 주로 이 단계에 참여하여 마케팅 및 제품과 서비스의 실질적 운영에 필요한 자금을 투입하는데, 성장이 빠른 회사인 경우엔 이 단계에서 해외 확장 목표를 설정하기도 한다.

붐슈퍼소닉이 현재 이 단계에 있다. 미국에선 대개 700만 ~1,000만 달러 규모의 투자가 이루어지는데 붐은 무려 1억 달러의 투자를 유치한 것을 보니 투자액은 회사의 규모나 서비스의 형태에 따라 다른 듯하다. 참고로 붐의 시리즈 B단계에 참여한 주요 벤처 투자자로는 카페이네이티드캐피털(Caffeinated Capital)이 있다. 샌프란시스코 소재의 이 벤처투자사는 붐을 포함하여 현재 21개 회사에 투자 중이다.

④ 시리즈 C~E 투자: 제품이나 서비스의 정식 버전 출시 후 이미 검증된 모델을 글로벌화하거나 연관 사업을 추진, 대규모 수익을 창출하여 증권상장 또는 M&A 등을 현실화하는 데 필요한 추가 자금을 조달하는 대규모 투자 단계다. 다시 말해 안정된 사업의 시장점유율 및 해외 진출 등 성장 속도를 높이기 위한 투자인 것인데, 보통 이 단계까지 성장한 회사들은 높은 회사 가치를 인정받는다. 주된 투자 주체는 벤처캐피털, 헤지펀드, 투자은행이다. 붐의 목표는 2023년까지 55명 탑승용 여객기를 개발하는 것이니 2023년 전후에 이 단계에 이를 것으로 예상된다.

이상의 단계들을 거치며 투자받은 기업들은 투자자들에게 보상을 해주기 위해 증권시장에 상장하거나 대기업에 인수되기도 한다. 그런 기업들의 창업자와 투자자는 이를 통해 투자금을 회수하고, 그 자금의 상당량은 다시 창업 혹은 다른 투자로 순환된다. 붐은 몇 년도쯤 상장을 하게 될지, 또 혹시 보잉 같은 대형 항공기 제조사에 인수될지 궁금해진다. 향후 붐의 화려한 주식 시장 상장을 기원한다.

- **에이리언슈퍼소닉(Aerion Supersonic):** 2004년 네바다주 리노(Reno)에서 설립된 초음속 항공기 제작 업체로 2025년 마하 1.5의 12인용 비즈니스 초음속기 AS2의 운영을 목표로 한다. 기체당 가격은 1,200억 원인데, 마하 1.5는 현실적인 속도이기에 이들의 사업계획은 가까운 미래에 실현될 가능성이 높다. 에어버스그룹(Airbus Group), 록히드마틴(Lockheed Martin), 보잉 등 주요 항공기 제조사들과 협력 관계를 맺고 있다.
- **록히드마틴:** 미국을 대표하는 방위산업체인 록히드마틴은 QSTA 프로젝트로 마하 1.8의 초음속 여객기를 2027년까지 개발하겠다는 목표를 갖고 있다. QSTA는 Quiet Supersonic Technology Airliner, 즉 '조용한 초음속 기술 비행기'란 뜻이다. 소닉 붐 굉음을 줄이고 싶은 그들의 열정이 느껴지는 이름이다. 40명의 승객, 네 명의 승무원을 태울 수 있

에이리언슈퍼소닉이 개발 중인 A52의 완성도(상), 록히드마틴이 개발 중인 **QSTA**
의 세부사양(중) 및 록히드마틴의 최근 5년간 주가흐름(하).

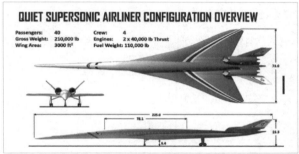

록히드마틴
NYSE: LMT

400.90 USD

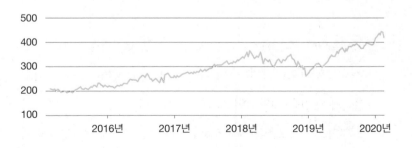

출처: https://www.latimes.com, https://edition.cnn.com, Google Finance

는 QSTA 여객기는 무게 21만 파운드(약 95톤), 날개 넓이 3,000제곱피트(약 280제곱미터)에 4만 파운드(약 18톤) 추력의 엔진 두 개를 달았으며 연료 중량은 11만 파운드(약 50톤)에 달한다. 다만 QSTA 프로젝트의 프로토타입인 X-59에는 승객 없이 조종사가 단독 탑승한다. 조종석에는 앞유리가 없고 조종사는 4K영상으로 전면 영상을 볼 수 있다.

록히드마틴의 주가는 2018년 금리인상의 영향으로 주춤했던 것을 제외하면 꾸준히 우상향 중이고, 최근 5년간의 주가수익률은 100%에 달한다.

- 보잉: 2018년 6월 애틀랜타 항공우주 컨퍼런스에서 초음속 여객기 렌더링 이미지를 공개했으나 그 후의 구체적인 사업 진행 경과는 보기 어렵다.

초음속 여객기 관련 서비스 업체들

초음속 여객기의 생산과 관련하여 서비스를 제공하는 회사들도 이번에 함께 찾아봤다.

- 제너럴일렉트릭(General Electric): 초음속 항공기용 터보엔진인 제너럴일렉트릭어피니티(General Electric Affinity)를 제작한다. 이 엔진은 에이리언 AS2에 탑재된다.
- 스페이스워크스엔터프라이즈: 허미어스의 CEO인 AJ 피플리카가 근무했던 곳으로, 미국 조지아주 애틀랜타에 본사를 둔

항공우주공학 회사다. 정부 및 민간 고객을 대상으로 최첨단 우주 개념의 설계 및 평가를 전문으로 한다. 항공기 공학 설계 기술을 보유하고 있어 시장조사, 소프트웨어, 하드웨어 서비스를 제공하며, 초음속기 시험비행의 수행업체 제너레이션오빗론치서비스도 지원한다.

- 스피릿에어로시스템즈(Spirit AeroSystems): 항공기 기체 제작업체로 에이리언의 협력사다.

- 그린포인트테크놀로지스(Greenpoint Technologies): 역시 에이리언의 협력사로, 프랑스 국적의 사프란(Safran SA)을 모기업으로 하는 항공기 고급 인테리어 업체다.

- 프로메테우스퓨얼스(Prometheus Fuels): 이산화탄소를 제거한 연료를 생산하는 실리콘밸리 스타트업으로 2018년에 설립되었으며 현재 봄과 협력 관계에 있다. 화석연료에서 이산화탄소를 제거하는 기술에 대한 도전이 미국에서 이루어지고 있다는 사실을 이 회사의 존재 덕분에 알게 되었다.

관련 자료를 찾던 중 블룸버그가 이 업체에 대해 게재한 2019년 4월의 기사를 발견했다. 창업자인 롭 맥기니스(Rob McGinnis)는 과거 염분 제거 회사를 창업한 경험이 있는 사업가인데, 그가 이번에는 액체 형태의 탄소에 이산화탄소 분리 공정을 수행하고 그 결과물을 연료로 사용할 수 있게끔 하는 기술을 시연했다는 내용이었다. 이 기술이 곧 프로메테우스퓨얼스의 핵심 기술인데, 학계에서는 고비용 문제로 회의적인 의견을 보이고 있다고 한다.

- 벨로3D(VELO3D): 2014년에 캘리포니아 캠벨에서 시작된 3D 프린팅 업체로, 항공엔진의 부속을 제작한다. 붐과 협력 관계에 있다.

- 포인트와이즈(Pointwise): 초음속 기술 구현을 위한 핵심 기술 중 하나인 유체역학을 연구하는 업체로 보잉, 록히드마틴, 레이시언컴퍼니(Raytheon Company), 노스롭그루먼(Northrop Grumman) 등 미국 주요 방산업체들에 서비스를 제공한다.

초음속 항공기가 아닌 일반 항공기 산업에 기체, 부품 및 소프트웨어 서비스를 제공하는 업체들도 이번에 함께 알게 되었다. 미래에는 이들의 기술도 초음속기 기술과 합쳐지지 않을까?

- CPI에어로스트럭처스(CPI Aerostructures): 군사용 및 상업용 항공기의 기체를 생산하는 업체다.

- 트라이엄프그룹(Triumph Group): 항공기 기체 제작, 연계 시스템 탑재, 생산 지원 등의 사업을 한다.

- 제이콥스엔지니어링(Jacobs Engineering): 종합 엔지니어링 업체인데 우주항공 분야에도 전문성이 있다. 최근 5년 주가는 록히드마틴처럼 꾸준히 우상향하고 있으며 수익률도 100% 이상이다.

- 유나이티드테크놀로지스(United Technologies): 미국 코네티컷

주 하트퍼드에 본사를 둔 다국적 기업. 다우존스 지수를 구성하는 30개 기업 중 하나이자 2019년 기준 〈포춘(Fortune)〉이 선정한 500대 기업에 49위로 등재된 대기업이다. 항공기 엔진, 냉난방기, 건물 시스템, 연료전지, 엘리베이터 및 에스컬레이터 등의 다양한 제품을 생산한다. 2018년 기준 665억 달러의 매출과 85억 달러의 영업이익을 기록했는데 사업 포트폴리오의 다각화 덕분인 것 같다. 직원수는 약 24만 명이며, 콜린스에어로스페이스(Collins Aerospace)라는 자회사를 통해 항공기 시스템과 부속품을 제공한다. 주가는 등락을 보이지만 우상향 중이고 5년 주가수익률은 13%다.

• 트랜스다임그룹(TransDigm Group): 기계식 액추에이터(Actuator, 모터나 스위치, 스피커, 램프처럼 전기적인 신호의 변화를 이용하여 물리적 상태를 바꿔주는 장치) 및 점화 시스템과 같은 상업·군사용 항공우주 부품을 개발, 유통 및 제조한다. S&P 500에 속해 있는 회사이기도 하다.

홈페이지를 방문해보니 '중요한 애프터 마켓을 갖춘 독점적인 항공우주 제품을 갖고 있다'고 나와 있다. 애프터 마켓이란 판매자가 제품을 판매한 이후 추가적으로 발생하는 수요에 의해 형성된 시장을 뜻하는데 항공 산업에서는 수리와 정비 영역에 해당한다. 대개의 기체들은 2년마다 대대적인 점검을 필요로 하기 때문에 항공 관련 애프터 시장에서는 이 시기에 큰 수요가 발생한다.

제이콥스엔지니어링(상), 유나이티드테크놀로지스(중), 트랜스다임그룹(하)의 최근 5년간 주가흐름.

제이콥스엔지니어링
NYSE: J

99.83 USD

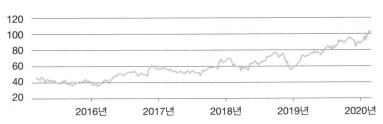

유나이티드테크놀로지스
NYSE: RTX

138.38 USD

트랜스다임그룹
NYSE: TDG

564.63 USD

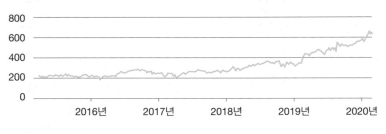

출처: https://www.transdigm.com, Google Finance

트랜스다임의 생산 제품들을 보니 여러 형태로 동력을 만들어내는 다양한 부품들이 보인다. 그런데 동력전달 부품뿐 아니라 밸브, 펌프, 배터리, 오디오, 커플링, 조종석 안전 장치, 심지어 화장실 수도꼭지까지도 제작한다.

주가는 장기간 안정적인 경사를 보이며 상승하고 있는데 5년 주가수익률이 160%에 이른다. 아무도 관심을 갖지 않을 듯한 항공 부품인 액추에이터와 점화 시스템에 숨겨져 있는 힘이 있나보다. 2019년 5월경 군납 부품에 지나치게 높은 가격을 책정한 혐의로 사장이 국회 청문회에 등장하기도 했지만 당시에도 주가는 그에 아랑곳하지 않고 상승했다.

- 하이코(HEICO Corporation): 미국 플로리다주 할리우드에 있는 항공기 교체 부품 제공 업체로 1957년에 설립되었다. 홈페이지에서 항공기용 전자 부품 사진들을 볼 수 있었다. 2020년 초반의 주가는 코로나 바이러스 영향으로 크게 하락했지만 5년 주가수익률은 120%다. 코로나 바이러스 등장 전의 5년 주가수익률은 무려 386%였다.

- 허니웰(Honeywell): 항공우주 시스템을 개발하는 미국의 다국적 기업. 미국 S&P 100에 속하는 회사로 주가는 장기간 상승 중이며 5년 주가수익률은 65%이다.

- 애로테크(Arotech): 전력 시스템, 시뮬레이션 사업을 축으로 하는 미국의 방위산업 업체다.

- AIM MRO: 터빈 산업의 유지보수, 정밀검사, 자재 공급망 분

하이코의 최근 5년간 주가흐름.

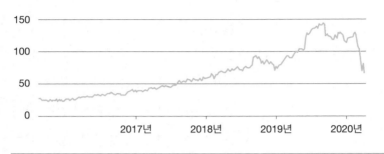

하이코
NYSE: HEI

68.08 USD

출처: Google Finance

야에서 강력한 입지를 구축하고 있는 회사다. 회사명의 MRO는 유지보수운영을 뜻한다.

- 알파인에어익스프레스(Alpine Air Express): 유타주 프로보에 본사를 둔 미국 항공사. 콜로라도, 미네소타, 몬태나, 네브래스카, 노스 다코타, 사우스 다코타, 와이오밍, 아이다호 및 유타 전역에 걸친 100개 이상의 노선에서 정기 항공화물 서비스를 운영한다.

- 어플라이드컴포지티스(Applied Composites): 항공우주 및 방위 산업 분야에 부품, 조립, 엔지니어링 서비스 및 도구를 제공하는, 이 분야의 선도적인 공급 업체다.

- 애틀라스그룹(Atlas Group): 파키스탄 카라치에 본사가 있고

남들이 알기 전에 미리 찜해두는 해외 주식

1962년에 설립된 대기업으로 쉬라지그룹(Shirazi Group)으로도 알려져 있다. 발전, 엔지니어링, 금융 서비스 및 금융 분야에서 사업을 운영한다.

- 벨컨(Belcan): 항공우주, 방위, 자동차, 일반 산업 및 정부 부문 고객에게 엔지니어링, 공급망, 기술 채용 및 정보기술 서비스를 제공하는 글로벌 공급 업체. 본사는 오하이오주 신시내티에 있으며 전 세계 50개 지역에 1만 명 이상의 직원을 두고 있다.

- BHI에너지(BHI Energy): 원자력, 석유, 풍력, 수력 및 정부 에너지 시장에 프로젝트 관리 및 인력 지원을 제공한다.

이상의 업체들을 조사하는 과정에서 항공 산업에 전문적으로 투자하는 사모펀드도 하나 찾았다.

- AE인더스트리얼파트너스(AE Industrial Partners): 플로리다주에 있는 항공 산업 전문 사모펀드로 1998년에 설립되었다. 운용 자산 규모는 29억 달러 이상이고 항공과 방위 산업뿐 아니라 발전기, 유체공학 기계 등 특수 산업 분야에도 폭넓게 투자 중이다. 현재 AE인더스트리얼파트너스가 투자하는 모든 기업들이 비상장사인 것을 고려하면 이 회사는 상장 전까지 투자를 하다가 투자 대상 회사들의 상장과 동시에 투자자금 회수(exit)를 하는 것으로 보인다.

AE인더스트리얼파트너스는 항공 관련 투자 영역에서 워낙 독보적이라 경쟁자가 거의 없는 듯하다. 비록 초음속기 기술에 대한 투자는 하고 있지 않지만, 그럼에도 이 회사가 투자 중인 기업들을 관찰할 필요가 있는 것은 그 때문이다. 미래의 최첨단 항공 기술을 보유한 회사들의 움직임을 추적하다 보면 초음속기 기술과 관련된 좋은 투자 대상도 언젠가는 찾을 수 있을 것 같아서다.

이렇게 조사를 하고 보니 2020년 현재 시점에서 초음속 항공기 산업 내의 기업을 찾아 투자한다는 건 사실 다소 이른 감이 있다는 결론이 내려졌다. 약 5년 정도 지나 초음속기가 상용화된다면 그때는 괜찮을 듯하니, 지금은 초음속 항공기보다는 일반 항공 기술 서비스 산업에서 투자 기회를 찾는 편이 좋겠다. 특히 애프터마켓의 기업, 즉 이미 일반 항공기에 탑재되는 다양한 교체용 부품을 제공하는 회사들을 추후 더 알아봐야겠다는 생각이 들었다. 미국의 항공기술 전문 사모펀드 역시 신기술보다는 일반 항공 산업을 위한 서비스업에 광범위한 투자를 진행 중이니 이들을 모방해보는 것도 좋겠다.

미중 무역전쟁의
수혜주를 찾아라

　날이 갈수록 세계 각국의 정치경제 상황은 불안해지고 환경 규제는 강화되고 있다. 그러나 이러한 시기에 오히려 혜택을 입을 수 있는 산업도 분명 있을 것이다. 이런 이야기를 나누던 중 이영호 전무는 미국 벌크해운 산업의 전망에 대해 내게 물었고, 나는 관련된 회사들을 찾아 주가를 전망해보기로 했다. 학부에서 선박기관을 전공했으니 벌크해운 산업과 시장에 대해 쉽게 이해하고 관련 회사들의 주가를 전망할 수 있을 듯해서였다.

　그렇지만 조금 알아보다 깨달았다. 벌크해운 산업은 내게 아무것도 모르는 분야나 마찬가지라는 사실을 말이다. 더군다나 한국도 아닌 미국의 벌크해운 산업이니 아무래도 처음부터 다시 알아볼 수밖에 없었다.

벌크해운이란?

벌크는 철광석, 석탄, 곡물 등 '가공되지 않은 원자재'를 뜻하고 벌크해운은 이러한 건화물(dry cargo)을 실어 나르는 해상운송업을 의미한다. 여기에 이용되는 배가 벌크선인데 세상에서 가장 큰 화물선이라 보면 될 것 같다. 발틱운임지수(BDI, Baltic Dry Index)는 벌크선의 시황을 나타내는 지수인데, 이를 통해 국가 간 무역 활동을 확인할 수 있다.

벌크선사의 주요 수입원은 화물 운송에 따른 운임, 또는 배를 화주 또는 다른 선사들에게 빌려주면서 받는 용선료다. 벌크선사들 사이에서도 경쟁이 치열하기 때문에 운임이나 용선료 또한 수요와 공급의 원리에 따라 결정된다. 즉, 선박에 대한 공급이 수요보다 많으면 운임이나 용선료가 낮아지고, 수요보다 적으면 상승하는 것이다. 후자의 경우라면 벌크선사의 매출이 증가하면서 주

블룸버그에서 제공하는 발틱운임지수.

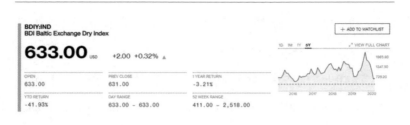

출처: https://www.bloomberg.com

　　　　　　　남들이 알기 전에 미리 찜해두는 해외 주식

가 상승도 기대할 수 있다.

벌크해운업의 전망에 앞서 현재 국제 경제적으로 이슈가 되는 몇몇 현상부터 정리해보기로 했다.

- **중국 경제의 하강**: 2002년 이후로 중국의 경제성장률은 내수 부진, 미중 무역전쟁, 돼지인플루엔자 등의 이유 때문에 낮아지고 있다. 중국의 산업생산량을 보여주는 BBC의 그래프를 보니 중국은 2009~2010년에 생산량이 15% 이상의 성장세를 보였지만 이후 급격히 하락하여 4.4%까지 무너졌음을 알 수 있었다.
- **무역전쟁**: 미국-중국 간 무역전쟁의 장기화 양상은 두 나라는 물론 다른 나라들의 무역에도 큰 영향을 주고 있다. 2018년 7월 이후 미국과 중국이 서로에게 부과한 관세 규모의 변화를 보면 중국에 대한 미국의 관세 공격이 거세지고 있음을 확인할 수 있다.
- **IMO의 환경규제 강화**: 앞서 살펴봤듯 IMO는 2020년부터 해상 연료유의 황산화물 함량을 3.5%에서 0.5%로 감축하는 규정을 발표했다. 이에 따라 해운 업체들은 선박의 배출가스를 감소시키는 데 필요한 조치를 신속히 해야 하는 상황이다.

벌크해운 시장의 전망을 확인하는 데 필요한 관련 보고서를 인

중국의 산업생산량을 전년 대비 비율로 나타낸 그래프.

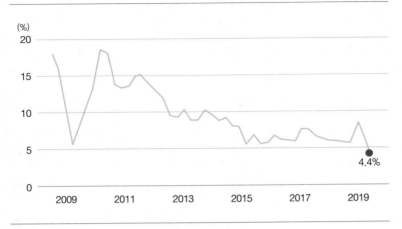

출처: https://www.bbc.com

터넷에서 찾아보다가 IHS마킷(IHS Markit)이라는 회사에서 공개한 '2019 해운과 조선업 전망(Shipping and Shipbuilding 2019 Outlook)'이란 문서를 발견했다. 과연 벌크선이 향후 부족해지는 상황이 온다고 언급되어 있을지 궁금해졌다.

보고서를 제공한 IHS마킷은 뉴욕증시에 상장되어 있는 런던 소재의 정보중개 회사이며(IHS는 Information Handling Services, 즉 정보를 다루는 서비스를 의미한다) 1959년에 항공 엔지니어들을 대상으로 하는 정보 제공 사업을 시작했다. 최근 5년간 주가흐름은 우상향을 보여왔고 주가수익률도 240%에 달해 사업이 매우 잘 전개되고 있는 것으로 판단되었다. 좋은 회사인 것 같아 좀 더 알아보고 싶었지만 우선은 벌크해운과 관련된 조사를 해야 하니 기억

남들이 알기 전에 미리 찜해두는 해외 주식

미중 무역전쟁으로 인한 양국의 관세 증가 추이.

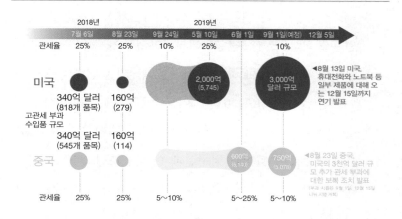

출처: https://www.yna.co.kr

만 해두기로 했다.

이 회사의 보고서는 누가 적었는지 궁금해서 링크드인에서 찾아봤더니 몬테네그로 출신으로 IHS마킷에서 2015년부터 애널리스트로 일하고 있는 달리보르 고긱(Dalibor Gogic)이라는 인물이라고 나온다. 1촌 신청을 하니 친절하게 수락하며 친구가 되어주었다.

보고서의 출처를 보니 내용은 신뢰할 만했다. 2019년 벌크해운업 전망에 대해 내 링크드인 친구 달리보르가 말한 것 중 우선 긍정적인 내용을 살펴봤다.

• 벌크선 증가율 2.7%, 건화물 교역 성장률 3.2% 예상: 벌크선의 수

와 건화물 교역량 모두 완만한 성장이 예상된다는 뜻이다.

- 대형 선박의 폐선은 제한적이나, 스크러버 설치 작업 시점 및 안정적인 공급 목적으로 신조선 공급에 제한이 있을 것: 선박을 오래 사용하면 폐선을 해야 하는데 이렇게 폐선되는 선박의 수가 증가하진 않을 것이고, 따라서 이로 인한 선박 부족 현상도 없을 것이란 전망이다. 그러나 선박들은 스크러버를 설치하기 위해 조선소에 들어가야 하는데 이것이 조선소에서는 새로운 선박의 건조를 제약하는 요소로 작용할 것이기에 이에 따른 선박 부족 현상은 있을 것으로 보인다고 한다.

- 미국의 대두(大豆) 수출지는 기존 중국에서 유럽, 중동, 북아프리카, 동남아시아 그리고 아르헨티나로 변경될 것: 미국과 중국이 사이가 좋지 않으니 중국으로 갈 콩이 중국 아닌 다른 지역들로 수출될 것이란 뜻이다. 대두는 돼지 사료의 주 구성물이니 이들 지역의 돼지들은 미국산 콩을 먹게 되나보다. 미국 벌크 선사들 입장에서 보면 운송 목표지가 많아지니 중국으로의 대두 수출길이 막힌다 해도 크게 걱정할 필요가 없을 듯하다.

- 기니아 보크사이트는 알루미늄 수요 증가로 지속 성장 예상: 알루미늄 수요가 늘어나 알루미늄의 원료가 되는 보크사이트 교역이 증가한다는 뜻이다.

- 베트남의 석탄 수요 증가: 자국 경제의 성장으로 베트남에서는 석탄 수요가 늘어날 것이다. 베트남이 세계의 공장이라는 사실은 이제 상식이다.

남들이 알기 전에 미리 찜해두는 해외 주식

- **중국의 보크사이트 수입 증가**: 중국도 알루미늄은 계속 생산해야 하는가보다.
- **미국과 중국의 무역전쟁은 지속되지만 중국향 대두는 브라질에서 수출될 것으로 전망**: 중국이 대두를 수입하는 국가가 미국에서 브라질로 바뀔 것이라 한다. 그럼 브라질 벌크선사들은 배가 더 필요해지고 더 바빠지지 않을까? 미국 벌크선이라고 브라질의 항구에 들어가지 못할까? 브라질 화주들이 미국의 벌크선을 빌려야 한다면 미국 벌크선사들은 용선료를 벌 수 있지 않을까? 혼자 여러 질문들을 떠올려보게 된다.
- **중국 정부에 의한 경기부양 정책 추진 예상**: 중국 경제의 급격한 성장은 더 이상 기대하기 어렵다. 그렇지만 정부에 의한 주택 건설 및 공공 지출의 확대, 세금 감면, 금융유동성 확보와 같은 경기부양 정책은 중국의 경제성장 둔화세를 줄일 수 있다는 전망이다.

미국의 벌크선사 사장들은 향후 전망에 대해 어떤 의견을 가지고 있을지 궁금해졌다. 한 유튜브 영상에는 미국의 주요 벌크선사 사장들이 한데 모여 벌크 시장의 향후 전망에 대해 나눈 토론이 담겨 있었다. 참고로 영상을 제공한 업체는 뉴욕에서 1995년에 설립된 투자자 관계 서비스 제공사인 캐피털링크(Capital Link)였다. 투자자 관계, 금융 커뮤니케이션 및 자문 서비스 제공 업체로 해운, 에너지, 마스터 합자회사, 폐쇄형 펀드 및 ETF에 초점을 맞춰 사업을 전개하고 있단다. 신뢰할 만한 기관으로 보였다.

이 토론에서도 달리보르의 보고서 내용과 비슷하게 브라질 댐 붕괴 사고, 인도의 영향, 미중 무역전쟁 안정화, 국제경제 상승, 케이프 사이즈 선박(수에즈 운하를 통과하기에는 크기가 너무 커서 남아공 케이프타운 희망봉 쪽으로 우회 운항하는, 재화중량톤 15만 톤 정도의 광탄선 또는 유조선)의 실적 호조, IMO 2020 환경규제 영향, 회사 주가의 지나친 할인 등의 내용을 다루었다. 이중 젠코시핑앤드트레이드(Genco Shipping & Trading)의 대표인 존 워번스미스(John Wobensmith)는 패널에 참가한 모든 회사의 주식을, 스코피오벌커스(Scorpio Bulkers)의 대표인 로버트 버그비(Robert Bugbee)는 자사주를 사겠다고 했다. 피터 린치가 제시하는 요점들 중엔 '내부자가 주식을 매입한다면 좋은 신호인데, 특히 여러 명의 내부자가 동시에 매입하였다면 더욱 그렇다'라는 것이 있는데, 그렇다면 이 말들은 좋은 신호인 걸까? 토론에 적극적으로 참여했던 젠코시핑의 존 워번스미스 사장의 의견이 궁금하여 관련 영상을 추가로 검색해봤다. 블룸버그와의 인터뷰에서 그는 '이제 건화물 운임의 회복 시기가 도래했다'고 말하고 있었다.

벌크해운 전망을 보았으니 조선소 상황에 대해서도 알고 싶어졌다. IHS마킷의 보고서에 따르면 해양구조물 선박에 대한 신조선 발주는 2014년 원유 가격 하락 이후 거의 존재하지 않고 향후 전망도 회의적이다. 그에 반해 2017~2018년의 신조선 발주는 대형 원유운반선, 가스운반선, 벌크선 등으로 대형화 추세를 보인다.

남들이 알기 전에 미리 찜해두는 해외 주식

선박 건조를 수주받은 조선소 대비 선박 발주 활동 추이(상) 및 2017~2018년 조선소 신조선 수주 현황(하).

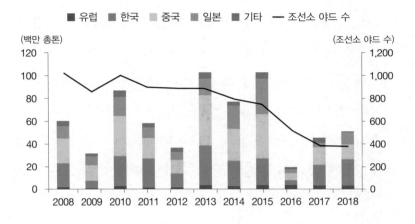

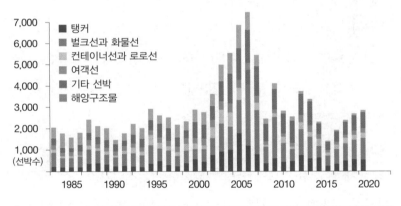

출처: https://ihsmarkit.com, https://maritimeintelligence.informa.com

또한 선박의 건조 또는 수리가 가능한 조선소의 도크들은 2008년 이후 10년 동안 절반 이하로 감소하고 있다. 2016년 이후 선박 발주량이 증가했음에도 선박들을 만들어내거나 수용할 수 있는 도크의 수는 제자리인 것이다. 이는 중국 조선소들의 침체에 따른 영향인데, 바다에 나와야 할 선박의 공급이 줄어든다는 뜻이니 투자자 입장에서는 좋은 소식이라 할 수 있다.

참고로 이 보고서에서는 한국의 조선소들도 언급되었다. 한국 조선소는 세계에서 가장 높은 수주율을 보이고, 수주한 선박들도 2016년 이후 대형화 추세를 보이고 있다. 대형 선박들의 건조나 스크러버 설치 작업이 한국에서 이루어지고 있는 것이다.

로이즈리스트인텔리전스(Lloyd's List Intelligence)라는 기관은 조선소 계약 체결 전망을 발표한 바 있는데, 그에 따르면 2020년에는 새로 건조되는 선박이 그리 급격하게 늘지 않을 것이라 한다. 2002~2005년 사이에는 어떤 이유에서인지 신조선 주문이 폭발적이었다는데 말이다.

2007년도 이후 신조선 주문이 급격하게 하락하는 모습은 중국 경제의 하강 각도와 유사해 보인다. 무언가가 전 세계 자원을 강하게 흡입했다가 뱉어내는 모습 같았다.

미국 셰일가스 산업의 영향으로 LNG선 건조 수요가 많은지도 알아봤다. 한 자료에 따르면 ①2014년경 천연가스 무역 규모는 완만히 성장한 반면 관련 선박수는 급격히 증가했고, ②2017년~2019년은 이 두 가지가 급격히 성장한 시기였으며, ③2020년 이후엔 무역 규모가 줄어들겠지만 2023년 이후 반등할 것으로 전망된다. 즉, LNG선 건조는 2018년에 정점을 찍은 뒤 하락 중이나 2023년을 기점으로 재상승할 것이라는 뜻이겠다.

앞서 언급했던, IMO가 발표한 유황 제한 규정은 어떤 영향들을 불러일으킬지에 대해서도 알아보기로 했다.

우선 선박 회사들은 선박에 스크러버라 불리는 배기가스 절감/세척 장치를 설치해야 한다. 이렇게 하면 기존에 사용하던 저렴한 고유황유를 계속 사용하며 연료비를 낮게 유지할 수 있다. 하지만 한 선박회사당 수십 척, 혹은 100척이 넘는 배가 있을 테니 그것들 모두에 스크러버를 설치하는 비용은 최소 수백억이 들 것이다. 물론 기업 대출을 받으면 되겠지만 이 비용을 혹시 운임에 반영하려 하진 않을까? 환경오염을 줄이겠다니 의도도 나쁘지 않아 보이는데 말이다.

만약 스크러버 설치를 원하지 않으면 고가의 저유황유를 사용해야 한다. 저유황유에 대한 선사들의 수요가 현재까지 증가 추세를 보이고 있긴 하다. 그런데 1메트릭톤(1,000킬로그램을 1톤으로 하는 중량단위)당 평균 가격이 고유황유는 300달러인 데 반해 저유황유는 590달러에 달한다. 두 배나 비싼 것이다! 그러니 선사들은 고민일 것이다. 둘 중 어느 것을 선택해야 할까? 선박 하나의 크기가 올림픽 경기장만 한 탓에 연료비는 선박 운영비의 30~50%를 차지한다. 유황 제한 규정에 따라 저유황유의 수요가 많아지면 가격은 더 비싸지지 않을까? 그리고 이런 상황이니 운임도 올릴 수 있지 않을까?

또 연료 효율을 조금이라도 높이기 위해 항해 중에 선박의 속도를 낮출 수는 없을까? 이것이 벌크해운에서 가능할까? 찾아보니 벌크선은 빨리 운항하여 빨리 물건을 내리는 것이 용선료를 줄일 수 있는 최선의 방법이기 때문에 선속 감소로 얻는 이득은 없다고 한다. 하지만 저유황유를 사용하면 연료비가 두 배 가까이에 이를 테니 이를 충당하기 위해서라도 운임을 올리고 싶지 않을까?

이상을 바탕으로 나는 몇몇 가설을 세워봤고, 이를 통해 벌크 선사의 주가가 이제 장기간의 상승 국면에 진입했다고 추정할 수 있었다.

- **가설 ①**: 미중 무역전쟁 → 중국은 대두 수입을 미국에서 브라질로 전환 → 브라질 화주나 선사로부터의 벌크선 용선 수요 증가 → 미국 벌크선사가 브라질 벌크선사로 용선 → 미국 벌크선사의 용선료 수입 증가
- **가설 ②**: IMO의 환경규제 강화 → 선박에 스크러버 설치 필요 → 선박들이 조선소로 이동 → 운항 가능한 선박의 공급량 감소 → 운임 상승 → 벌크선사의 운임료 수입 상승
- **가설 ③**: IMO의 환경규제 강화 → 선박에 스크러버 설치 → 가격이 싼 고유황유 계속 사용 가능 → 연료비 유지 가능 → 스크러버 설치비를 운임에 반영 → 벌크선사의 운임료 수입 상승
- **가설 ④**: IMO의 환경규제 강화 → 고가의 저유황유 선택 → 유가 감당을 위해 운임 상승 → 벌크선사의 운임료 수입 상승
- **가설 ⑤**: 신조선 발주 감소 → 조선소의 신조선 건조까지 최소 10개월 소요 → 운항 가능한 선박의 공급량 감소 → 운임

상승 → 벌크선사의 운임료 수입 상승

- 가설 ⑥: 2008년 서브프라임 경제위기 이후 벌크선사 주가의 지나친 하락 → 가설 ①~⑤의 효과로 벌크선 운임 상승 → 벌크선사 매출 및 순이익 증가 → 기관투자자의 벌크선사 주식 매수 증가 → 벌크선사 주가의 상승

이제 미국 증시에 상장되어 있는 벌크해운 회사들의 전망과 주가를 살펴볼 차례다. 심플리월스트리트의 분석에 따르면 이들 회사들은 공통적으로 향후 매출과 순이익 성장이 전망되고 회사의 미래 현금흐름 대비 현재 주가가 많이 할인되어 있는 상태다.

- **골든오션그룹(Golden Ocean Group)**: 80척이 넘는 벌크선을 운영하는 벌크선사. 스웨덴 국적의 탱커선사 프론트라인(Frontline)에서 탄생한 회사인데 노르웨이국민연금으로부터도 약 340억 원을 투자받고 있다. 사모펀드인 칼라일그룹과 리버스톤 역시 높은 비중으로 골든오션그룹의 주식을 보유 중이고, 심플리월스트리트는 현재 주가가 실제 기업가치 대비 많이 할인되어 있다고 분석한다. 주가는 장기간 침체기에 빠져 있으나 2021년 이후 주당순이익이 상승할 것으로 전망된다.
- **스타벌크캐리어스(Star Bulk Carriers)**: 130척 이상의 선박을 운영하는 벌크선사. 회사 등록지는 마셜 아일랜드이나 사무실은 그리스의 아테네와 사이프러스의 리마솔에 있다. 스위스

골드오션그룹의 실제 가치 대비 주가(상), 향후의 예상 주당순이익(중), 최근 5년간의
주가흐름(하).

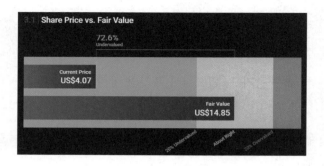

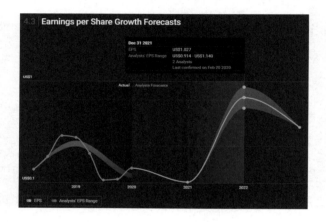

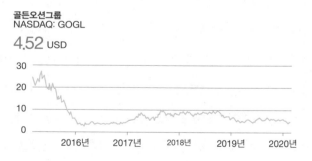

출처: https://simplywall.st, Google Finance

남들이 알기 전에 미리 찜해두는 해외 주식

스타벌크캐리어스의 실제 가치 대비 주가(상), 향후의 예상 주당순이익(중), 최근 5년 간의 주가흐름(하).

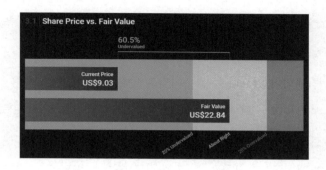

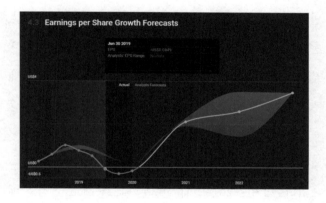

스타벌크캐리어
NASDAQ: SBLK

9.03 USD

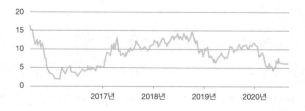

출처: https://simplywall.st, Google Finance

제네바에 스타로지스틱스(Star Logistics)라는 이름의 벌크 원자재 물류 회사를 갖고 있고 이 회사를 통해 최종 소비자에게 서비스를 제공한다. 회사의 실제 가치 대비 현재 주가는 낮은 수준이고, 골드오션그룹과 마찬가지로 주식이 장기간 침체되어 있으나 주당순이익은 앞으로 높아질 듯하다.

하워드 막스의 투자 회사 오크트리매니지먼트가 기관투자자로서 가장 큰 금액인 약 3,500억 원을 쏟아붓고 있다는 데 눈길이 간다. 2차적 사고를 강조하는 하워드 막스가 왜 이 벌크선사에 투자를 감행한 것인지 생각해볼 필요가 있겠다.

- **젠코시핑앤드트레이딩**: 2004년에 설립된 벌크선사로 58척의 벌크선을 운영하며 본사는 뉴욕에 있다. 실제 가치 대비 현재 주가, 최근 5년간 주가흐름이 앞의 두 회사와 비슷하다. 주당순이익은 2021년 이후 완만한 상승 곡선을 보일 것으로 전망된다.
- **스코피오벌커스**: 2013년에 설립된 벌크선사로 55척의 배를 운영 중이다. 주가에 대한 평가 및 향후 전망은 앞서 이야기한 회사들과 약속이라도 한 듯 매우 유사하다.

이상과 같이 미국의 주요 벌크선사들은 현재 주가가 실제 기업 가치보다 많이 할인되어 있으며, 빠르면 2020년이나 2021년을 기점으로 주당순이익이 상승할 거라 전망된다는 것이 공통점이다. 나는 현재 젠코시핑과 스코피오벌커스에 투자 중이다.

젠코시핑앤드트레이딩의 실제 가치 대비 주가(상), 향후의 예상 주당순이익(중), 최근 5년간의 주가흐름(하).

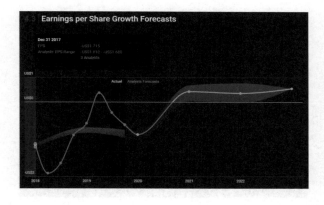

젠코시핑앤트레이딩
NYSE: GNK

7.86 USD

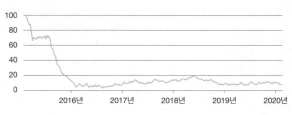

출처: https://simplywall.st, Google Finance

스코피오벌커스의 실제 가치 대비 주가(상), 향후의 예상 주당순이익(중), 5년간의 주가흐름(하).

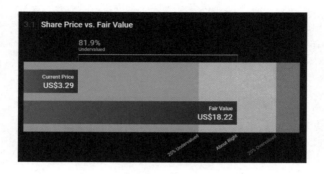

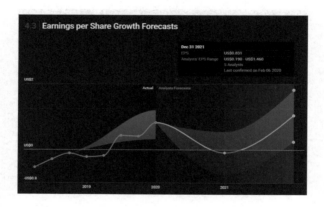

스코피오벌커스
NYSE: SALT

3.29 USD −0.28(7.84%) ⬇

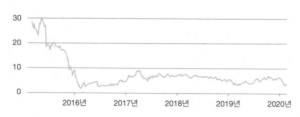

출처: https://simplywall.st, Google Finance

남들이 알기 전에 미리 찜해두는 해외 주식

대마초는 더 이상
불법이 아니야

이영호 전무가 내준 마지막 과제는 현재 규제 완화로 혜택을 보고 있는 마리화나 시장, 그리고 그에 따라 성장할 마리화나 회사에 대해 알아보는 것이었다. 이미 알려져 있듯 마리화나, 즉 대마초는 잎과 꽃에서 마약류의 물질을 얻을 수 있기 때문에 우리나라에서는 사용은 물론 재배도 금지되어 있다. 그러나 세계적으로 마리화나에 대한 규제는 점점 풀리고 있는 추세인데, 이와 관련된 좋은 투자처를 찾아보자고 한 것이다.

2019년 기준으로 세계의 마리화나 시장 규모는 177억 달러이며 향후 연평균 18.1%의 높은 성장률을 보일 것으로 예상된다. 특히 미국에서는 마리화나가 화장품, 제약, 식음료 산업에서 사용되는

데 그 법적 지위가 애매함에도 시장은 기하급수적으로 성장하고 있다. 역시 2019년 기준 미국 33개주와 컬럼비아 특별구는 의료용 또는 기호용 목적의 마리화나를 이미 합법화한 상태고, 2020년에는 켄터키와 앨라배마도 의학용 마리화나의 사용을 허가했다.

물론 각 주의 의회들이 이를 통해 막대한 세수를 노리는 면도 있겠지만, 의학용 마리화나 관련 시장은 규제 완화 덕분에 활기를 띠는 중이다. 증가하는 수요와 미국 내의 각 주 및 세계 각국의 관련 법령 변화에 부응하기 위해 자연히 마리화나 제품을 생산하는 기업들은 분주히 움직이고 말이다.

의료 영역에서 마리화나가 효과를 보이는 질환으로는 만성통증, 알코올중독, 약물중독, 우울증, 외상 후 스트레스 장애, 사회불안, 암, 다발성 경화증, 뇌전증, 주의력결핍 과다행동장애 등이

2016~2027년 미국의 상품 유형별 마리화나 시장의 규모.

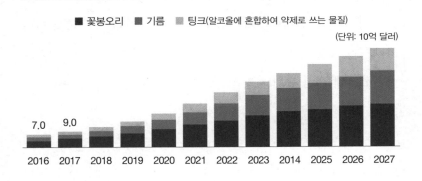

■ 꽃봉오리 ■ 기름 ■ 팅크(알코올에 혼합하여 약제로 쓰는 물질)

(단위: 10억 달러)

7.0 9.0

2016 2017 2018 2019 2020 2021 2022 2023 2014 2025 2026 2027

출처: https://www.grandviewresearch.com

있다. 의료 전문가가 아니어도 주위에서 어렵지 않게 들을 수 있는 질환들이다. 투자 데이터를 제공하는 모닝스타(Morning Star)에 따르면 2020년 1월 현재 마리화나 의약품 관련 업체들 중 17곳이 나스닥에 상장되어 있다. 그중 2019년 주가상승률이 가장 높은 틸레이(Tilray Inc.)에 대해 알아보기로 했다.

- **틸레이:** 캐나다의 마리화나 전문 제약사인 틸레이는 2013년에 설립되었으며 캐나다 토론토와 미국에 본사를 두고 있다. 미국 업체로서는 최초로 호주, 뉴질랜드, 독일, 포르투갈 그리고 라틴 아메리카에 마리화나 제품을 수출한 도전적 면모의 기업으로 2018년 7월에 기업공개를 했다. 오일, 캡슐, 건조 꽃 전체, 건조 꽃가루 그리고 분사 형태의 제품을 생산하는데, 홈페이지를 방문해서 살펴보니 제품의 종류 및 가격대가 다양하다. 겉보기에는 일반 의약품과 차이가 없기 때문에 용기에서 성분을 자세히 보지 않으면 일반 의약품과 구별하기가 어려워 보인다. 혹 마리화나 제품 용기가 다른 의약품과는 다르지 않을까 싶어 찾아봤는데 그렇진 않았다.

  CEO인 브렌든 케네디(Brendan Kennedy)의 이력은 링크드인에서 확인할 수 있었다. 케네디는 마리화나 전문 투자 회사에서 오랜 경력을 쌓은 뒤 틸레이를 창업했다. 소개글에는 벤처 자본 유치에 자신 있다는 문구가 있었다.

  나스닥 사이트에서 틸레이의 주당순이익은 당분간 마이너스

틸레이의 주당순이익(상)과 기관투자자 비율(중) 및 최근 주가흐름(하).

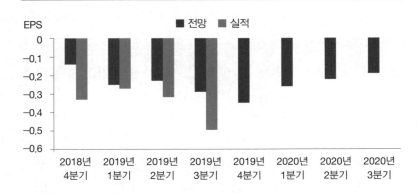

Ownership Summary

Institutional Ownership	12.86 %
Total Shares Outstanding (millions)	83
Total Value of Holdings (millions)	$207

틸레이
NASDAQ: TLRY

19.37 USD

출처: http://www.nasdaq.com, Google Finance

남들이 알기 전에 미리 찜해두는 해외 주식

일 것으로 전망되었는데 사업 확장에 큰 비용이 투입되기 때문인 것으로 보인다. 2019년 틸레이는 애널리스트들이 전망한 것보다 더 큰 적자 규모를 기록하기도 했다. 기관투자자의 참여 비율은 12.86%로 매우 낮으니 피터 린치의 기준에서 보자면 일단 합격이다. 구글파이낸스에서 틸레이의 주가흐름을 보니 2018년 기업공개 이후 대중의 흥분 시기를 지나 이제 안정을 찾은 듯하다. 재반등을 하기까지는 적지 않은 시간이 걸릴 것 같다.

마리화나 시장 전면에 서 있는 틸레이도 좋은 기업이란 생각이 들었지만, 피터 린치의 조언에 따라 나는 틸레이에 서비스를 제공하는 회사들이 어디인지 알아보고 싶어졌다. 마리화나 제약사에 마리화나를 공급하는 농장을 찾아봐야 하나 싶었지만, 그보다는 마리화나 제품 용기를 제작하는 업체들을 찾는 편이 좋을 것 같았다. 개인의 개성을 중시하는 미국인들이니 마리화나 용기들도 창의적이고 개성 있을 듯해서였다.

마리화나 웹마케팅 대행사인 마리화나SEO(Marijuana SEO)가 자사 웹사이트에서 마리화나 패키지 인기 순위를 공개한 페이지를 발견해서 살펴봤지만 그중 상장사는 없었다. 좀 더 찾아보니 관련 기사 하나가 검색되었다. 마리화나 합법화 덕분에 마리화나에 대한 주요 글로벌 포장 회사들의 관심이 높아지고 있다는 내용이었다. 또 마켓워치(Market Watch)의 어느 기사는 2025년까지 마리

화나 용기 시장이 폭발적으로 성장할 것이라는 다소 자극적인 제
목을 달고 있었다.

인터넷을 뒤지고 뒤진 끝에 마침내 마리화나 용기를 제작하는
상장회사인 베리글로벌그룹(Berry Global Group)을 찾아냈다. 그런
데 마리화나 용기만 만드는 회사가 아니었다.

- **베리글로벌그룹**: 1967년에 설립된 플라스틱 용기 제작 업체로
  본사는 인디애나주 에번즈빌에 있다. 플라스틱 용기가 대표
  제품이기는 하나 보호용 필름, 부직포, 테이프 등에서도 세
  계적인 기술력을 자랑하는 업체다.
  용기 제품군에서 이 회사가 제작하는 대표 제품들은 농업용
  필름, 각종 용기, 마리화나 용기, 뚜껑, 음료 컵 등인데 그중
  마리화나 용기에는 의약용과 성인용 두 가지가 있다. 참고로
  베리글로벌은 오로지 합법화된 마리화나 제품을 위한 용기
  만을 생산한다. 불법 유통되는 마리화나 제품에는 용기를 공
  급하지 않는다는 뜻이다.
  베리글로벌의 홈페이지에서 의료용이 아닌 성인 기호용 마리
  화나 용기인 임바크(Embark)라는 이름의 제품들을 발견했다.
  임바크는 아무 무늬도 없이 흰색인 제품이지만 마리화나 제
  약회사들에 공급되면 산뜻한 디자인으로 탈바꿈하는 것 같다.
  최근 5년간의 주가흐름을 살펴보니 과거엔 상승세를 보였으
  나 2019년 1분기 및 2분기에 예상을 하회하는 성과를 보여

베리글로벌이 제작한 임바크 제품은 아무 무늬 없는 흰색 플라스틱이지만(상), 제약
사들은 이런 임바크를 구입해 자사의 디자인을 입혀 멋지게 탈바꿈시킨다(하).

출처: https://www.berryglobal.com, https://www.packagingstrategies.com

하락한 듯하다. 그러나 나스닥 사이트에서 베리글로벌을 검
색해보니 틸레이와 달리 2019년 대비 2020년 주당순이익이
크게 증가할 것으로 전망되고 있었다. 주가 상승을 기대해도
좋다는 것으로 해석된다.

이상의 조사 과정 중 한 가지 새로 알게 된 것이 있다. 마리화
나 용기 중에는 베리글로벌이 제작하는 플라스틱 형태의 제품뿐

아니라 비닐 제품도 있다는 게 그것이었다. 우리가 흔히 사용하는 지퍼백에 달려 있는 슬라이더와 비슷하지만 아이들이 우연히라도 열어 마리화나를 접하는 상황을 방지하는 장치까지 더해진 특수 슬라이드였다. 마리화나 제품의 수요가 늘어나면 이런 특수 슬라이드에 대한 수요 역시 증가할 테니 관련 업체들을 찾아보기로 했

베리글로벌의 최근 5년간 주가흐름(상), 주당순이익의 흐름과 전망(하).

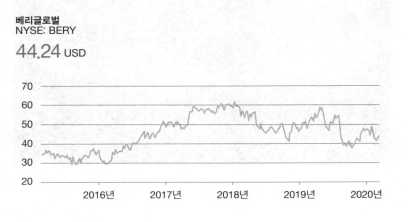

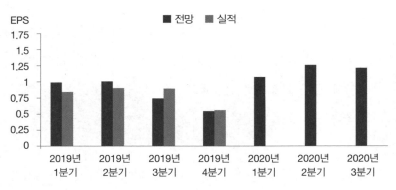

출처: Google Finance, https://www.nasdaq.com

고, 한참의 검색 끝에 레이놀즈컨슈머프로덕츠(Reynolds Consumer Products)와 일리노이툴웍스(Illinois Tool Works)를 발견할 수 있었다.

- **레이놀즈컨슈머프로덕츠**: 일리노이주의 레이크 포레스트에서 2010년에 설립된 가정용 소비재 제작 업체. 프레스토프로덕츠(Presto Products)라는 자회사를 통해 비닐백용 특수 슬라이더를 생산한다. 2020년 1월 31일에 나스닥에 기업공개를 한 신규 상장사이며, 상장 이후 주가수익률은 17%다.
- **일리노이툴웍스**: 집팩(Zip-Pak)이라는 자회사를 통해 지퍼 형태의 특수 슬라이더를 생산한다. 최근 5년 주가를 확인하니 2018년 소폭 하락했던 것을 제외하고는 상승세를 타고 있었다. 5년 주가수익률은 43%다.

주가흐름도 흥미로운데 회사명도 피터 린치가 강조하는 '투박한 이름'이라 가점을 주기로 하며 홈페이지를 찾아가봤다. "우리는 어디에나 있습니다"라는 소개 문구가 보이는데 무슨 뜻일지 궁금해졌다. 현대 산업의 역사에 무언가 큰 영향을 미친 회사로 보인다.

일리노이툴웍스는 회사 이름처럼 많은 도구를 생산하는데 크게는 자동차, 식품 장비, 테스트 및 측정, 용접, 폴리머 및 유체, 건축 제품 및 특수 제품 등 7개 세그먼트로 구성된다. 포춘(Fortune)이 선정한 세계 250대 기업에 속하고 S&P

500에도 포함된다.

이 회사는 1912년에 바이런 L. 스미스(Byron L. Smith)가 설립했다. 스웨덴 이민자 집안 출신의 스미스는 금융 회사 노던트러스트(Northern Trust)를 세운 은행가였으며, 현재까지도 미

레이놀즈컨슈머프로덕츠(상)와 일리노이툴워크스의 최근 5년간 주가흐름(하).

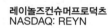
레이놀즈컨슈머프로덕츠
NASDAQ: REYN

33.59 USD

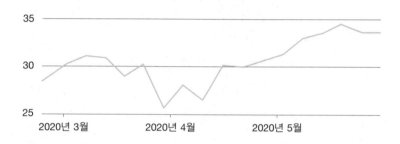

일리노이툴워크스
NYSE: ITW

140.19 USD

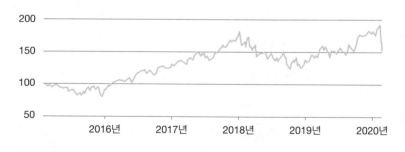

출처: Google Finance, https://www.chicagobusiness.com

남들이 알기 전에 미리 찜해두는 해외 주식

국에서 가장 부유한 가문 중 하나로 집안을 일궈냈다. 노던트러스트와 일리노이툴워크스는 현재 그의 자손들이 이끌고 있다. 참고로 노던트러스트는 뮤추얼펀드 영역에서 세계 19위에 올라 있는 대형 기관투자자다.

현재 보유 중인 특허가 1만 7,000개에 달하는 일리노이툴워크스는 미국 특허 순위 100위 밖으로 나가본 적이 없다고 한다. 자회사의 수는 너무 많아 셀 수도 없을 정도인데, 최소 100개는 넘어 보인다.

이번 조사에서도 역시 '서비스 제공 업체들을 찾아 내려가다 보면 좋은 투자처를 찾을 가능성도 높아진다'는 사실을 깨달았다. 더불어 '고객으로 하여금 제품을 계속 구매하게 만드는 회사를 찾을 것' '인기 업종의 인기 종목을 피할 것' '틈새를 확보한 회사를 찾을 것'을 강조했던 피터 린치의 이야기도 다시 한 번 머릿속에 새겨졌다.

이번 장에서 해외 투자 시 도움이 될 만한 내용은 다음과 같다.

- **4차 산업혁명을 현실화하는 기업을 찾아라:** 미래 시대에 맞게 공장 자동화의 핵심 기술을 보유한 업체에 주목하자. 이런 회사들은 특히 미국에 많다.
- **좋은 투자처는 의외의 국가에서도 등장한다:** 처음에 투자하기로 마음먹었던 국가가 아니더라도 관련 기업을 조사해나가다 보면 전혀 예상치 못했던 나라의 좋은 회사를 찾을 수 있다. 항상 시야를 넓게 가지자.
- **초음속 항공기 산업의 투자는 아직 이르다:** 그렇지만 애프터 마켓, 즉 일반 항공기술 서비스 산업에서는 투자 기회를 찾을 수 있다.
- **글로벌 정치외교 상황이 늘 악재인 것은 아니다:** 미중 무역전쟁은 분명 글로벌 시장 전반적으로 좋지 않은 영향을 끼치지만, 반대로 그것이 기회로 작용하는 영역도 있다. 국제 뉴스를 주시하며 이런 분야를 찾아보자.
- **산업 보고서를 투자에 활용하자:** 인터넷에서 공짜로 제공되는 산업 보고서들은 투자에 좋은 참조가 되는 자료일 가능성이 크다. 다만 믿을 만한 기관이 작성한 것인지를 사전에 확인하자.
- **잘 팔리는 제품의 포장 용기들에 주목하자:** 인기 많은 제품에 대한 투자보다는 그것들이 담기는 용기에 답이 있다. 이런 용기들을 제작, 제공하는 협력 업체들을 관찰하자.

남들이 알기 전에 미리 찜해두는 해외 주식

Part 7

숨어 있는 거인들

헤지펀드

해외 주식에 투자하다 보면 관심 가는 회사의 주주를 확인하는 과정에서 기관투자자들과 마주치게 된다. 미국의 경우 전체 주식의 약 80%를 기관투자자들이 소유한다. 매우 높은 비중이다. 기관투자자들은 돈을 위탁한 고객들을 대신하여 투자하는 전문기관인데 그 종류로는 기부기금, 상업은행, 뮤추얼펀드(투자회사), 헤지펀드, 연금펀드 그리고 보험회사가 있다. 나는 이들을 '거인'이라 칭한다.

'거인의 어깨 위에 올라탄다'라는 말이 있다. 그리스 신화에 나오는 맹인 거인 오리온이 자신의 하인 세달리온을 자기 어깨 위에 태워 눈 역할을 하게끔 했다는 데서 나온 표현이다. 지금은 지적 진보를 이루기 위해 먼저 그 길을 걸은 주요 사상가들이 발견하고 깨달은 진실을 사용한다는 뜻으로 사용된다.

투자가 전문인 서양의 기관투자자들을 지혜로운 거인이라 하기에는 무리가 있다. 하지만 고유의 투자 철학과 전문 인력, 기술을 갖춘 상태에서 투자하는 이들에게선 우리가 분명 배울 것이 있다고 생각한다. 이 장에서는 이들에 대해 다루고자 한다.

개인투자자들의 사랑을 받는 뮤추얼펀드

우선 뮤추얼펀드에 대해 알아보자. 뮤추얼(mutual)은 '공동의'란 뜻이니 뮤추얼펀드는 여러 투자자들로부터 돈을 모아 유가증권을 구입하는 펀드를 지칭한다. 개인들 입장에선 서로 다른 자산을 일일이 매입하는 대신 뮤추얼펀드 매입을 통해 여러 주식을 균형 있게 살 수 있고, 쉽게 현금화할 수 있으며 매입 수수료도 낼 필요가 없다는 장점이 있다.

뮤추얼펀드 운용사는 펀드 자산가치의 0.5% 정도를 개인매입자들에게 펀드 운용비로 부과하여 수입을 얻는다. 뮤추얼펀드의 대표적인 예로는 인덱스펀드가 있다. 증권시장의 장기적인 주가지표의 움직임에 연동되도록 포트폴리오를 구성하여 시장의 평균수익을 실현하는 것을 목표로 하는 포트폴리오 운용 기법이다. 인덱스펀드 자산운용의 핵심은 최소의 인원과 비용으로 투자위험을 효율적으로 낮추기 위해 가능한 한 적은 종목으로도 주가지표의 움직임을 근접 추적할 수 있는 포트폴리오를 구성하는 것이다.

뮤추얼펀드는 개인투자자들에게 인기가 상당히 많아서 엄청난 돈이 운용사로 유입된다. 뮤추얼펀드 운용사들이 주주로서 자주 모습을 드러내는 것도 이 때문이다. 물론 내가 찾은 기업의 최대주주가 주요 뮤추얼펀드 운용사 중 하나라면 그 기업은 좋은 회사이고 주식 역시 우량주일 가능성이 높다. 그러나 그와 동시에 그 주식이 인기 종목이라 실제 기업가치 대비 주가가 지나치게 높게 형성된 상태일 수 있는 위험도 존재한다. 무엇보다 이러한 주식들은 피터 린치가 강조한 투자 법칙 중 하나인 '기관투자자의 참여 비율이 낮은 주식에 투자할 것'의 범주에 포함된다고 보기 어렵다.

전 세계 뮤추얼펀드 운용사 순위를 살펴보면 두 가지 특징이 눈에 띈다. 하나는 미국 회사가 압도적으로 많다는 것으로, 다음 리스트 상위 10위에 올라 있는 운용사들 중 프랑스의 나티시스글로벌어소시에이츠(Natixis Global Associates)를 제외하면 모두 미국의 회사들이다. 다른 하나는 대중적인 펀드를 판매하다 보니 뮤추얼펀드 운용사 대부분이 기업공개, 즉 상장되어 있다는 점이다.

- BNY멜론(BNY Mellon)
- JP모건
- TD아메리트레이드(TD Ameritrade)
- T로위프라이스
- 골드만삭스
- 나티시스글로벌어소시에이츠

- 노던트러스트
- 루미스세일즈(Loomis Sayles & Co.)
- 리걸앤드제너럴인베스트먼트(Legal & General Investments)
- 미국교직원퇴직연금기금(TIAA)
- 뱅가드(Vanguard)
- 뱅크오브아메리카메릴린치(Bank of America Merrill Lynch)
- 블랙록
- 선라이프글로벌인베스트먼트(Sun Life Global Investments)
- 스테이트스트리트글로벌어드바이저스(State Street Global Advisors)
- 아메리프라이즈파이낸셜(Ameriprise Financial)
- 아문디애셋매니지먼트(Amundi Asset Management)
- 알리안츠(Allianz)
- 에드워드존스(Edward Jones)
- 웰링턴매니지먼트(Wellington Management)
- 인베스코(Invesco)
- 찰스슈왑(Charles Schwab)
- 캐피털그룹(Capital Group)
- 푸르덴셜인베스트먼트(Prudential Investments)
- 피델리티인베스트먼트
- 핌코(PIMCO)

투기 혹은 투자, 헤지펀드

《돈, 뜨겁게 사랑하고 차갑게 다루어라》에서 앙드레 코스톨라니는 헤지펀드에 대해 '그 이름만으로도 사기'라며 다음과 같이 비난했다.

> 헤지펀드는 그 이름만으로도 대중에 대한 이중적 사기다. 그것은 헤지(보증)도 아니고, 펀드도 아니기 때문이다. 헤지펀드가 펀드가 아닌 이유는 자명하다. 선진 자본 시장과 투자자 보호법이 있는 나라에서는 펀드로 허가가 나지도 않을 것이기 때문이다. 그래서 투자자들은 이러한 사기극이 가능하도록 문을 열어놓은 작은 섬나라를 찾아가야 한다. 마치 로엔 그린이 노래한 것처럼 "너희의 발길이 닿지 않는 아주 먼 나라"를 찾아야 하는 것이다.

나는 앙드레 코스톨라니 책을 즐겁게 읽고 많은 것을 배웠지만 이번에는 용감하게 헤지펀드에 대해 좀 더 알아보고자 한다. 대형 뮤추얼펀드 운용사와는 다르게 헤지펀드 운용사들은 또 그들만의 특징을 갖고 있는데, 우선 헤지펀드란 무엇인지에 대해서부터 살펴보자.

1949년 사회학자이자 저널리스트였던 앨프리드 윈슬로 존스(Alfred Winslow Jones)가 저평가된 주식은 매수하고 고평가된 주식은 매도하는 방법으로 펀드를 처음 운용한 것이 헤지펀드의 기원이다. 지금 보면 상식적인 주식 투자 전략이지만 1966년 캐롤

운용자산 기준으로 살펴본 미국의 헤지펀드 순위.

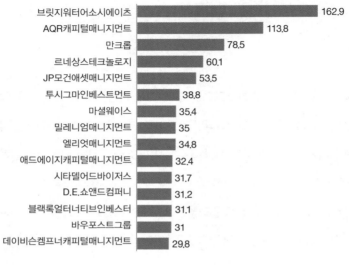

2019년 2월 기준(단위: 10억 달러)

브릿지워터어소시에이츠	162.9
AQR캐피털매니지먼트	113.8
만크롭	78.5
르네상스테크놀로지	60.1
JP모건애셋매니지먼트	53.5
투시그마인베스트먼트	38.8
마셜웨이스	35.4
밀레니엄매니지먼트	35
엘리엇매니지먼트	34.8
애드에이지캐피털매니지먼트	32.4
시타델어드바이저스	31.7
D.E.쇼앤드컴퍼니	31.2
블랙록얼터너티브인베스터	31.1
바우포스트그룹	31
데이비슨켐프너캐피털매니지먼트	29.8

출처: https://www.statista.com

루미스(Carol Loomis)가 〈포춘〉에 게재한 기사에서 이러한 투자 기법을 사용한 존스의 펀드를 헤지펀드라고 처음 지칭한 뒤부터 이 용어가 사용되기 시작했다. 헤지(hedge)란 울타리, 담(fence)이란 의미의 단어인데 '위험을 피하다'라는 뜻으로도 사용된다. 다시 말해 헤지펀드는 '울타리를 쳐 자산을 안전하게 유지하면서 위험에도 수익을 내는 펀드'라는 의미다(출처: 두산백과).

현재의 헤지펀드는 대개 개인이 모집하는 투자신탁으로, 100명 미만의 투자가들로부터 자금을 모아 파트너십을 결성한 뒤 자금을 운용한다. 일반적인 펀드와 달리 헤지펀드는 높은 차입(레버리

펀드 개시일 이후의 수익을 기준으로 한 헤지펀드 매니저 순위.

'2019년 기준'

순위	헤지펀드 매니저	소속
1	레이 달리오	브릿지워터어소시에이츠
2	조지 소로스	소로스펀드매니지먼트
3	켄 그리핀	시타델어드바이저스
4	스티븐 멘델	론파인캐피털
5	데이비드 쇼	D.E.쇼앤드컴퍼니
6	세스 클라먼	바우포스트그룹
7	올레 안드레아스 할보르센	바이킹글로벌인베스터스
8	폴 싱어	엘리엇어소시에이츠
9	대니얼 오시	오시-지프/스컬프터캐피털
10	데이빗 테퍼	애팔루사매니지먼트

출처: https://www.valuewalk.com

지)을 이용하고, 관련 법규나 감독기관의 감시가 미치지 못하는 사각지대를 노리는 소수의 대규모 투자자 집단이란 특성이 있다.

미국에서 헤지펀드의 규모를 알아보는 과정에서 프레킨(Preqin)이라는 회사가 작성한 보고서를 찾았다. 영국에 본사를 두고 있는 프레킨은 대체자산 시장에 대한 재무정보 및 대체투자 지원 도구를 제공하는 업체다.

프레킨의 보고서에 따르면 미국에서 헤지펀드는 전체 운용자산의 약 64%를 차지하며 규모는 약 2조 6,300억 달러다. 지역적으로는 뉴욕이 전체의 50% 이상을, 동부 지역이 약 80%를 차지하며 강세를 보인다.

운용자산 규모를 기준으로 한 헤지펀드 순위를 보니 브릿

전 세계 헤지펀드 매니저 순위에서 1위에 오른 레이 달리오.

출처: https://economictimes.indiatimes.com

지워터어소시에이츠(Bridgewater Associates)가 1,629억 달러로 1위를 차지했는데, 1위에 오른 인물도 이 회사의 CEO인 레이 달리오(Ray Dalio)다(2019년 기준).

레이 달리오는 글로벌 매크로 전략(global macro strategy)을 투자에 적용한 것으로 알려져 있다. 매크로, 즉 거시경제 관점에서 투자 전략을 짠 것이다. 글로벌 매크로 전략은 금리, 채권수익률, 채권가격, 주가지수, 환율, 중앙은행의 통화 정책 등 복합적인 요소들이 상호 작용하며 경제 사이클을 형성한다는 이론에서 만들어진 전략이다.

달리오는 세계 경제는 비슷하게 움직이며, 신용주기(debt cycle, 부채주기라고도 함)를 형성한다고 보았다. 그에 따르면 전 세계는 촘촘한 금융망으로 연결되어 있고, 신용사회화에 따라 현금이 아닌 신용만으로도 거래가 가능한 환경이 되었다. 이러한 환경에서 신용주기는 다음과 같은 순서로 형성된다.

① 소비가 촉진되고 경기가 선순환의 구조를 이어간다.
② 투자가 향상되어 인프라가 커지면서 전반적인 경제의 파이가 커지고 생산성도 증가한다.

③ 신용으로 세워진 경기는 신용주기가 끝나갈 때쯤 빠르게 무너져내린다.

④ 이후의 경기는 이전에 증가한 생산성을 바탕으로 빠르게 회복한다.

1997년 한국이 겪었던 외환위기를 떠올려보자. 외환위기 전 한국의 기업들은 과도한 빚을 내가며 사업을 확장했는데, 1997년 한국 경제에 대해 비관적인 전망이 제기되자 외국 자본들은 한국에서 썰물처럼 빠져나갔다. 원화가치 하락을 막기 위해 한국 정부는 역으로 달러를 팔며 환율 방어에 나섰지만 외환보유고가 바닥을 드러내자 결국 국제통화기금에 손을 벌렸다. 그렇게 외환위기가 닥쳤고, 한국 경제는 빠르게 무너졌다.

그런데 우리가 절망에 빠져 있던 그때, 신용주기를 알고 있었던 해외의 헤지펀드들은 한국 자산을 공격적으로 매입했고 이후 한국은 짧은 기간에 경제를 회복시켰다. 그에 따라 헤지펀드들은 큰 수익을 보면서 한국의 자산을 매도했다. 이 기억을 되살려보면 레이 달리오가 이야기하는 신용주기, 그리고 헤지펀드들의 공격적 성향을 이해하기가 조금은 쉬울 것 같다.

그동안 해외 주식 투자를 해오면서 나 역시 헤지펀드들의 몇몇 특징을 느낀 바 있다. 정확히 말하자면 2년 가까운 시간 동안 그들의 보유 종목을 관찰하면서 얻은 지극히 개인적인 소견이자 느낌이다.

- 대형 기관투자자들처럼 회사 이름이 세상에 알려져 있진 않다.
- 회사 홈페이지 외에는 자사 홍보 루트가 없으며, 홈페이지마저 없는 회사들도 있다.
- 대형 기관투자자에서 일한 경력의 대표들이 많다.
- 혁신적인 기술력으로 미래성장성이 있는 회사에 공격적으로 투자한다.
- 집중하고자 하는 산업의 전문 인력을 채용하여 투자한다. 즉, 선택과 집중을 한다.
- 높은 수익을 추구한다.
- 이들의 주요 투자 대상들은 우리가 미디어에서 접하는 다국적 기업들이 아니다.
- 적자 기업에 투자한다.
- 관련 규제 및 조세 정책을 회피하기 위해 조세 피난처에 위장 거점을 두고 영업하는 경우가 있다.

앞서 이미 우리는 미국의 헤지펀드 매니저인 리드 그리피스가 자신의 회사인 테트라건파이낸셜그룹을 영국해협의 건지 섬에 등록한 것, 그리고 미국의 헤지펀드 서드포인트가 룩셈부르크에 페이퍼컴퍼니를 세우고 그들의 펀드를 케이맨 제도에 등록한 것을 본 바 있다. 건지 섬과 케이맨 제도 외에도 전 세계에는 여러 조세 피난처가 있을 것이다. 혹시 그들 사이에도 순위가 있는지 궁금해져서 찾아봤더니 영국령 섬국가들이 1~3위를 차지한다.

남들이 알기 전에 미리 찜해두는 해외 주식

이 순위는 법인세 피난지 지수 (Corporate Tax Haven Index)에 의한 것인데, 법인세 피난지 지수는 두 가지 평가점수의 합산으로 결정된다. 첫 번째는 관할의 법인세 피난처 법과 정책이 얼마나 공격적인지 평가하는 20가지 세금 관련 지표를 기반으로 한 점수, 두 번째는 해당 관할권에서의 이익 이동 잠재력의 크기에 대한 지표로 기업 투자 활동의 규모를 보여주는 글로벌 스케일 가중치 점수다.

전 세계 조세 피난처의 순위.

순위	지역명
1	버진 아일랜드 (영국령)
2	버뮤다 (영국령)
3	케이맨제도 (영국령)
4	네덜란드
5	스위스
6	룩셈부르크
7	저지 (영국령)
8	싱가포르
9	바하마
10	홍콩

출처: https://www.corporatetaxhavenindex.org/en/

그간 해외 주식 투자를 하면서 찾은 미국의 헤지펀드들 그리고 그들이 투자하고 있는 업체들을 정리해보았다. 이들이 투자하고 있는 회사들을 관찰하면 좋은 힌트를 얻을 수 있다. 참고로 각 헤지펀드들의 주요 투자처는 웨일위즈덤에서 검색했다.

- **오크트리캐피털매니지먼트**: 2차적 사고를 강조하는 하워드 막스가 대표로 있는 헤지펀드로 본사는 로스엔젤레스에 있다. 미국의 전력 회사 비스트라에너지코퍼레이션(Vistra Energy Corp.)에 주로 투자하고 있는데, 이 업체의 5년 주가수익률은 39%다.

- **AWM인베스트먼트컴퍼니**: CEO의 이름인 오스틴 울프 마르크(Austin Wolfe Marxe)의 이니셜을 회사명으로 삼은 뉴욕의 헤지펀드. 기술주에 집중적으로 투자하며 최대 투자처는 대화형 상거래 및 AI 소프트웨어 개발사인 라이브퍼슨(LivePerson)이다. 라이브퍼슨의 5년 주가수익률은 164%다.

- **로이스앤드어소시에이츠(Royce & Associates LP)**: 1972년에 설립된 운용자산 규모 16조 원의 헤지펀드로, 가치 있고 성장하는 중소기업에 집중 투자한다. 주요 투자처인 윤활유 제조업체 퀘이커케미컬(Quaker Chemical Corp.)의 5년 주가수익률은 114%다.

- **아메리칸캐피털매니지먼트(American Capital Management)**: 뉴욕의 자산운용사로 중소자본의 회사에 많이 투자한다. 제약, 생명공학 및 의료 기기 산업에 아웃소싱 서비스를 제공하는 아일랜드 기업 아이콘(Icon Plc.)에 집중 투자중이다. 아이콘의 5년 주가수익률은 132%다.

- **클리어하버애셋매니지먼트(Clear Harbor Asset Management)**: 역시 뉴욕의 자산운용사이다. 주요 투자처는 글로벌 틈새시장에서 엔지니어링 제품을 생산하는 다국적 회사인 로퍼테크놀로지(Roper Technologies)로, 이 업체의 5년 주가수익률은 118%다.

- **웰스트러스트엑시엄(Wealthtrust Axiom)**: 오하이오주 래더너에 있는 자산운용사로 주요 투자처는 위성 회사 이리듐커뮤니

케이션(Iridium Communication)이다. 이리듐커뮤니케이션은 이리듐 위성, 즉 휴대전화 및 트랜시버 장치의 음성 및 데이터 통신에 사용되는 66개의 위성 시스템을 운영한다. 이 업체의 5년 주가수익률은 186%다.

- **인듀런트캐피털매니지먼트**: 캘리포니아주 산마테오에 있는 헤지펀드로 헬스케어 산업에 집중 투자한다. 최대 투자처는 미국의 대형 제약회사 브리스톨마이어스스큅(Bristol-Myers Squibb Co.)이다. 이 회사의 주가는 5년간 변동성이 심해서 수익률은 2% 선이다.

- **라이언캐피털매니지먼트**: 샌프란시스코의 헤지펀드로 주요 투자처는 매트리스 제작회사인 퍼플이노베이션(Purple Innovation Inc.)이다. 퍼플이노베이션의 5년 주가수익률은 166%다.

- **디비자르캐피털매니지먼트(Divisar Capital Management)**: 샌프란시스코의 헤지펀드로 주요 투자처는 울트라클린홀딩스(Ultra Clean Holdings Inc.)다. 가스 공급 시스템에 중점을 둔 반도체 장비 산업을 위해 서브시스템을 개발 및 공급하는 울트라클린홀딩스의 5년 주가수익률은 76%다.

- **서드포인트매니지먼트**: 앞서 6장에 나온 에너지언이라는 기업의 주요 주주로 잠시 살펴봤던 그 서드포인트매니지먼트이다(뒤에서도 좀 더 자세히 살펴볼 예정이다). 뉴욕 소재의 이 헤지펀드가 상장기업 중 최대 투자처로 삼은 곳은 제약 및 헬

스케어 업체인 백스터인터내셔널(Baxter International)이다. 1931년에 설립되어 일리노이주 디어필드에 본사를 둔 백스터 인터내셔널은 혈우병, 면역질환, 암, 감염질환, 신장 질환, 외상 및 급·만성질환용 의학 기기를 개발, 제조 및 판매하며 5년 주가수익률은 133%다.

이상의 헤지펀드들 중에는 서드포인트매니지먼트 외에도 앞서 등장했던 회사가 하나 있다. 이 업체에 대해 좀 더 알아보자.

주목할 만한 헤지펀드 1_인듀런트캐피털매니지먼트

인듀런트캐피털매니지먼트(이하 인듀런트)의 운용자산 규모가 4억 2,900만 달러이므로, 10억 달러 이상을 기준으로 하는 대형 투자 회사라 하기엔 어렵다. 하지만 그런 만큼 분명 빠르게 성장하기 위해 창의적인 투자를 해나갈 것 같다.

인듀런트는 회사 홈페이지가 없다. 하지만 2013년 6월에 설립되었으며 대표는 브라이언 크리스토퍼 로넌(Brian Christopher Ronan)이라는 정도의 간단한 정보는 블룸버그에서 볼 수 있었다.

웨일위즈덤에 따르면 이 헤지펀드는 운용자산 규모가 4.2억 달러이며 2019년 4분기 현재 전체 운용자산의 85.32%를 헬스케어 분야에 쏟아붓고 있다. 의료 및 제약 산업의 투자에 엄청난 자신감을 보이는 회사라 이해하면 되겠다.

웨일위즈덤에서는 자신이 찾는 회사 관련 페이지상의 'Holdings',

즉 보유종목 항목을 클릭하면 이 투자사가 보유하고 있는 종목들의 티커 리스트가 보이는데, 각 티커 위에 마우스 커서를 올리면 회사명을 알 수 있다. 앞서 말했듯 인듀런트의 최대 투자처는 미국의 대형 제약 회사인 브리스톨마이어스스큅이며 두 번째 투자처는 미국의 건강보험회사 앤섬(Anthem Inc.)이다. 이것으로 보아 인듀런트는 헬스케어 산업 내에서도 제약에만 집중하지 않고 여러 분야에 분산투자를 하는 회사 같다.

링크드인에서 회사 직원들을 검색해보니 의료 산업 분야에서의 투자 경력을 가진 직원들이 보인다. 헬스케어 산업에 집중적으로 투자하는 회사가 되겠다는 의지가 느껴진다.

2019년 4분기에 인듀런트는 약 123억 원을 들여 리제너런파머슈티컬스(Regeneron Pharmaceuticals)라는 회사의 주식을 새로 매수했다. 나도 처음 보는 회사인데 인듀런트가 투자를 결심한 이유가 무엇인지 궁금해서 알아보고 싶어졌다. 우리식으로 속되게 표현하자면 듣보잡 회사인 셈이지만 인듀런트의 대규모 투자에는 분명 근거나 목적이 있을 테니 말이다.

- **리제너런파머슈티컬스(이하 리제너런)**: 파머슈티컬은 형용사로 '약학의' '약제의'라는 뜻이고 명사로는 조제약, 제약이다. 따라서 이 단어가 이름에 들어가 있는 회사는 신약 개발을 전문으로 하는 제약 회사로 보면 된다.

기본 정보 조사를 위해 홈페이지(http://www.regeneron.com)

인듀런트캐피털매니지먼트의 직원 프로파일.

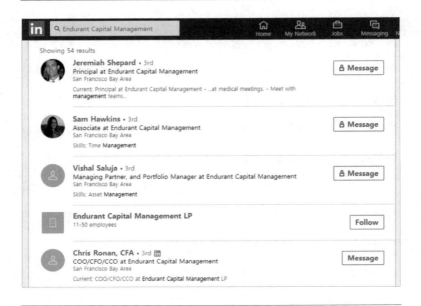

에 접속해보려 했으나 이것부터 되지 않는다. 한국이라 접속하기가 어려운 것 같은데 그래도 포기할 수 없어서 프록시를 이용, 우회 접속을 시도했더니 홈페이지가 열린다. 훌륭한 약을 개발하고 계속해서 만들 것이라고 나와 있다.

네이버에서 이 회사명을 키워드로 입력해보니 이 회사와 연관된 콘텐츠가 나오긴 하는데 대개는 주식이 아닌 전문적인 의학 관련 사항들이다. 리제너런은 당뇨망막병증 치료제 '아일리아(Eylea)' 등 고품질의 바이오 의약품에 대한 특허를 보유했고 독자적인 연구개발 시스템이 강점이라는 내용을 담은

페이지가 나왔다. 물론 나는 전혀 모르는 분야니 무슨 말인지 하나도 모르겠지만, 당뇨망막병증이란 병의 정체가 궁금해서 잠시 검색해봤다. 이 질환은 당뇨병 환자의 절반 이상에서 발생하고 실명(失明)을 일으키는 주요 원인이며 초기 증상이 없는 것이 특징이라고 한다. 의료 지식은 없지만 그냥 읽는 것만으로도 치명적인 질환임을 알 수 있었다.

다시 리제너런의 홈페이지로 돌아가 파이프라인 페이지에 들어가 살펴보니 파이프라인의 개수가 29개로 무척 다양하다. 신약으로 개발 가능한 후보 물질이 많다는 것이다. 심혈관 질환과 신진대사, 면역학, 전염병, 종양학, 안과학, 희귀 질병, 통증 총 일곱 개 분야의 약을 개발 중이라고 나온다. 안과와 희귀병 분야의 약도 연구 중이지만 임상 1~3단계에 있는 약이 종양학 분야에 압도적으로 많은 상태니 이 회사는 항암 치료에 집중하는 것 같다. 페이지 우측의 '조회' 항목에 프랑스의 사노피(Sanofi)와 일본의 미츠비시타나베(Mitsubishi Tanabe), 이스라엘의 테바파머슈티컬스(Teva Pharmaceuticals) 등의 제약 회사들이 있는 것으로 보아 이들과 협력 관계에 있는 듯하다.

현재의 CEO는 레너드 슐라이퍼(Leonard S. Schleifer)다. 뉴욕주 퀸스의 유대인 집안에서 태어났다. 내가 개인적으로 호감을 느끼는 유대인 사업가라 하니 좀 더 알아보고 싶어졌다. 슐라이퍼는 코넬대를 졸업하고 버지니아대에서 석·박사학

위를 받았다. 그의 스승이었던 앨프리드 G. 길먼(Alfred G. Gilman) 박사는 1994년에 생리학과 제약 분야에서 노벨상을 수상한 약리학자이자 생화학자다. 대단한 스승 밑에서 의학 공부를 한 것이다.

졸업 이후 슐라이퍼는 뉴욕 병원에서 일하며 신경과 전문의 훈련을 받기도 했으나 결국은 생명공학 사업으로 방향을 전환했다. 학업 시기에 그는 스위스의 대형 제약사 로슈(Roche)에 속한 생명공학 회사 제넌테크(Genentech)로부터 연구 자료를 많이 받아 봤으나 뭔가 답답했던 듯하다. 제넌테크는 훌륭한 연구를 참 많이 수행하고 있었지만 정작 슐라이퍼의 전공 분야인 신경계 질환에 대한 연구는 도통 하고 있지 않았기 때문이다.

스승인 길먼 박사는 제자를 학자로 채용하기 위해 많이 노력했으나 슐라이퍼는 스승의 말을 전혀 듣지 않았다. 이미 창업에 마음이 꽂힌 것이다.

레너드는 메릴린치의 벤처캐피털리스트인 중국계 미국인 조지 싱(George Sing)를 통해 스폰서를 찾아 100만 달러의 시드 자본을 얻는 데 성공했고, 이후 28세의 과학자 조지 얀코풀로스(George Yancopoulos)를 파트너로 영입하여 1988년에 리제너런을 설립한다(이 두 사람은 지금도 각각 임원 및 고위 경영자로 재직 중이다). 연구직 의사들은 대개 학계나 대기업을 직장으로 선호하는 터라 슐라이퍼와 싱은 몇 년간 힘겹게 회사의 일원들을 영입했다. 아무래도 당시에는 회사 규모가 작았으니 선뜻 오겠다는 이들이 적었을 것이다.

슐라이퍼와 싱은 초기 창업의 어려움을 극복하고 드디어 루게릭병 치료약을 개발, 판매하는 데 성공하여 어느 정도의 돈을 벌 수 있었다. 그러나 두 번째로 개발한 비만 치료제는 아쉽게도 실패하고 말았다. 이에 슐라이퍼는 미국의 대표적인 제약사 머크앤드컴퍼니 출신의 로이 바젤로스(Roy Vagelos)를 회장으로 영입한 뒤 두 가지 전략을 바탕으로 회사의 방향을 수정했다. 하나는 질병에 대해 생물학적으로 완전히 이해된 약물에만 투자할 것, 다른 하나는 실험실에서 인간을 상대로 한 임상 테스트의 중요성을 과소평가하지 않는다는 것이었다. 제약사로서 지켜야 할 기본 윤리를 다시 한 번 다짐한 정도인 듯한데, 어쨌든 그 이후인 2011년에 탄생한 당뇨망막병증 치료약 '아일리아'는 리제너런에게 큰 성공을 안겨주었다.

아일리아는 눈에서 손상된 혈관이 실명을 일으키는 것을 막는 효과가 있었다. 레너드는 이 약을 아벤티스(Aventis)라는 프랑스-독일계 제약사에 팔았다. 이후 아벤티스는 프랑스 대형 제약회사 사노피에 인수되었는데 당시 안약에 전혀 관심 없었던 사노피는 아일리아를 리제너런에게 다시 넘겨주었다. 후에 사노피는 리제너런에게 5,000만 달러를 제시하며 아일리아에 대한 권리를 다시금 요청했으나 이미 때는 늦었다. 아

리제너런파머슈티컬스의 홈페이지 첫 화면(상), 파이프라인(중) 및 현재 임상 시험 1∼3단계에 있는 약들(하)

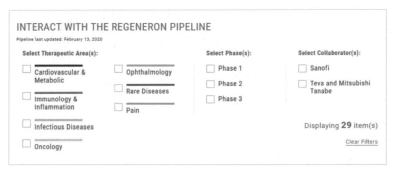

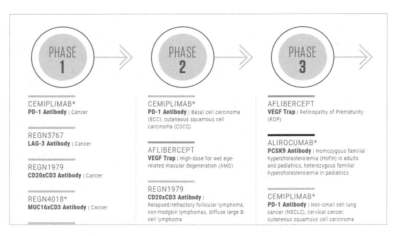

출처: http://www.regeneron.com

남들이 알기 전에 미리 찜해두는 해외 주식

일리아는 이미 시장에서 효과가 입증되고 있었던 것이다.

출시 첫해인 2011년에 아일리아는 8억 3,800만 달러의 매출을 기록한 블록버스터 제품이 되었다. 2년 뒤인 2013년에는 그보다 55% 증가한 13억 달러, 그리고 2014년까지는 총 17억 3,500만 달러를 벌어들이며 슐라이퍼를 단숨에 억만장자로 만들어주었다.

슐라이퍼는 2014년에 총 4,190만 달러의 보상을 받았다. 미국 임원들의 보수를 전문으로 조사하는 업체인 에퀼라(Equilar)와 〈뉴욕 타임스(The New York Times)〉에 따르면 슐라이퍼는 2015년 5월 '대기업에서 가장 많은 돈을 지급받은 CEO' 상위 200명 중 15위를 차지했을 뿐 아니라 최고 보상을 받은 바이오의약품사 경영자 목록에서 1위에 오르기도

리제너런의 2019~2020년 주당순이익 전망 및 실적

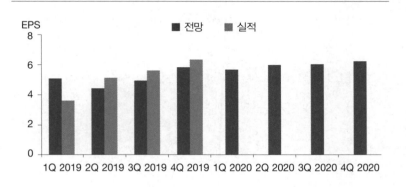

출처: http://www.nasdaq.com

리제너런의 최근 5년의 주가흐름.

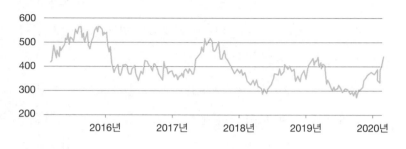

리제너론
NASDAQ: REGN

442.35 USD

출처: Google Finance

했다.

앞서 말했다시피 리제너런은 내가 오늘 처음 알게 된 회사인데, 이런 회사의 역사를 알고 나서 보니 창업자인 슐라이퍼의 집념으로 빠른 성공을 달성한 좋은 업체인 것 같다. 나스닥에 따르면 2019년 리제너런의 주당순이익은 나쁘지 않았고, 2020년에는 완만히 성장할 것으로 전망된다. 비록 최근 5년의 주가흐름이 성장세에 있진 않지만 주주들은 이런 점에서 희망을 가져도 좋을 듯하다.

용감한 헤지펀드 인듀런트캐피털매니지먼트의 투자 종목을 이상과 같이 분석하면서 나는 미국의 의료 및 제약 산업을 이해하는

데 큰 도움을 얻었다. 인듀런트를 응원하고 싶은 마음이 생겨 내 네이버 블로그 이름도 인듀런트인베스트먼트(Endurant Investment)로 정했다. '인듀런트'는 '강인한'이란 뜻이고, 나도 강인한 투자자가 되고 싶으니까.

주목할 만한 헤지펀드 2_서드포인트매니지먼트

다음은 에너지언오일앤드개스의 최대주주인 서드포인트헬레닉리커버리의 모기업이자 뉴욕의 헤지펀드 서드포인트(서드포인트매니지먼트)의 투자처에 대해 알아볼 차례다.

이 헤지펀드는 친절하게도 홈페이지를 마련해두었는데 정보는 그리 많지 않은 편이다. 본사는 허드슨 강을 바라보는 맨해튼 서쪽에 있고 주로 주식, 채권 그리고 미국예탁증권 시장에 투자한다. 특이한 점은 회사 분할이 예정되어 있거나, 파산 위험에 처해 있거나, 회사 내부적으로 심각하게 변화를 요구받는 회사 등 뭔가 사연 있는 업체들에 자본을 투입하는 전략을 구사한다는 것이다.

자회사로는 재보험사인 서드포인트리인슈런스(Third Point Reinsurance), 그리고 영국에 본사를 둔 폐쇄형 투자 회사 서드포인트오프쇼어인베스터(Third Point Offshore Investors)가 있다.

웨일위즈덤에 따르면 2019년 4분기 현재 서드포인트가 주식에 투자하는 액수는 약 89억 달러, 투자하는 산업의 분포에선 헬스케어가 41.13%를 차지한다. 최대 투자처는 헬스케어 회사 백스터인터내셔널로, 서드포인트는 이 회사에 약 14억 달러를 투자 중이다. 리제너런처럼 백스터도 내가 들어본 적 없는 회사인데 과연 이 업체에는 어떤 역사나 강점이 있을지 궁금해진다.

- **백스터인터내셔널(이하 백스터):** 우선 네이버 뉴스에서 백스터를 검색해보니 주식에 대한 내용은 역시나 없다. 대신 인공장기 회사라는 걸 어느 기사에서 보긴 했는데 바이오만큼이나 내가 아는 바가 전무한 분야다. 하지만 다행히 한글 홈페이지가 있고, 메뉴에서 투자자 관계 항목을 클릭하니 기관투자자들을 위한 회사 안내자료가 나온다. 자료에 나온 매출 순서에 따르면 백스터의 사업 영역은 신장투석, 약물투여, 제약, 임상영양학, 고난이도 수술, 급성치료로 나뉜다.
  백스터의 회사 연혁에 대해 자세히 설명해놓은 부분까지 모두 확인해봤는데, 90세에 가까운 회사라 그 긴 역사를 여기에 다 적을 수는 없다. 하지만 조금 더 자세히 살펴보니 백스터는 정맥주사액 및 그 용기의 개발을 시작으로 삼았고, 점차 응용이 가능한 의료 산업으로 한걸음씩 성큼성큼 걸어간 회사였다. 회사의 역사에선 '최초'라는 단어가 무려 열 번 넘게 나왔고, 그간 인수해온 회사들도 다섯 곳이 넘는 것으로 미루어 보아 혁신적인 의료 회사임을 알 수 있었다.
  백스터의 연혁을 아주 간단히 요약하면 ① 정맥주사용 수액 용기 개발 → ② 혈액저장 기술 개발 → ③ 혈장제조 기술 개발 → ④ 인공신장 개발 → ⑤ 신장투석기 상업화 → ⑥ 흡

남들이 알기 전에 미리 찜해두는 해외 주식

입마춰 기술 확보 → ⑦ 피부이식 기술 확보 → ⑧ 지혈제 기술 확보 등으로 요약할 수 있다. 혈액은 우리 몸에 산소와 영양분을 제공하는 중요한 기능을 담당하는데, 전반적으로 백스터는 신장질환 때문에 혈액의 여러 기능에 장애가 생긴 환자들을 위한 의료 제품을 개발하는 데 90년 가까이 집중한 회사로 보인다. 이 회사 홈페이지에는 '생명을 구하고 지속시키는 교차점에서(At the Intersection of Saving and Sustaining Lives)'라는 문구가 있는데, 연혁을 살펴보고 나니 이 문구의 의미를 어렴풋하게나마 짐작할 수 있었다. 삼성증권에서 제공하는 자료에 따르면 백스터는 매출이 110억 달러 이상이고 순이익 마진율이 12%, 자기자본이익율은 16%가 넘는 등 재무정보도 매우 모범적이다.

백스터의 홈페이지 첫 화면에 보이는 문구. '생명을 구하고 지속시키는 교차점에서'라는 뜻이다.

출처:https://www.baxter.co.kr

한국에서는 제약 분야의 주식들을 바이오주라고 많이들 부르는데 그간 나는 이 분야에 전혀 투자하지 않았다. 내가 전혀 모르는 산업이기 때문이다. 자신이 전혀 모르는 산업임에도 맨바닥에 헤딩하는 마음으로 투자에 나서는 것은 사실 무모하고 위험한 행위다.

하지만 만약 특정 산업에 관심이 생긴다면 그 분야에 전문적으로 투자하는 헤지펀드의 매수 종목을 공부해보는 것이 좋겠다는 생각이 들었다. 헤지펀드들은 투자 결정에 앞서 최소한 CEO 또는 IR 파트와의 면담, 재무제표 분석, 파이프라인 실효성 분석, 연구실 또는 생산공장 방문 등의 사항들을 수행했을 것이기 때문이다. 말하자면 투자 전에 점검해야 할 사항들을 나 대신 확인해준 셈이니, 이들의 투자처로는 어디가 있는지 먼저 공부한 뒤 투자에 나선다면 리스크를 줄이고 시간도 절약 가능하다는 장점이 확실히 있을 것 같다. 투자는 확률 게임이고, 헤지펀드들은 내 투자의 성공 확률을 높여주는 역할을 하니 앞으로도 이들의 행보에 주목하고 더 많이 공부해야겠다.

사모펀드

헤지펀드에 대해 살펴봤으니 이젠 사모펀드 관련 내용도 알아보자. 주식 투자를 하지 않는 사람들이라도 사모펀드(private equity)라는 단어는 언론 등을 통해 많이 접해봤을 것이다. 사모펀드는 소수의 투자자로부터 자본을 출자받아 기업이나 채권, 부동산에 투자해 수익을 보는 펀드다. 펀드마다 투자 방법에 차이가 있지만 대개는 차입 매수(leveraged buyout)를 통해 회사의 주식을 사고 3~5년 후에 되팔아 이익을 남기는 것을 목표로 한다.

미국의 경영 컨설팅회사 매킨지(Makinsey)에서 작성한 보고서를 참고하여 사모펀드의 성장 추이를 살펴봤다. 기업들이 사모펀드로부터 수혈받는 자금은 지난 10년간 크게 증가했고, 전 세계

사금융에서 사모펀드가 차지하는 비중은 49%에 이른다. 이는 다른 사금융을 유치하는 산업군, 즉 주식, 부동산, 개인부채, 천연자원, 사회기반 시설보다 압도적으로 높은 수치고, 주식을 통한 자금 공급과 비교하면 두 배 이상의 규모다. 그럴 수밖에 없는 것이, 주식을 발행하거나 은행에서 대출받는 것보다는 사모펀드로부터 돈을 빌리는 편이 훨씬 쉽기 때문이다. 2006년부터 2018년까지 사모펀드 자금의 누적 수치를 나타낸 다음 그래프는 이러한 사모펀드가 특히 2015년 이후 가파른 성장세에 있음을 보여준다.

2006~2018년 사모펀드 자금의 누적 수치 그래프.

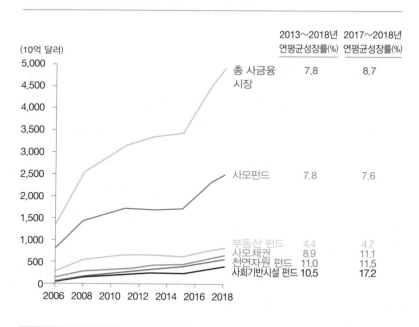

출처: 프레킨(Preqin)

사모펀드 운용사들도 헤지펀드 운용사들과 마찬가지로 대중에 겐 그리 알려져 있지 않다. 그래도 지난 2년 가까운 시간 동안 내가 사모펀드들을 관찰하며 느껴온 점들은 다음과 같다.

- 회사 홍보를 하지 않는다.
- 상장 전 회사에 거금을 투자하고, 해당 회사가 상장하고 나면 투자금을 주식으로 전환한 뒤 주식을 높은 금액에 매도한다.
- 국가경제 제도에 따라 투자 법인을 유연하게 설립한다.
- 투자한 회사 경영에 적극적으로 참여한다.
- 투자한 회사에 이사를 파견한다.
- 가치 있다고 판단되는 회사가 있으면 때론 다른 기관투자자들이 도저히 따라올 수 없는 거액을 투자하여 최대주주 위치를 차지한다. 즉, 선점한다.
- 그들만의 세계가 따로 있다.
- 대중과는 다른 생각을 한다.
- 가치 있는 회사를 찾아 지구 끝까지 간다. 사모펀드의 직원들은 매일같이 출장길에 오르고, 급하면 헬기를 타기도 한다.
- 사무실은 항상 비어 있고 컴퓨터보다 회의실이 더 많다.
- 적자 기업에 투자한다.
- 혁신적 기술을 보유한 기업들에 투자한다.

블랙스톤그룹(상)과 칼라일그룹(중), 아폴로글로벌매니지먼트(하)의 최근 5년간 주가 흐름.

블랙스톤그룹
NYSE: BX

56.47 USD

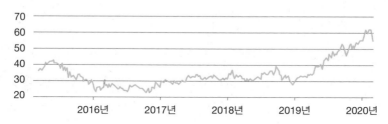

칼라일그룹
NASDAQ: CG

29.27 USD

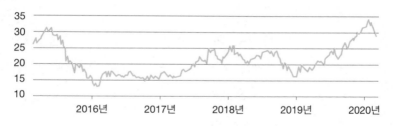

아폴로글로벌매니지먼트
NYSE: APO

42.74 USD

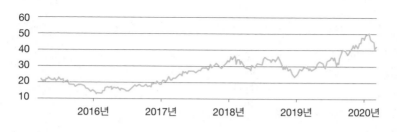

출처: Google Finance

남들이 알기 전에 미리 찜해두는 해외 주식

다음으로 미국의 주요 사모펀드 운용사들을 살펴보자. 대중을 상대로 하는 금융 사업이 아니어서인지 뮤추얼펀드 운용사들과 달리 상장사가 많지는 않다. 미국에 상장되어 있는 사모펀드 중 대표적인 곳으로는 앞서 나왔던 블랙스톤그룹과 칼라일그룹을 비롯해 콜버그크래비스로버츠앤드컴퍼니(Kohlberg Kravis Roberts & Co.), 아폴로글로벌매니지먼트(Apollo Global Management)가 있다. 이들 4개사의 5년 주가흐름은 공통적으로 2019년에 금리인상의 영향 때문에 잠시 주춤했다가 이후 크게 상승하는 모양새를 띤다.

그 외의 몇몇 주요 사모펀드 운용사들로는 다음과 같은 업체가 있다.

- **워버그핀커스(Warburg Pincus)**: 성장 투자에 중점을 둔 뉴욕 기반의 사모펀드 운용사로 1966년에 설립되었다. 미국, 유럽, 브라질, 중국, 동남아시아 및 인도에 지사를 두고 있다.
- **베인캐피털(Bain Capital)**: 보스턴에 본사를 둔 투자 회사다. 사모펀드, 벤처캐피털, 신용, 공공자본, 생명 과학 및 부동산 투자를 전문으로 한다.
- **토마브라보(Thoma Bravo)**: 본사는 시카고, 사무소는 샌프란시스코에 있는 미국의 사모펀드 운용사로 성장 투자 전문이다.
- **누버거버먼(Neuberger Berman)**: 직원 소유(주식회사가 아닌 협동조합, 종업원 소유의 기업)의 투자사다. 전 세계 기관 투자자, 고문 및 부유한 개인을 고객으로 두고 있다. 주식, 채권, 사

모펀드 및 헤지펀드로 포트폴리오를 관리한다.

이상의 사모펀드 운용사들 중 블랙스톤그룹에 대해 좀 더 알아
보자.

세계 최대 규모의 사모펀드 운용사, 블랙스톤그룹

블랙스톤그룹(이하 블랙스톤)은 리먼브라더스 출신의 피터
G. 피터슨(Peter G. Peterson)과 스티븐 A. 슈워츠먼(Stephen A.
Schwarzman)이 1985년에 설립한 사모펀드 운용사다(참고로 슈워츠
먼은 필라델피아 출신의 유대인이다).

블랙스톤의 홈페이지에서는 사업분야를 보기 쉽게 안내하는
데, 가장 규모가 큰 것은 1,750억 달러를 차지하는 사모펀드 분야
다. 또한 블랙스톤은 사업분야별로 다음과 같이 차별화된 전략을
구사하고 있다.

- 부동산: 코어 플러스(장기적으로 안정적인 수익을 내는 부동산 투
  자), 채무, 글로벌 기회.
- 사모펀드: 생명과학, 사회기반시설, 성장주, 전략적 기회, 세컨
  더리 펀드.
- 헤지펀드 솔루션: 혼합펀드, 무한책임파트너 지분인수, 시드머
  니 투자.
- 신용거래: 우량 채권 투자, 보험, 우량/부실자산 투자.

남들이 알기 전에 미리 찜해두는 해외 주식

블랙스톤의 사모펀드 관련 페이지에서는 자사의 자산 및 자본 규모를 소개한다.

1,750억 달러의 사모펀드 운용자산 중에 경쟁이 가장 치열한 기업사모펀드(Corporate Private Equity), 즉 저평가 기업에 집중 투자하는 사모펀드의 운용자산은 900억 달러다. 그중 사모펀드로 사용 가능한 자본은 380억 달러이며, 현재 블랙스톤이 투자 중인 회사들은 94곳에 이른다.

웨일위즈덤에 따르면 2019년 4분기 기준 블랙스톤은 상장 주식들에 대해 153억 달러를 투자 중이다. 이들이 투자하고 있는 주식의 산업별 추이를 보면 2017년부터 에너지 산업 투자 비율이 상승한 반면 부동산 투자 비율은 감소했고, 일반 산업 분야에 대한 투자는 꾸준하게 유지되고 있음을 알 수 있다.

블랙스톤의 주요 투자 회사들은 매우 많지만 종이를 절약해야 하니 그중 주로 상승세를 보여온 곳들만 다음과 같이 정리해봤다.

- 셔니어에너지파트너스: 셰일가스 산업을 다뤘던 6장에도 잠시 나온 바 있는 업체로, 셰일가스 액화시설 업체 셔니어에너지의 자회사이자 블랙스톤의 최대 투자처다. 5년간 주가는 70%까지 상승했다가 코로나 바이러스 발생 이후 급격히 하락했다.
- 게이츠인더스트리얼(Gates Industrial): 콜로라도 덴버에 있는 제조 업체로 동력전달 장치와 유압 장비를 생산한다. 셔니어에

셔니어에너지파트너스(상), 아메리콜드리얼티트러스트(중) 및 인비테이션홈즈(하)의 최근 5년간 주가흐름

셔니어에너지파트너스
NYSEAMERICAN: CQP

25.65 USD

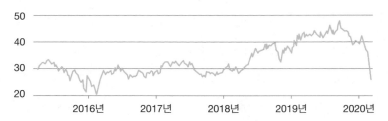

아메리콜드리얼티트러스트
NYSE: COLD

31.10 USD

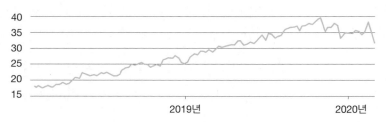

인비테이션홈즈
NYSE: INVH

28.94 USD

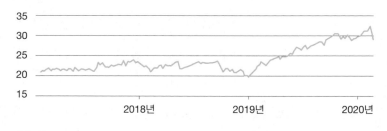

출처: Google Finance

남들이 알기 전에 미리 찜해두는 해외 주식

너지파트너스에 이어 블랙스톤이 두 번째로 큰돈을 투자 중이다.

- 멀린엔터테인먼츠(Merlin Entertainments): 영국의 풀(Poole)에 본사를 둔 엔터테인먼트 회사. 덴마크의 레고랜드를 포함하여 영국, 미국, 독일, 일본에서 14곳의 테마파크를 운영하고 있으며, 전 세계에 중소형 규모 놀이 시설들을 보유한 업체다.

- 체인지헬스케어(Change Healthcare): 테네시주 내시빌에 있는 체인지헬스케어는 헬스케어 수입과 지불주기 관리 및 임상 정보 교환 솔루션을 제공하는 업체다. 미국의 건강보험회사, 헬스케어 업체 그리고 환자를 서로 연결하는 서비스 분야에서 이 업체는 현재 가장 큰 규모로 사업을 전개 중이다.

  2019년 6월 27일에 상장하여 주식 나이가 한 살이 채 안 되는 신생 회사인 터라 주가흐름에는 이렇다 할 움직임이 아직 없다. 그러나 2005년에 설립되었으니 업력이 10년 이상인 데다 신규 상장을 했으니 내가 정한 나만의 주식 선정 기준은 충족시킨다. 앞으로 이 회사를 눈여겨봐야겠다.

- 비빈트솔라(Vivint Solar): 미국 가정에 태양열 전력공급 시설을 제공하는 업체.

- 코스모스에너지(Kosmos Energy): 대서양에서 심해 에너지를 개발하는 업체다. 다른 업스트림 업체들이 포기하고 떠나버린 서아프리카 해안에서 해저자원을 찾아낸 용감한 회사이기도 하다.

- 톨그래스에너지(Tallgrass Energy): 캔자스주 리드에 있는 미드스트림 업체.

- 레거시리저브(Legacy Reserve): 텍사스 동부에서 활동하는 업스트림 업체.

- 아메리콜드리얼티트러스트(Americold Realty Trust): 세계 최대 규모의 냉난방 물류창고 시설에 투자하는 부동산 투자 신탁 회사다. 최근 5년 주가수익률은 75%인데 배당률도 2.54%다. 주가도 오르고 배당도 받는 일석이조의 주식이다.

- 인비테이션홈즈(Invitation Homes): 1인 가구에게 부동산을 임대해주는 서비스를 한다. 5년 주가수익률은 40%이고 배당률은 2.81%다. 블랙스톤은 부동산 관련 회사를 보는 안목이 있어 보인다.

- 코어포인트로징(Core Point Lodging): 라 퀸타(La Quinta)라는 브랜드로 미국에서 중간급 호텔업을 운영한다. 본사는 텍사스주 어빙에 있다.

- 블랙스톤모기지트러스트(Blackstone Mortgagee Trust): 북미, 유럽, 호주 부동산을 대상으로 변동금리부 선순위 담보대출 채권을 판매하는, 쉽게 말해 신용등급이 낮은 부동산 회사에 높은 이자로 돈을 빌려주는 회사다. 5년 주가수익률은 30%이고 배당율은 14.58%에 이른다. 위험한 부동산 채권에 투자하는 듯한데 주가 성적은 좋아 보인다.

- 엘링턴레지덴셜모기지(Ellington Residential Mortgage): 주택 담

블랙스톤모기지트러스트(상), 에퀴닉스(중) 및 시트릭스시스템즈(하)의 최근 5년간 주가흐름.

블랙스톤모기지트러스트
NYSE: BXMT

36.94 USD

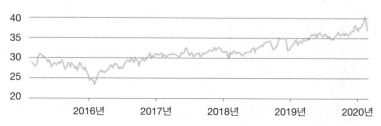

에퀴닉스
NASDAQ: EQIX

597.49 USD

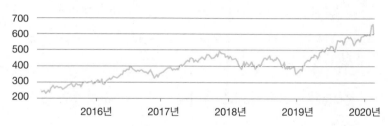

시트릭스시스템즈
NASDAQ: CTXS

102.97 USD

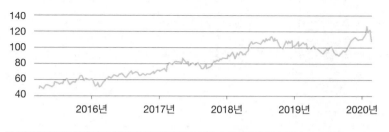

출처: Google Finance

보대출 채권에 투자하는 부동산 투자신탁 회사.

- **에퀴닉스(Equinix)**: 클라우드 데이터 센터 리츠로 5년 주가수익률은 153%에 배당수익률은 1.7%다. 미래에 리츠에 투자하게 된다면 블랙스톤이 매수한 종목들을 참고로 하는 게 좋을 것 같다.

- **스타스그룹(Stars Group)**: 캐나다 토론토에 본사를 둔 온라인 도박게임 회사.

- **시트릭스시스템즈(Citrix Systems)**: 1989년 설립된 미국의 다국적 소프트웨어 기업으로 서버, 애플리케이션 및 데스크톱 가상화, 네트워킹, 서비스용 소프트웨어(SaaS), 클라우드 컴퓨팅 기술을 제공한다. 마이크로소프트 운영체제용 원격접속 제품을 개발하면서 사업을 시작했다. 5년 주가수익률은 111%다.

- **플루럴사이트(Pluralsight)**: 클라우드 기술 솔루션 업체로 유타에 본사가 있다.

- **이스트만코닥컴퍼니(Eastman Kodak Company)**: 누구나 아는 그 코닥이다. 1880년에 설립되어 137년의 역사를 자랑하며, 최근엔 신기술로 재기를 노리고 있다.

- **리프트(Lyft)**: 우버(Uber)와 같은 종류의 승차 공유 플랫폼 업체다.

블랙스톤그룹의 2위 투자처, 게이츠인더스트리얼

블랙스톤의 최대 투자처는 이미 말했듯 셔니어에너지파트너스다. 그렇다면 블랙스톤이 두 번째로 큰돈을 투자하고 있는 게이츠인더스트리얼(이하 게이츠)은 어떤 회사일까? 이 회사에 대해 잠시 살펴보자.

2019년 12월 기준 블랙스톤은 이 회사에 약 33억 달러, 즉 약 4조 원을 투자하고 있다. 서울 잠실 지역의 38평 아파트 시세가 대략 20억 원 선인데 이런 아파트를 2,000세대나 살 수 있는 돈을 블랙스톤은 이 회사 한 곳에 투자 중인 것이다. 놀랍기도 하지만 그 근거나 이유는 무엇인지 알고 싶어진다.

홈페이지를 방문하니 전면에 '유체동력 및 동력전달 솔루션의 선두 업체'라는 소개글이 보이고, 오른쪽에는 세월의 흔적이 느껴지는 기어들을 서로 연결하는 투박한 고무벨트가 보인다. 특수 목적의 유압 기계 및 장비, 그리고 동력전달 장치를 생산하는 게이츠는 현재 30개국에 진출해 있으며 직원수는 1만 5,000명 이상이다. 연혁은 다음과 같다.

- 1911년: 찰스 게이츠(Charles Gates Sr.)가 콜로라도타이어앤드레더컴퍼니(Colorado Tire and Leather Company)를 3,500달러에 인수, 회사명을 게이츠러버컴퍼니(Gates Rubber Company)로 변경. 이후 타이어 외 영역에서 세계 최대 고무 제조사로 도약.

- 1917년: 찰스 게이츠의 형제 존 게이츠(John Gates)가 브이벨트(V belt) 발명. 브이벨트는 이후 자동차와 일반 산업 분야의 핵심 구성품이 됨.
- 1961년: 찰스 게이츠의 아들 찰스 게이츠 주니어(Charles Gates Jr.)가 회사를 인수. 이후 제품 다각화 및 다양한 회사를 인수합병하며 사업을 지속적으로 성장시킴.
- 1996년: 직원수 1만 4,000명 달성. 영국 건설업체 톰킨즈(Tomkins)에 11억 달러로 매각됨.

오늘 처음 알게 된 이 업체가 브이벨트 발명으로 현대 산업의 역사를 쓴 회사라니 놀랍다. 사실 게이츠에서 판매하는 브이벨트는 매우 평범하게 생겼는데, 그 벨트 하나가 기업의 성장과 발전에 매우 큰 역할을 한 셈이다(게이츠의 홈페이지 첫 화면에 벨트가 등장한 이유도 그래서인 것 같다). 참고로 CEO였던 찰스 게이트 주니어는 유대인으로 확인된다. '유대인 관찰'이라는 뜻의 쥬워치(Jew Watch)라는 웹사이트에는 전 세계 자산가 중 유대인으로 추정되는 인물들이 정리되어 있는데, 여기에서 그의 이름을 발견할 수 있었다.

게이츠에서 발명한 브이벨트

출처: https://www.ebay.com.au

남들이 알기 전에 미리 찜해두는 해외 주식

블랙스톤은 과연 재무제표 하나만 보고 이 회사에 투자를 했을까? 내가 보기엔 회사의 역사와 게이츠의 현대 산업에 대한 공헌을 보고 투자를 한 것 같다. 게이츠의 사업은 크게 동력전달 장치, 유압 장비, 기타 장비로 나뉘는데 기타 장비의 종류도 자동차 액세서리, 엔진 호스, 각종 기계류 탱크에 사용되는 뚜껑, 온도를 자동으로 조절하는 장치인 서모스탯 등 매우 다양하다. 또한 이들의 제품이 사용되는 산업 분야의 범위는 농업, 자동차, 자전거, 건설, 소비재, 식품, 일반 제조, 중장비, 공기조화 기술, 가드닝, 정밀기계, 광산업, 석유 및 가스, 레저 차량 등으로 그 범위가 매우 넓다. 쉽게 생각해보자면 큰 레일이 끝없이 돌아가야 하는 대형 시설 내부의 기어들을 연결하는, 혹은 자동차 엔진 옆에 있기 마련인 고무벨트나 각종 유압 기계에 필요한 호스 및 연결 단자 등의 부품들을 만드는 회사인 것이다. 이들이 생산하는 제품에는 회사명이 새겨져 있지도 않기 때문에 일반인들이 게이츠라는 회사명을 접하기란 쉽지 않아 보인다. 그러나 게이츠는 미국, 캐나다 그리고 멕시코에 생산 시설이 있는데 미국에만도 열네 곳이 넘는다 한다.

삼성증권의 자료에 따르면 게이츠는 2019년에 장사를 잘했다. 매출은 약 30억 달러, 순이익 마진율 22.37%, 자기자본이익률이 30.04%였고, 과거 3년간의 매출이 성장세에 있는 데다 특히나 순이익률이 크게 늘고 있어 앞으로도 주목해볼 만하다.

나스닥 사이트에 접속해서 게이츠의 주주구성을 살펴봤더니 초우량 주식이라서인지 기관투자자들이 리스트를 장악하고 있었

게이츠인더스트리얼의 주주구성(상) 및 최근 5년간 주가흐름(하).

OWNER NAME	DATE	SHARES HELD	CHANGE (SHARES)	CHANGE (%)	VALUE (IN 1,000S)
BLACKSTONE GROUP INC	12/31/2019	245,264,191	0	0%	$3,090,329
JANUS HENDERSON GROUP PLC	12/31/2019	8,844,866	11,685	0.132%	$111,445
JPMORGAN CHASE & CO	12/31/2019	6,914,210	57,402	0.837%	$87,119

게이츠인더스트리얼
NYSE: GTES

8.01 USD

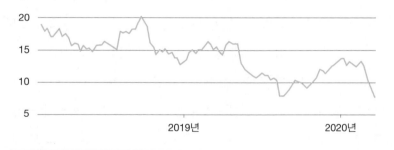

출처: 삼성증권, https://www.nasdaq.com, Google Finance

다. 그런데 1위인 블랙스톤그룹과 2위 기관투자자의 투자액 차이
는 무려 29억 달러, 약 3조 5,000억 원이다. 블랙스톤이 마치 '게
이츠는 내 투자처니 그 누구도 넘보지 말라'고 선포하는 것처럼 보
였다.

남들이 알기 전에 미리 찜해두는 해외 주식

게이츠는 '한국게이츠'라는 이름으로 우리나라에도 진출해 있다. 사업장은 대구 달성 산업단지에 있는데, 회사 소개에서는 '미국의 게이츠와 일본의 니타코퍼레이션(Nitta Corporation)이 합작하여 설립한 동력전달용 고무벨트 및 텐셔너 제조사'라 설명되어 있다. 어찌 보면 게이츠가 한국에 진출해 있는 것은 당연하다고 볼 수 있다. 자동차의 핵심 부품을 만드는 회사가 한국에서 영업을 하지 않을 리 없을 테니 말이다.

'서비스를 제공하는 회사에 투자하라'라는 피터 린치의 말을 블랙스톤은 4조 원의 돈으로 실천하고 있는 듯하다. 사실 게이츠는 2018년 1월 26일에 상장하여 주식 나이로는 두 살을 갓 넘긴 신생 회사고, 상장 이후에도 주가는 하락 추세를 보이고 있다. 그렇지만 나는 이 회사의 주가 성장은 아직 시작도 하지 않은 상태라 생각한다. 109년의 역사를 거치며 쌓여온 게이츠의 고유 에너지가 언젠가는 폭발할 것이라 예상되기 때문이다. 그리고 블랙스톤은 이 회사를 통해 큰돈을 벌 것 같다.

칼라일그룹

다음으로 또 다른 사모펀드 운용사인 칼라일그룹(이하 칼라일)에 대해 알아보자. 워싱턴에 본사를 둔 칼라일은 1982년 윌리엄 콘웨이 주니어(William E. Conway Jr.)와 대니얼 다니엘로(Daniel A. D'Aniello), 데이비드 루벤스타인(David Rubenstein)에 의해 설립되었다. 2015년 5월에 나스닥에 상장했으며, 같은 해엔 유치자금 규모 면에서 세계 최대의 사모펀드 자리에 오르기도 했다. 6개 대륙에 있는 31곳의 사무실에서 1,575명의 직원이 근무 중이다.

창업자 중 한 명인 데이비드 루벤스타인은 볼티모어 출신의 유대인이다. 그는 블룸버그에서 '데이비드 루벤스타인 쇼(David Rubenstein Show)'의 MC로서 유명 인사들과의 인터뷰를 진행하기도 한다.

홈페이지의 정보에 따르면 칼라일은 기업 사모펀드, 부동산, 국제 신용, 투자 솔루션 등의 4개 영역에서 사업을 하고 있다. 기업

칼라일그룹의 투자 포트폴리오.

INVESTMENT	HEADQUARTERS	INDUSTRY	FUND TYPE	INVESTED	STATUS
CFGI	United States	Financial Services	Global Financial Services Buyout	Feb 2018	Current
JenCap Holdings LLC	United States	Financial Services	Global Financial Services Buyout	Mar 2016	Current
Sandler O'Neill Partners Holdings, LLC	United States	Financial Services	Global Financial Services Buyout	Jan 2011	Current
The TCW Group, Inc	United States	Financial Services	Carlyle Global Partners	Dec 2017	Current

출처: https://www.carlyle.com

남들이 알기 전에 미리 찜해두는 해외 주식

사모펀드 분야에서 운용 중인 자산 규모는 860억 달러라 한다.

포트폴리오 항목에서는 현재 투자 중인 회사 및 투자자금회수가 끝난 회사들의 리스트를 볼 수 있는데, 그 수가 너무 많아 드롭박스를 통해 직접 찾아야 했다. 시험 삼아 현재 칼라일이 투자 중인 미국 소재의 금융 회사를 검색조건으로 넣고 찾아보니 네 개의 회사가 검색되었다.

웨일위즈덤에 따르면 2019년 4분기에 칼라일이 주식에 투자한 금액은 약 15억 달러다. 현재 투자하고 있는 산업별 분포를 보면 2015년부터 에너지 산업 비율이 높아지고 있는 반면 2017년까지 간간히 보이던 금융, 재료 및 정보통신 산업에 대한 투자는 사라졌다. 연도별로 칼라일이 집중하는 산업이 달라지고 있는 듯했다.

다음은 칼라일이 투자하는 주요 업체들이다. 하나같이 기발한 아이디어를 가진 회사라는 특징이 있다.

- 엔비바파트너스(Enviva Partners): 미국 내 생산 시설에서 에너지 산업용 목재 펠릿(pallet, 목재 압축 연료)을 생산하고, 그 대부분을 영국 및 유럽 국가에 수출하는 업체다. 2013년에 미국 메릴랜드에서 설립되었고, 2019년 12월 현재 칼라일의 최대 투자처다.
- 골든오션그룹: 벌크해운업을 살펴봤던 6장에서도 등장한 벌크선사.
- 시코마린홀딩스(SEACOR Marine Holdings): 2014년 텍사스주

휴스턴에 설립된 해운 회사다. 소형 특수선박들을 보유한 이 회사는 오프쇼어(Offshore, 해양플랜트) 설비 및 인력을 운송해주고, 앵커와 배 안의 화물을 고정하는 고박(固縛) 장비를 제공하기도 한다.

- 체서피크에너지(Chesapeake Energy): 1989년 오클라호마에 설립된 업스트림 업체.
- 원스마트인터내셔널에듀케이션그룹(One Smart International Education Group): 중국 학생들을 상대로 튜터링 교육 서비스를 제공한다.
- 시퀀셜브랜드그룹(Sequential Brands Group): 패션 및 미디어 서비스를 제공하는 업체로 많은 브랜드들을 거느리고 있다.

칼라일그룹의 최대 투자처, 엔비바파트너스

칼라일그룹의 최대 투자처인 엔비바파트너스(이하 엔비바)에 대해 알아보자.

엔비바는 세계 최대 규모의 천연 연료 목재 펠릿 생산업체다. 펠릿은 전기와 열을 생산하는 목재 재생에너지 원료이니, 다시 말해 엔비바는 석탄 등의 화석 연료를 대체하는 친환경 연료를 생산하는 회사인 것이다. 홍보 동영상에서 엔비바는 화석 연료를 없애는 것이 자사의 목표라 밝히고 있다.

엔비바가 전개하는 사업의 특징은 원료인 목재를 따로 구입하지 않는다는 것이다. 이들은 벌목 이후 상업적 가치가 없어 버려

엔비바파트너스의 주당순이익 전망과 실적(상) 및 최근 5년 주가흐름(하).

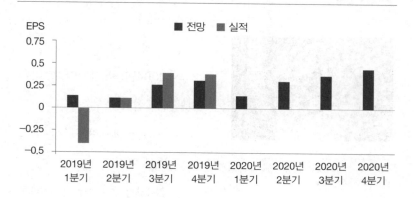

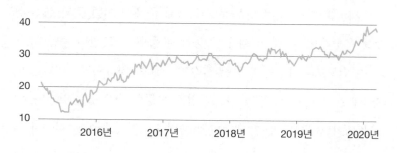

출처: https://www.nasdaq.com, Google Finance

지는 나무를 땅주인으로부터 받아 제품 생산에 활용한다. 땅주인

입장에서는 처리하기 힘든 나무들을 이들이 수거해주니 좋은 일

이고, 그냥 버려지는 목재들은 결국 소각 과정에서 공기 오염을 일

으키는데 이 또한 방지할 수 있으니 환경보호 면에서도 좋다고 할

수 있다. 사업 아이디어가 참 훌륭하다.

엔비바파트너스가 생산 중인 산업용 목재 팰릿.

출처: https://www.kharn.kr/mobile/article.html?no=10155

회사 연혁을 간단히 살펴보면 다음과 같다.

- 2004년: 버지니아주 리치먼드에서 설립.
- 2011년: 메릴랜드주 베데스다로 본사 이전.
- 2015년: 팰릿 생산 업체로서는 최초로 기업공개.

현재 엔비바는 미국 남동부 지역 5개 주에서 여덟 곳의 생산 공장을 운영하며 네 곳의 항구를 통해 제품을 수출한다(수출대상국 중에는 한국도 있다). 목재 팰릿 시장의 규모는 약 154억 7,000만 달러인데 2025년까지 연평균 9.2% 정도 성장할 것으로 전망된다. 나스닥 사이트에서도 향후 엔비바의 주당순이익이 늘어날 것이라 전망하고 있다.

엔비바의 주주 리스트 역시 기관투자자들이 장악한 상태고, 칼라일그룹은 사모펀드 리버스톤그룹과 합작해서 10억 달러를 엔비바에 투자하고 있다. 엔비바의 5년 주가수익률은 72%이고 배당률은 10.1%다. 이 책의 서문에서 나는 주식 추천을 하지 않겠다고 한 바 있지만, 엔비바는 여러모로 사업 내용이 건전해 보여 이 회사의 주식은 추천하고 싶다.

이번 장에서 해외 투자 시 도움이 될 만한 내용은 다음과 같다.

- **헤지펀드 및 사모펀드를 투자 조언자로 삼자:** 헤지펀드와 사모펀드들이 그간 매수해온 종목들을 살펴보면 내가 몰랐던, 그렇지만 중요한 산업의 변화를 읽을 수 있다. 또한 잘 모르는 산업에 투자해야 한다면 사모펀드와 헤지펀드가 현재 투자 중인 회사들부터 먼저 관찰하자. 투자 위험을 줄이고 시간을 절약할 수 있을 것이다.

Part 8

우리 생활에서 찾은
해외 주식들

내가 찾은
해외 주식들

나는 피터 린치가 강조한 것들을 바탕으로 내 직업과 전공 분야는 물론 그것과 상관없는 분야에서도 좋은 회사를 찾으면 리스트에 추가해둔다. 당장 투자에 들어가진 못해도 지속적으로 주목하다가 가능한 시점이 오면 투자하기 위해서다. 독자 여러분에게도 도움이 되지 않을까 싶어 리스트를 공개해보려 한다.

- **에센트그룹(Essent Group)**: 버뮤다에 본사를 둔 주택담보 모기지보험 판매사로 자회사들을 통해 주택담보보험, 재보험 및 위험 관리 서비스를 제공한다. 주택담보 대출을 해주는 금융 기관과 부동산 투자자들이 에센트그룹의 고객들이다. 즉,

B2B 사업을 펼치고 있는 것이다.

모기지 보험에 대한 설명을 참고 사항으로 조금 덧붙이겠다. 모기지 보험은 차입자가 실직, 사망, 질병 또는 이혼 등으로 채무 이행이 불가능해졌을 때 대출 금융 기관의 손실을 보충해주는 일종의 보증보험이다. 다시 말해 주택 구입자의 신용을 보증함과 동시에 대출 금융기관의 위험을 분산시킴으로써 주택 구입과 대출 모두가 용이하게 이루어지도록 도와주는 것이다. 이 보험 제도는 주로 선진국들이 채택 중이고 한국에서는 한국주택금융공사가 운영하는 주택금융신용보증기금이 이와 동일한 기능을 담당한다. 미국의 경우 2009년 이후 연방주택관리국(Federal Housing Administration)에서 제

에센트그룹의 최근 5년 주가흐름.

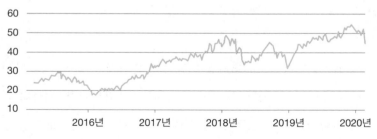

출처: Google Finance

남들이 알기 전에 미리 찜해두는 해외 주식

공하는 모기지 보험, 미국 보훈부(US Department of Veteran Affairs)에서 제공하는 주택담보보증 등과 비교하면 상업 보험사를 통한 모기지 보험의 가입률이 높아지고 있다.

에센트그룹의 5년 주가수익률은 83%다. 나스닥은 이 회사가 2019년 모든 분기에서 주주를 만족시켰으므로 2020년에도 주가가 상승할 것이란 전망을 내놓았다.

- NMI홀딩스(NMI Holdings): 주택담보 모기지 보험을 판매하는 캘리포니아의 보험 회사. 5년 주가수익률은 240%에 이른다. 미국 금리인상도 주가 상승을 막을 수는 없는 것 같다.

- 팔로마홀딩스(Palomar Holdings): 2013년에 설립되었고 본사는 캘리포니아 라호야에 있다. 지진, 허리케인 등과 같은 자연재해 관련 보험 상품을 취급한다. 그래서 회사명도 캘리포니아에 있는 산의 이름인 '팔로마'에서 따왔나보다.

  2019년 4월에 기업공개를 했고, 상장 이후 주가수익률은 179%다. 선택과 집중의 효과를 보는 듯하다.

- 트루패니언(Trupanion): 미국, 캐나다와 푸에르토리코에서 고양이 및 강아지 보험을 판매하는 반려동물 보험사로 본사는 시애틀에 있다. 고객이 반려동물보험에 가입하려면 위험심사를 받아야 하는데 이는 트루패니언의 자회사인 아메리칸펫인슈런스컴퍼니(American Pet Insurance Company)가 해준다. 심플리월스트리트는 트루패니언의 미래성장성에 높은 점수를 주고 있다.

NMI홀딩스(상)와 팔로마홀딩스(중), 트루패니언(하)의 최근 5년간 주가흐름.

NMI홀딩스
NASDAQ: NMIH

24.94 USD

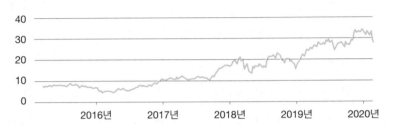

팔로마홀딩스
NASDAQ: PLMR

51.78 USD

트루패니언
NASDAQ: TRUP

32.94 USD

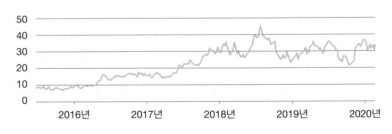

출처: Google Finance

남들이 알기 전에 미리 찜해두는 해외 주식

다음은 내 현재 직업 분야인 보험 IT 산업, 그리고 전공 분야인 해운 산업에서 찾아낸 해외 회사들이다. 심플리월스트리트는 이들 회사의 미래성장성에 좋은 점수를 주고 있다.

- 사피엔스인터내셔널(Sapiens International): 이스라엘계 유대인인 유발 하라리(Yuval Harari)의 《사피엔스(Sapiens)》를 읽다가 찾은 회사다. 보험 산업에만 집중하는 이 이스라엘 IT 회사는 최대주주들도 이스라엘계 보험사들이다. 구글파이낸스에 따르면 이 회사의 5년 주가수익률은 195%에 달하는데, 이 수치에서 이스라엘계 유대인들의 파워가 느껴진다.
- DXC테크놀로지(DXC Technology): 미국 버지니아에 본사가 있는 B2B 다국적 IT 기업으로 보험 회사들에게 IT 솔루션을 제공하는 업체다. 런던로이즈보험사의 아웃소싱 업체 엑스체인징(Xchanging)을 자회사로 갖고 있기도 하다. 보험 회사에 서비스를 제공하는 주요 업체들 중 하나라서 재보험 관련 업무를 하다 보면 이 회사와 자주 마주하게 된다.
- 플렉스LNG(Flex LNG): 노르웨이에서 최고의 부호이자 선박왕인 존 프레드릭센(John Fredriksen)이 2006년에 설립한 노르웨이의 LNG 운송 전문 해운사다. 특이한 점은 노르웨이 회사임에도 회사 등록지는 버뮤다 해밀턴이라는 것인데. 이는 편의치적(flag of convenience) 때문이다. 편의치적이란 세금을 줄이고 저임금의 외국인 선원을 승선시키기 위해 선주

가 소유한 선박을 자국이 아닌 제3국에 치적(置籍)하는 것을 말한다. 미국, 일본 등 주로 선진 해운국 선주들이 편의치적을 하고, 주요 편의치적국으로는 버뮤다를 비롯해 파나마, 라이베리아, 싱가포르, 필리핀, 바하마 등이 있다.

플렉스LNG는 뉴욕증권거래소에 2019년 6월 17일에 상장했고, 노르웨이의 오슬로증권거래소에도 상장되어 있다. 이 회사는 한국 조선소에서 자사의 배가 새로 건조되면 거제도 앞바다에서의 시운전 영상을 회사 유튜브 채널에 자랑스럽게 공개하는데 한국에서 이 영상을 보는 사람은 나 하나뿐인 것 같다.

- **글로벌십리스(Global Ship Lease)**: 런던에 있는 컨테이너선 용선 전문 업체. 회사명을 한글로 번역하면 '국제 선박 대여'라는, 따분하기 그지없는 이름이다. 하지만 피터 린치는 아마 이 이름 때문에라도 이 회사의 주식에 가점을 주었을 듯하다. 2008년에 설립되었으며 세계적인 컨테이너 해운 회사들에게 선박을 용선해준다.

다음은 내 전공이나 업무 분야와는 무관하지만 피터 린치가 강조했던 '더럽고 위험하며 어려운 업', 즉 3D 업종에서 투자 가치와 성장성이 있다고 판단되는 업체들이다.

- **커비코퍼레이션(Kirby Corporation)**: 미국에서 내륙수로 운송,

셰일가스 프래킹 서비스, 특수 중장비 대여, 광산용 중장비 제조 등 사람들이 하기를 꺼려하는 거친 일만 골라 하는 업체다. 본사는 텍사스주 휴스턴에 있고, 1921년에 설립되어 곧 100살을 앞두고 있다.

- 퀘이커케미컬: 제조업에 쓰이는 다양한 윤활유를 생산한다. 나이는 이미 100살을 넘긴 회사다. 더럽고 위험하고 어려운 업을 퀘이커교의 정신으로 해내는 회사가 아닐까 싶다.

- 어드밴스드에미션솔루션스(Advanced Emissions Solutions): 배기가스 절감 장치와 특수화학 제품을 생산한다. 배기가스 절감 장치의 경우엔 고객사의 공장에 출장을 가서 시설 곳곳에 직접 설치해준다고 한다.

- 스테리싸이클(Stericycle): 1989년에 설립되었고 일리노이에 본사를 두고 있는 재활용 업체. 파지, 화학물질, 의약품 등 재활용 대상이 매우 넓다. 피터 린치의 정말 멋진 완벽한 종목들 중 하나인 '유독 폐기물과 관련 있다고 소문난 회사'에 포함되는 업체일 듯하다.

- 아쿠아메탈(Aqua Metal): 납건전지를 수거하고 재처리하는 업체로 2014년에 설립되었으며 공장은 네바다주 매캐런에 있다. 역시 앞에서 말한 피터 린치의 조건에 딱 맞는 회사다.

- 파퍼시픽홀딩스(Par Pacific Holdings): 1984년에 텍사스주 휴스턴에서 설립된 미들스트림 업체. 카우보이로 유명한 텍사스의 회사인데 하와이에까지 가서 미들스트림업을 한다니 놀

랍다.

피터 린치는 '사람들이 지속적으로 구입하는 제품의 회사'를 정말 멋진 완벽한 종목들 중 하나로 언급한 바 있다. 다음은 그것을 기준으로 산업의 원료를 제공하는 재료 산업 관련 업체들 중 내가 좋다고 평가하는 회사들이다.

- **프리포트맥모런(Freeport McMoRan):** 1987년 애리조나 피닉스에서 설립된 구리 생산 업체. 도널드 트럼프 대통령의 경제 고문인 유대인 부호 칼 아이칸(Icahn Carl)이 약 5,834억 원을 투자하는 개인투자자로 참여하고 있다.
- **앨버말(Albemarle):** 1994년에 설립되어 노스캐롤라이나에 본사를 둔 산업용 화학원료 생산 업체다. 특히 리튬 가공에서 경쟁력이 뛰어나고, 브라인(Brine) 방식이라 불리는 리튬 염전을 운영 중이며 생산 규모도 세계 최대이다.

  리튬은 다양한 전자 제품 및 전기 자동차의 배터리로 사용되기 때문에 세계적으로 향후 수요가 높다. 리튬 시장의 규모는 2025년까지 58억 8,000만 달러 수준까지 커질 것으로 전망되는데 그중 전기차에 사용되는 인산철리튬 배터리 영역은 연평균 17.5%, 태양광전지가 포함되는 에너지 저장장치 영역은 연평균 21% 성장할 것으로 추정된다.
- **소시에다드퀴미카이미네라드칠레(Sociedad Quimica y Minera de

Chile S.A.): 세계 최대 리튬 보유국 중 하나인 칠레의 원자재 생산 업체. 1968년도에 설립되었고, 본사는 산티아고에 있으며 직원수는 8,000명이 넘는다. 배터리의 원료인 리튬, 제약의 원료인 요오드와 칼륨 등을 칠레의 드넓은 평원에서 생산한다. 화학물질뿐 아니라 건강기능식품 원료의 생산을 위한 대형 농장도 운영하고 있다. 미래에셋은 이 회사의 최대 기관투자자로 참여 중이다.

한국은 과거 볼리비아에서 리튬 광산이 발견되었을 당시 자원 개발권 획득을 추진하다 실패한 역사가 있다. 리튬은 현대 산업에서 필수적인 원료이기 때문에 앞으로도 리튬 확보를 위한 전쟁은 계속 진행될 것 같다.

우리의 일상과 너무 거리가 먼 산업의 이야기만 한 듯한데, 실은 우리 주위에서도 좋은 해외 회사들을 찾을 수 있다. 이에 대해 다음 꼭지에서 알아보자.

우리 주위에서 보이는
해외 주식들

피터 린치는 자신의 책에서 '당신이 아마추어라면 좋은 주식을 찾는 데 있어 펀드매니저보다 훨씬 나은 여건에 있는 것'이라 했다. 실제로 그의 아내는 슈퍼마켓에서 판매하는 스타킹인 레그스(L'eggs)의 제조사인 헤인즈(Hanes)를 찾아냈고, 그의 지인 중 한 명은 쇼핑몰에서 가성비 높은 여성 의류 회사인 리미티드(The Limited)를 발견했다.

우리도 일상생활에서 좋은 해외 회사들을 찾을 수 있는데, 자신이나 가족이 흔히 사용하는 제품들 속에 그 답이 있다. 현재 우리집에 있는 제품들 중 해외 회사들이 만든 것들을 찾아보자.

- 존슨앤드존슨(Johnson & Johnson): 우리 가족은 몸살 기운이 있다 싶으면 타이레놀을 찾는다. 그리고 나는 잠자리에 들기 전에 습관적으로 리스테린을 사용하는 터라(색깔별로 모두 사용해본 것 같다) 얼마 전에도 쿠팡의 로켓배송 금액인 1만 9,800원을 채우기 위해 장바구니에 리스테린을 담았다. 이 두 가지 모두 존슨앤드존슨의 제품이다. 존슨앤드존슨의 5년 주가수익률은 38%다.

- 킴벌리-클라크코퍼레이션(Kimberly-Clark Corporation): 우리집 식탁에는 항상 크리넥스 곽티슈가 올라와 있다. 사실 크리넥스가 아닌 다른 회사의 곽티슈도 우리는 흔히 크리넥스라고 부른다. 미원이 조미료의 대명사가 됐듯 크리넥스도 곽티슈를 대표하는 이름이 된 것 같은데, 이 크리넥스가 바로 킴벌리-클라크코퍼레이션의 브랜드다. 화이트 생리대나 황사마스크 등 우리 집에서 보이는 이 회사 제품들이 꽤 많다. 킴벌리-클라크의 5년 주가수익률은 25%다.

- 프록터앤드갬블컴퍼니(The Procter & Gamble Company): 세탁기 위에 놓여 있는 섬유유연제, 남자들이 많이 사용하는 질레트 면도기가 프록터앤드갬블컴퍼니, 즉 P&G의 제품이다. 이 회사의 5년 주가수익률은 37%다.

- 유니레버(Unilever): 피부 자극이 적어서 아이 있는 집에는 으레 하나씩 있기 마련인 도브 비누, 여러모로 쓸모 많은 바세린, 그리고 특히 회식 뒤에 유용한 섬유탈취제 페브리즈 등

존슨앤드존슨(상), 킴벌리-클라크(중) 및 프록터앤드갬블컴퍼니(하)의 최근 5년간 주가흐름.

존슨앤드존슨
NYSE: JNJ

139.12 USD

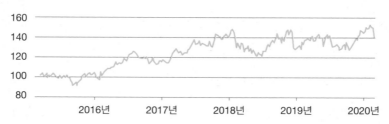

킴벌리-클라크
NYSE: KMB

134.01 USD

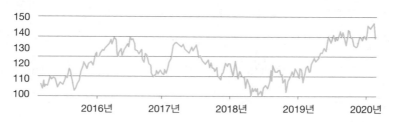

프록터앤드갬블
NYSE: NP

113.50 USD

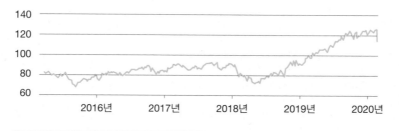

출처: Google Finance

남들이 알기 전에 미리 찜해두는 해외 주식

이 유니레버 제품이다. 유니레버의 5년 주가수익률은 27%.

- **펩시코(PepsiCo)**: 와이프가 다이어트한다며 퀘이커 오트밀을 잔뜩 사놨다. 그런데 영 안 먹기에 아까워서 내가 먹어봤지만…… 정말 맛없었다. 그래도 펩시코의 5년 주가수익률은 41%다.

- **비어스도르프(Beiersdorf)**: 회사명은 잘 몰라도 '니베아'라는 브랜드명을 모르는 사람은 없을 듯싶다. 우리집에선 니베아 데오드란트를 샤워실에 놓고 쓰는데 마침 다 떨어져서 하나 사야겠다. 비어스도르프의 5년 주가수익률은 20%다.

- **던킨브랜즈그룹(Dunkin's Brands Group)**: 나는 배스킨라빈스 아이스크림의 유혹에서 절대 벗어날 수 없다. 아마 죽기 전까지 먹을 것 같다. 던킨도너츠를 좋아하는 사람들도 주변에 많다. 던킨브랜즈그룹의 5년 주가수익률은 50%다.

마트의 식료품 코너에서도 해외 회사들을 쉽게 발견할 수 있다.

- **호멜푸드코퍼레이션(Hormel foods corporation)**: 스팸은 입맛이 없지만 밥맛 돌게 할 때, 또 명절선물을 뭘로 해야 할지 애매할 때 딱 좋다. 또 나는 빵에 발라 먹는 땅콩잼 중 스키피, 특히 크런치 맛을 매우 좋아한다. 이 제품들을 만들어내는 회사가 호멜푸드코퍼레이션이고, 이 업체의 5년 주가수익률은 49%다.

유니레버(상), 펩시코(중) 및 던킨브랜즈(하)의 최근 5년 주가흐름.

유니레버
NYSE: UL

54.75 USD

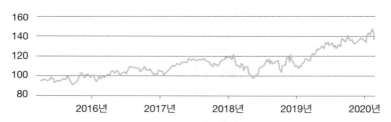

펩시코
NASDAQ: PEP

136.37 USD

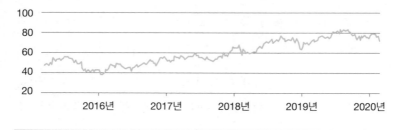

던킨브랜즈
NASDAQ: DNKN

69.54 USD

출처: Google Finance

남들이 알기 전에 미리 찜해두는 해외 주식

호멜(상), 포스트홀딩스(중) 및 코스트코(하)의 최근 5년 주가흐름.

호멜
NYSE: HRL

42.53 USD

포스트홀딩스
NYSE: POST

100.60 USD

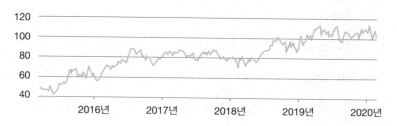

코스트코
NASDAQ: COST

288.65 USD

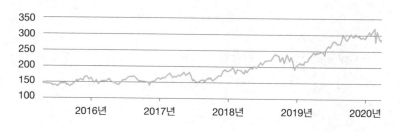

출처: Google Finance

- 포스트홀딩스(Post Holdings): 시리얼 제품의 양대산맥은 켈로그와 포스트다. 오늘은 마트의 시리얼 코너에서 두 회사의 제품 중 어느 것을 고를까 고민하다가 포스트 제품을 택했다. 포스트홀딩스의 5년 주가수익률은 105%다.

- 다논(Danone): 시리얼계에서 켈로그와 포스트가 큰 맞수라면 요거트 시장에선 요플레와 다논이 쌍벽을 이루지 않을까? 요플레를 집을까 하다가 오늘은 녹색 포장이 어딘가 더 좋아 보여 다논의 액티비아 요거트를 선택했다. 다논의 5년 주가수익률은 28%다.

- 코스트코홀세일코퍼레이션(Costo Wholesale Corporation): 듬뿍 사야 할 것들이 많을 때나 맛있는 고기가 먹고 싶으면 코스트코로 향한다. 코스트코의 5년 주가수익률은 92%다.

- 하이네켄(Heineken N.V.): 마트나 편의점에서 쉽게 볼 수 있는 하이네켄 맥주. 하이네켄의 5년 주가수익률은 23%다.

가끔 기분 전환을 위해 들르는 백화점에서도 좋은 회사들이 보인다.

- 시세이도(Shiseido): 설립한 지 148년이 지난 지금도 여전히 인기가 많은 명품 브랜드. 시세이도의 5년 주가수익률은 194%다.

- 로레알(L'Oreal): 내가 좋아하는 브랜드인 키엘스와 비오템을

시세이도(상), 에스티로더(중) 및 에르메스(하)의 최근 5년 주가흐름.

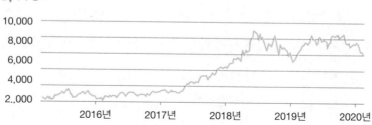

시세이도
TYO: 4911

6,418 JPY

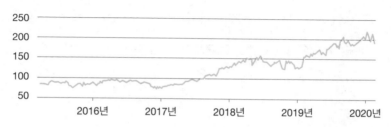

에스티로더
NYSE: EL

182.28 USD

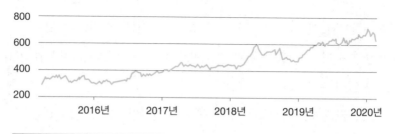

에르메스
EPA: RMS

633.40 EUR

출처: Google Finance

갖고 있는 세계 최대의 종합 화장품 기업이다. 로레알의 5년 주가수익률은 46%다.

- 에스티로더컴퍼니즈(The Estee Lauder Companies): 제품을 담은 갈색병으로 유명한 회사. 아내는 백화점에 있는 맥 매장의 상담 코너를 가끔 이용하는데 맥도 에스티로더의 브랜드다. 에스티로더의 5년 주가수익률은 121%.

- 에르메스(Hermes): 에르메스 가방은 예쁘지만 가격표에 적힌 금액은 상상을 초월할 정도로 무섭다. 에르메스의 5년 주가수익률은 118%.

- LVMH모엣헤네시(LVMH Moet Henessy): 국민 여성 가방의 대명사인 루이비통, 프랑스 샹파뉴 지방의 샴페인으로 한국에서도 유명한 모엣&샹동 브랜드를 가진 업체. 이 회사의 5년 주가수익률은 120%다.

이처럼 우리는 자신도 모르는 사이에 해외 기업들의 강력한 영향권 안에서 살아간다. 무서운 현실이긴 하지만 한편으로는 좋은 투자 기회이기도 하다. 자신의 생활 범위를 주의 깊게 살피고 후속 조사를 해보면 좋은 투자처를 수십 곳 발견할 수 있으니 말이다. 자칭 고수라는 이들에게 매달려 주식을 추천해달라고 사정할 필요가 없다는 뜻이다.

스팸을 냉장고에서 꺼내 먹으면서 그것이 호멜푸드라는 회사의 제품임을 눈여겨보고, 조사를 통해 호멜푸드가 아직까지도 큰 가치가 있다고 판단하며, 그래서 투자를 결정한 뒤 장기 투자까지 이끌어간 다음 수익을 실현하기까지는 물론 상당한 내공이 필요하다. 그렇지만 수억 원대의 부동산을 싸게 사기 위해 일찍 퇴근하고 주말에 서울이나 경기도로 발품을 팔며 다니는 것보다는 어렵지 않을 수도 있다. 목돈으로 시작하지 않아도 되고, 눈으로 여러 자료들을 수시로 찾아볼 수 있으며, 좋은 시점이라는 판단이 들면 약간의 여유자금도 더 넣을 수 있기 때문이다.

Part 9

나의 투자원칙과
체크리스트

해외 주식 투자에서
내가 세운 원칙

그간 나름 열심히 독서와 토론을 하며 투자하는 과정에서 세워진
나만의 투자 원칙을 소개한다.

1. 찾는다

- 자신이 가까이하는 제품들을 만드는 회사들을 우선적으로
  살펴본다.
- 시장 전면에서 주목받는 회사를 찾는다. 그러나 투자는 그
  회사가 아닌, 그 회사에 서비스를 제공하는 업체를 찾아서
  하자. 주목받는 회사의 주가에는 부화뇌동하는 대중의 정서
  가 담겨 있을 수 있기 때문이다. 서비스 제공 업체를 찾았다
  면 다시 그 업체에 서비스를 제공하는 하위 단계의 회사도
  찾아보자. 이렇게 내려가다 보면 제조업인 경우 재료 단계까
  지 내려가며 그 산업의 전체 구조를 자연스럽게 이해하게 된

다. 그들 뒤에 숨어 있는 현명한 투자자들을 만나게 되는 것은 덤이다.

- 작년 그리고 올해 상장한 IPO 리스트의 업체들 중 내 전문 분야의 회사들을 찾아보자. 가치 있는 회사가 최소 세 곳은 나올 것이다. 심지어 유명 다국적 기업이 몰래 상장하기도 하는데, 그들은 IPO 광고 따윈 하지 않고 홈페이지를 통해 IR 공시만 하곤 한다. 이런 회사의 주식을 매수해보자.

- 3D업, 즉 더럽고, 위험하며, 어려운 일을 하는 회사를 찾는다. 이런 회사들은 망하기 어렵다. 자신의 전문 분야에 있는데 3D업을 하고 있는 회사라면 금상첨화다.

- 나와 성향이 맞는 기관투자자를 찾고, 그 회사가 어떤 기업에 투자하고 있는지 찾아본다. 이렇게 하면 숨겨져 있지만 가치가 높은 회사를 찾을 수 있다.

2. 읽는다

- 독서를 한다. 주식 투자는 인문학이기 때문에 세상의 모든 책들이 주식과 연결된다. 또 책을 읽으면 뇌의 구조가 바뀐다. 어떻게 바뀌는지를 말로 표현하긴 어렵지만, 뇌 구조가 바뀌고 어느 정도 시간이 흐르면 뇌가 알아서 창의력을 발휘하며 움직인다.

- 현재 투자 중인 회사의 분기별 사업보고서를 구해 처음과 끝을 읽는다. 투자한 회사에 확신을 가질 수 있다.

3. 장기투자, 그리고 분산투자를 한다

- 가치 있는 회사에 3~5년, 10년을 투자한다. 투자는 죽을 때까지 하는 것이다. 앙드레 코스톨라니도 80년간 투자했다.
- 한 군데 투자처에 절대로 자금 전부를 쏟아붓지 않는다. 속칭 '몰빵'은 헛된 자신감의 표현이자 감정부여다.

4. 하지 않는다

- 전날의 주식 시황 분석은 읽지 않는다. 어제 일어난 현상을 정확히 분석할 수 있는 능력은 인간에게 없고, 어차피 10년 뒤에 보면 다 틀린 말들이다.
- 주식 차트를 가급적 보지 않는다. 정 보고 싶다면 분기보고서를 다 읽고 난 뒤에 보자. 1년에 네 번만 보라는 뜻이다. 차트 보는 습관은 불안함과 두려움과 짜증을 불러일으켜 결국은 스스로를 무너지게 만든다. 내 돈을 잃게 하는 건 미국 연방준비제도 의장이나 대통령, 혹은 중국의 국가주석이 아닌, 불안해하는 내 심리다.
- 숫자에 감정을 부여하지 않는다. 숫자는 그저 숫자일 뿐이다. 나는 지금 숫자가 아닌, 이 순간에 확인된 가능성에 투자하는 것이라고 생각하자.
- 주식은 추천하지도, 추천받지도 않는다.
- 레버리지 투자는 하지 않는다. 남의 돈으로 투자하면 남의 감정까지 짊어지고 가는 것과 같다. 내 감정을 다스리기도

어려운데 남의 감정까지 짊어지고 가다 보면 지쳐 쓰러진다.

- 욕심 부리지 않는다. 토머스 로위 프라이스는 80세가 넘어서도 새벽 5시에 일어나 일에 전념했고, 욕심을 부리지 않았으며, 오로지 고객만을 생각했다. 워런 버핏이 가장 소중히 여기는 것 역시 개인의 사리사욕이 아닌 가족과 주위 사람들이다.

5. 하루하루를 건강하게 그리고 이타적으로 산다

- 투자를 위해서는 하루하루 갖는 마음의 평화가 제일 중요하다. 피터 린치는 종목 하나를 사면 최소 3~5년을 보유했다. 끈질기게 버틴 것이다. 내가 한 종목으로 3~5년을 버티는 데 가장 중요한 것은 결국 지금 하고 있는 본업이고 하루하루의 건강한 삶을 유지하는 것이다.
- 해외 투자는 지구 반대편에 있는 회사가 제공하는 제품과 서비스를 머릿속으로 상상해야 가능한 일이다. 풍부한 상상력을 요구하는 것이다. 김경일 아주대학교 심리학 교수에 따르면 창의력은 이기적인 사람들이 아닌 이타적인 사람들로부터 나온다고 한다. 이 말을 삶에서 실천해보자.

6. 기록한다

- 머릿속에서 빛보다 빠르게 지나가는 아이디어를 잡아서 기록한다. 스쳐 지나가는 아이디어에 답이 있지만, 기록해두지

남들이 알기 전에 미리 찜해두는 해외 주식

않으면 그것은 결국 휘발유처럼 사라져버린다. 뇌의 처리속
도는 사람이 따라잡기엔 너무나 빠르다.

- 기록할 때는 오감으로 느껴지는 느낌을 함께 적는다. 허무맹
랑한 꿈과 함께 적어야 한다. 이렇게 기록하면 단순한 사실
이 나만의 이야기로 재탄생하고, 피터 린치의 2분 스피치도
자연스럽게 가능해진다.

7. 사람을 본다

- 결국 우리가 봐야 하는 것은 '사람'이다. 투자를 결정하기 전
에 반드시 해당 회사의 CEO와 임원들, 직원들을 차례로 살
펴보고, 마지막으로 CEO를 한 번 더 살펴보자. 3D업을 하
는 회사라도 그곳의 직원들은 행복하고 열정에 넘쳐야 한다.
부도덕한 행위를 저지른 회사는 언젠가 반드시 대가를 치른
다는 점도 기억해두자.

- 유대인 사업가들의 관련 여부를 살핀다. 창업자나 현재의
CEO 혹은 투자 회사 파트너들이 유대인인지 알아보거나 여
러 주식 중 어떤 것을 살지 고민스러울 때는 유대인 관련주
를 산다. 유대인이 좋아서가 아니라 비즈니스나 경영 면에서
유대인과 함께하면 성공률이 높다는 것은 국제사회에서 상
식이고, 투자도 마찬가지일 것이기 때문이다.

해외 주식 투자에서의
체크리스트

원칙에 따라 투자하다 보니 주식을 선택할 때의 체크리스트도 자연스럽게 만들어졌다. 투자를 염두에 두는 주식이 생겼다면 다음의 항목들에 비추어보고, 해당 사항이 있을 경우 점수를 주어 총점을 매겨보자.

- 나의 전공 또는 직업 분야의 회사인가? 후자인 경우 이직하고 싶은 마음까지 드는가?
- 기업문화가 좋은가? 어떤 점에서 그러한가?
- 회사 연혁에서 부도덕한 행위는 보이지 않는가?
- B2B 사업을 하고 있는가?

남들이 알기 전에 미리 찜해두는 해외 주식

- 고객으로 하여금 제품을 지속적으로 구입하게 하는 회사인가?
- 유명하지 않은 회사인가?
- 최근 1~2년 내에 기업공개를 했는가?
- 유대인과 관련된 회사인가?
- 위험하고, 어렵고, 더러운 3D 사업을 하는 회사인가?
- 현재 적자이지만 폭발할 듯한 미래성장성이 있는가? 그럼 가점을 주자.
- 잘 모르는 헤지펀드 또는 사모펀드가 최대주주인가?
- CEO는 전문성이 있는가?
- 비즈니스 모델은 매력적인가?
- 회사의 역사에서 어떠한 감동과 즐거움이 있었는가? 그것이 무엇인가?
- 전체 주식 중 기관투자자 소유 비율이 50% 미만이면 가점을 주자.
- 자기자본이익율은 15% 이상인가?
- 향후 매출 성장이 예상되는가?
- 주당순이익은 향후 성장할 것으로 전망되는가?
- 현재의 주식 가격이 미래의 현금흐름 기준 가격보다 할인되어 있는가?
- 부채는 잘 관리되고 있는가?

넓은 세계를 투자 무대로

종회무진 그리고 횡설수설하며 어찌어찌 글을 다 썼다. 횡설수설이라며 맺음말을 시작한 이유는 부끄러움이 느껴져서다.

언젠가 종교 관련 책 한 권을 사서 읽은 적이 있다. 그런데 머리말에서 작가는 자신의 글을 '졸저'라고 무려 세 번이나 칭했다. 나는 독서를 정말 좋아해서 많은 책을 읽었지만 머리말에서부터 본인 글을 이렇게 칭하는 저자는 이분이 처음이었다. 당시엔 졸저가 무슨 뜻인지도 몰랐지만 사전 찾아볼 생각은 하지 않고 그냥 '매우 못 쓴 글' 정도의 뜻으로 이해하고 그 책을 잘 읽었다. 덧붙이자면 그 책은 전혀 졸저도 아니었고.

오늘에야 그 단어의 뜻을 찾아보니 '솜씨가 서투르고 보잘것없는 저술 또는 자기의 저술을 겸손하게 이르는 말'이란다. 맺음말을 써야 하는 지금 내 글이야말로 졸저라는 생각이 든다. 하지만 나는 정말 원 없이 내가 하고 싶은 말을 쏟아냈고(너무 많은 걸 독자들에게 알려주고 싶어 했던 건 아닐까 싶기도 하다), 적어도 글을 쓰는 시간 동안 매우 즐거웠다.

서문에서 '미국 맨해튼 여행을 시작으로 유럽과 동남아를 거쳐 텍사스 사막을 횡단하고 지중해 심해를 방문했다가 초음속기를 같이 타고 한국으로 돌아올 것'이라고 거창하게 말했는데 독자 여러분이 실감하셨을지 모르겠다. 이 책에서 언급된 회사의 수는 매우 많다. 각 산업 분야를 이해하려는 사고의 과정 중에서 발견한 회사들이니 독자들도 부담 없이 봐주시면 좋겠다.

오크트리캐피털매니지먼트의 대표 하워드 막스는 투자를 일컬어 '뇌수술이나 대양 항해를 하는 것과 같다'고 말한 바 있다. 그 정도로 엄청난 일이니 자격을 갖추지 못했다면 투자할 생각을 하지 말라는 뜻이라 하겠다.

자격도 되지 않으면서 뇌수술을 해보겠다고 발버둥 치는 사람. 예전엔 이런 사람을 상상만 해도 웃음이 나왔는데, 알고 보니 내가 바로 그런 사람의 예였다. 내가 모르는 산업 분야에 대한 내용을 이해하기 위해 발버둥을 치다 보니 가설과 상상이 필요했다. 독자들 중 이 책에서 분석된 산업에 종사하는 분이 계시다면 내가 쓴 글을 읽고 분명 웃으실 것 같지만, 그래도 기특하게 봐주실 것이라는 희망을 가져본다.

짧은 기간 동안이나마 해외 주식 투자를 하며 나는 스스로 방법을 터득했고, 그걸 세상 사람들과 공유하고 싶었다. 무엇보다 그 전까지는 좁은 사무실에 앉아 모니터만 바라보던 내 눈이 어떻게 해외 주식 투자를 통해 넓은 세계를 바라보는 눈으로 바뀌었는지, 그리고 어떤 삶의 지혜를 터득했는지에 대해서 말이다.

사실 이 책은 세상에 이미 알려진 사실들을 약간 다른 기준으로 정리한 책에 불과하다. 다른 점이 있다면 이 책은 꼬리에 꼬리를 물듯 하나의 회사와 유사하거나 연관된 또 다른 회사들로 안내한다는 것이다. CNN, BBC 등 해외 유수의 미디어들도 세계의 경제나 산업에 대한 소식을 우리에게 생생히 보여주지만 관련된 업체를 우리에게 친절히 알려주진 않는다. 당연한 말이지만, 투자 기회로 우리를 안내해주는 것이 그들의 목적은 아니기 때문이다. 그렇기에 세상의 여러 변수들로 인해 가치를 갖게 되는 회사를 찾는 것은 오롯이 우리 자신이 직접 해야 한다. 자신이 그 현상을 분석하고 생각하며 찾아내야 하는 것이다.

　국내 주식을 하려고 했을 때 아는 것이 없다는 두려움에 인터넷에 떠도는 주식 추천 방송들을 본 적이 있다. 유튜버들 말솜씨가 자극적이고 재미있어서 계속 보았더니 유튜버들은 아래와 같은 방법으로 회원들을 모집하고 있었다.

- 나는 천재다.
- 너희는 능력이 되지 않으니 절대 혼자서 스스로 판단하지 마라.
- 나를 따르지 않고 혼자 판단하면 반드시 돈을 잃고 망한다.
- 내가 알려주는 주식을 내가 알려주는 시점에 매수/매도해라.
- 그럼 너희는 반드시 10년 뒤 부자가 될 것이다.

이상의 특징을 깨닫게 된 후 나는 이런 방송들을 오랫동안 보지 않았다. 듣고 있자니 거의 종교에 가까웠고 방송하는 유튜버들은 교주 같았기 때문이다. 그런데 알고 보니 이렇게 회원을 모집하는 사람들은 한둘이 아니었고 회원수도 많아서 놀라지 않을 수 없었다. 이런 방송들을 듣는 회원들은 주식 거래시간 동안엔 집 밖으로 나가지도 못하고 유튜버들이 하는 말만 듣고 있어야 한다는 특징이 있는데, 사이비 종교의 신도들과 별반 다르지 않아 보인다.

이렇듯 감정에 휩싸여 부화뇌동하면서 게으르고 우매하며 생각하기 싫어하는 대중의 심리를 이용하는 이들은 꽤 많다. 사실 투자는 결국 심리게임이라서, 대중의 심리를 읽고 이용할 줄 아는 자가 시장에서 돈을 벌게 되어 있다. 그런 면에서 보자면 나도 방향은 다르지만 대중의 심리를 이용하는 예에 해당한다. 대중이 외면하고 멸시하거나 모르는 주식을 먼저 산 뒤, 그들이 그 가치를 뒤늦게 알고 흥분해서 매수할 때까지 기다리니 말이다. 국내가 아닌 해외의 주식들이니 내 도전은 사실 무한도전급이지만 막상 해보니 그리 어렵지 않았다. 전 세계의 대중 대부분이 나처럼 행동하는 것은 아니기 때문인 것 같다.

가치 있다고 판단되는 해외 회사를 발견하면 나는 한국의 검색엔진에서 먼저 검색해본다. 그리고 만약 그 회사의 주식을 거론한 이가 한국에 한 명도 없다면 그 주식에 높은 점수를 준다. 대중과 반대로 생각하는 것이다. 가치와 성장성이 있음에도 아직 세상의 주목을 받지 못한 회사들은 언젠가 반드시 그 가치에 내재되어 있는 에너지를 마침내 폭발시킨다고 나는 믿는다. 이렇게 찾은 회사의 주식이 매도목표가까지 올라 매도하는 순간은 정말 말로 표현하기 어려울 정도로 짜릿하다.

물론 앞서 말했듯 주식 시장은 복잡계라서 투자에 정답은 없고, 그렇기에 다양한 사람들이 다양한 방법으로 투자를 하는 것 자체는 정상이다. 그러나 공부를 위해 내가 읽어온 투자 거장들의 책에선 적어도 자신을 투자 천재라 일컫는 저자가 한 명도 없었다. 그 이유가 무얼까에 대해서는 모두 한 번쯤 생각해봤으면 좋겠다.

이제 해외 주식 거래가 한국에서 가능해진 것도 5년 정도 된 듯하다. 2019년 11월 한 언론 기사에 따르면 결제금액도 330억 달러까지 증가했다는데 의미 있는 성장으로 보인다. 넓은 세계를 무대로 투자를 시도하고 건강한 투자 원칙을 세워 정직하게 좋은 수익을 내는 분들도 분명 늘어나고 있을 것이다. 나도 그중 한 명이 되고 싶다.

해외 주식 투자에 관한 원칙과 방법을 스스로 세워보려는 독자들에게 내 경험이 조금이나마 도움이 되었으면 한다. 분명히 이 책을 읽고 본인의 투자 방법론을 좀 더 업그레이드하는 분들이 생겨날 것이라 믿는다. 독자 모두의 건투를 빈다.

남들이 알기 전에 미리 찜해두는 해외 주식

그간 혼자 해외 투자를 해오느라 외로웠다. 투자 무대가 국내가 아닌 해외다 보니 공부도, 관련 정보도 함께 공유할 사람이 거의 없었기 때문이다.

사실 투자 시작 이전에 이미 많은 책들을 통해 투자는 혼자 하는 것임을 알고는 있었다. 피터 린치의 책 《전설로 떠나는 월가의 영웅》을 보면 독자 개개인에게 제시하는 날카로운 내용이 있다. 바로 '주식 시장은 개인의 확신을 요구한다'는 것이고, 확신이 없는 사람에게는 반드시 희생이 따른다고 되어 있다. 어쩌면 이 문구 덕에 내가 그간 외로우면서도 버텨왔던 것일지도 모르겠다. 그런데 나의 외로우면서도 개인적인 이야기에 관심을 표해주신 분들을 만나 내 이야기를 풀어놓을 기회를 얻었다. 주식 투자로 성과를 얻는 것만큼이나 이런 기회가 내게 생긴 것에 기쁘고 또 감사하다.

먼저 나와 토론을 함께 해주신 유온인베스트먼트 이영호 전무님, 저자가 되는 기회를 축하해주신 정환부 부장님, 책을 쓴다고 격려해주고 도와준 가족, 그리고 무엇보다 책 내용을 끈질기게 검토해주신 지식노마드 관계자분들께 깊은 고마움을 전한다. 이분들이 계셔서 마음 편하게 글을 쓸 수 있었다.

기회가 된다면 해외 투자와 관련된 책을 또 한 권 쓰고 싶다. 이유는 하나, 책을 집필하는 것은 결국 내 투자에도 도움이 되기 때문이다. 그리고 내게 도움이 되는 내용은 분명 그 책을 읽을 독자들에게도 도움이 될 것이라 믿는다.

이 세상의 회사들 모두는 세상을 좀 더 나아지게 하고자 하는 끝없는 도전의 흔적들이고, 분명 아직도 우리가 모르는 좋은 회사들이 많이 존재한다. 해외 주식 투자는 해변의 너른 모래사장에서 예쁜 조개를 찾는 일과도 같다. 열심히 찾으면 적지 않게 보인다. 해외 투자의 여러 과정에서 내가 느끼는 영감과 짜릿함, 감동을 독자들도 각자의 투자 활동 중에 꼭 느낄 수 있기를 진심으로 바란다.

남들이
알기 전에
미리 찜해두는

해외
주식

지은이 | 전영수

1판 1쇄 인쇄 | 2020년 9월 03일
1판 1쇄 발행 | 2020년 9월 10일

펴낸곳 | (주)지식노마드
펴낸이 | 김중현
편집 | 장윤정
표지디자인 | 블루노머스
등록번호 | 제313-2007-000148호
등록일자 | 2007. 7. 10

(04032) 서울특별시 마포구 양화로 133, 1201호(서교동, 서교타워)
전화 | 02) 323-1410
팩스 | 02) 6499-1411
홈페이지 | knomad.co.kr
이메일 | knomad@knomad.co.kr

값 18,000원

ISBN 979-11-87481-84-3 13320